Wolfgang Schneider · Grammatik des Biblischen Hebräisch

Wolfgang Schneider

GRAMMATIK DES BIBLISCHEN HEBRÄISCH

Völlig neue Bearbeitung der
»Hebräischen Grammatik
für den akademischen Unterricht«
von Oskar Grether

Ein Lehrbuch

Claudius Verlag München

CIP-Kurztitelaufnahme der Deutschen Bibliothek

Schneider, Wolfgang:
Grammatik des biblischen Hebräisch: ein Lehrbuch;
völlig neue Bearbeitung der „Hebräischen Grammatik
für den akademischen Unterricht" von Oskar Grether/
Wolfgang Schneider. – 7. Aufl. –
München : Claudius-Verlag, 1989
    ISBN 3-532-71121-4
NE: Grether, Oskar: Hebräische Grammatik für den
akademischen Unterricht

7. Auflage 1989
© 1974 by Wolfgang Schneider
Alle Rechte, auch die des auszugsweisen Nachdrucks,
der photomechanischen Wiedergabe und der Übersetzung,
vorbehalten.
Druck: Jos. C. Huber KG, Dießen

ISBN 3-532-71121-4

Diese Grammatik ist ein Lehrbuch. Das bedeutet nicht, daß man sie
von § 1 bis § 54 fortlaufend dem Hebräisch-Unterricht zugrunde
legen könnte oder daß sie überhaupt als Ganze Gegenstand des Un-
terrichts sein sollte. Es bedeutet zunächst nur, daß die Darstellung keine Vollständigkeit anstrebt, dagegen auf größtmögliche
Verständlichkeit und Übersichtlichkeit bedacht ist.

Die Herstellungsart dieses Buches wurde aus Preis- und Termingrün-
den gewählt und ließ es nicht zu, die Übersichtlichkeit durch
mehrfarbigen Druck und verschiedene Schriftgrößen noch zu erhöhen.
Es war nur möglich, weniger wichtige Passagen dadurch abzuheben,
daß sie engzeilig geschrieben wurden.

Als Lehrbuch ist die Grammatik an dem orientiert, was der Lernen-
de an grammatischer Einsicht braucht, um hebräische Texte verstehen zu können.

Oskar Grethers Empfehlung, "sein Augenmerk auf die immer wieder-
kehrenden Sprachgesetze zu richten", hilft weder dem Grammatiker
noch dem Lernenden, wenn man unter diesen Sprachgesetzen die Regeln der historischen Lautlehre versteht. Wer eine Wortform oder
eine syntaktische Fügung in einem Text verstehen will, fragt
nicht nach den Regelmäßigkeiten der sprachhistorischen Lautent-
wicklung. Er muß die verhältnismäßig wenigen formalen und syntaktischen Merkmale kennen, die zum Verständnis verhelfen, und er
wird die Grammatik nach ihnen befragen. Dieser Frage-Richtung
versucht die Grammatik in ihrer Anlage zu entsprechen. Sprachge-
schichtliche Erörterungen sind weitgehend vermieden bzw. in die
Fußnoten verwiesen.

Weil das Ziel des Hebräisch-Unterrichts nicht die aktive Beherr-
schung der hebräischen Sprache ist, konnten alle Regeln entfal-
len, die nur für eine Hin-Übersetzung aus dem Deutschen ins Hebräische nötig wären, also vor allem Anleitungen zur selbständigen
Bildung von Verb- und Nomenformen. Darum enthält diese Grammatik
auch keine kompletten Konjugations-Tabellen; denn für die Analyse

von Verbformen genügen die Angaben im Text und die speziellen Tabellen in den einzelnen Paragraphen der Grammatik.

Selbstverständlich stützt sich die Darstellung auf verläßliche, ausführliche wissenschaftliche Grammatiken wie z.B. die von Beer/ Meyer oder die von Gesenius/Kautzsch. Eigene Wege bin ich da gegangen, wo mir Analogien zur lateinischen Schulgrammatik die Eigenart des Hebräischen eher zu verdunkeln als zu erklären schienen. In der Syntax habe ich am meisten Neues gewagt. Dort habe ich Anregungen der neueren Linguistik aufgenommen und versucht, die hebräischen Tempora nach einer einfachen und kohärenten Theorie darzustellen (§ 48) und die Regelmäßigkeiten in der Konstitution von Texten zu erfassen (§§ 52 und 54).

Zur fünften Auflage:

Die bisherigen Auflagen waren nur Nachdrucke, in denen Druckfehler ausgemerzt werden konnten, soweit sie aufgefallen waren. Das ist im Grunde auch in dieser Auflage so. An Paragraphen- und Seitenzählung wurde nichts geändert. Doch hat inzwischen die wissenschaftliche Diskussion um die Darstellung der Syntax eingesetzt. Ich bin dabei, aus dieser Diskussion zu lernen und habe erste Ergebnisse dieses Lernprozesses eingebracht. In den §§ 45 (Determination), 48 (Tempora) und 51.4 (Jussiv) habe ich Korrekturen bzw. Erweiterungen vorgenommen.

Wuppertal, im April 1982   Wolfgang Schneider

Inhalt

I SCHRIFT - LAUT - WORT

1 | Die Konsonanten und ihre Schriftzeichen

1.1 Allgemeines

1.1.1 Die Zeichen der hebräischen Schrift geben grundsätzlich nur die konsonantischen Laute wieder. Vokalzeichen
sind erst verhältnismäßig spät schriftlich fixiert worden (s. § 3).

1.1.2 In der langen Entwicklungsgeschichte der hebräischen
Schrift hat sich für die heiligen Texte schließlich die
sogenannte Quadratschrift durchgesetzt, die heute in
allen Drucken benutzt wird.

1.1.3 Im Mittelalter wurde für die theologischen Schriften
der Rabbinen eine Halbkursive, die Raschi-Schrift,
entwickelt (s. Tabelle 1.2.2, Spalte 5).

1.1.4 Im modernen Hebräisch des heutigen Staates Israel (Ivrit) wird eine Kursivschrift benutzt, in der die einzelnen Buchstaben auch verbunden werden (s. Tabelle 1.2.2,
Spalte 6).

1.1.5 Hebräische Buchstaben werden auch als Zahlzeichen be-
nutzt. Buchstaben als Ziffern kommen aber im Text des
Alten Testaments selbst nicht vor, nur in der Masora
(s. § 7.3.2). Die Zahlbedeutung der Buchstaben ist aus
der Tabelle (1.2.2, Spalte 4) zu ersehen.
Bei zusammengesetzten Zahlen werden die Zeichen in der
Reihenfolge: Hunderter - Zehner - Einer von rechts nach
links angeordnet, z.B.: יא = 11, קיא = 111.
Die Hunderter von 5oo bis 9oo werden meist durch eine
Kombination mit ת = 4oo bezeichnet, z.B.: תק = 5oo,
תתק = 9oo.
Zahlzeichen mit zwei Punkten darüber bezeichnen die
Tausender, z.B.: ה = 5, הֿ = 5ooo.
Um die Buchstabengruppe יה zu vermeiden, die als Ab-
kürzung des Gottesnamens Jahwe (יהוה) verstanden wer-
den könnte, schreibt man für die Zahl 15: טו (9+6).

1.2 Schreibweise

1.2.1 Die Schriftform und die Druckform der Buchstaben sind
grundsätzlich gleich. Es wird von rechts nach links

geschrieben und gelesen.

In der Quadratschrift stehen die einzelnen Buchstaben
unverbunden nebeneinander. Zwischen zwei Wörtern bleibt
ein Zwischenraum von der Größe eines quadratischen
Buchstabenfeldes. Silbentrennung gibt es nicht.

1.2.2   Tabelle der Schriftzeichen (Alphabet)

Quadrat-Schrift normal	am Schluß	Name	Umschrift	Zahlen-wert	Raschi		Kursiv	
א		Álef	'	1	ה		IC	
ב		Bet	b	2	�		ﬂ	
ג		Gímel	g	3	ﬅ		ﬃ	
ד		Dálet	d	4	ﬄ		ﬀ	
ה		He	h	5	ﬆ		ﬁ	
ו		Waw	w	6	ﬂ		ﬀ	
ז		Zájin	z	7	ﬃ		ﬅ	
ח		Het	ḥ	8	ﬄ		ﬆ	
ט		Tet	ṭ	9	ﬂ		ﬁ	
י		Jod	j	1o	,		'	
כ	ך	Kaf	k	2o (5oo)	ﬃ	ﬄ	ﬀ	ﬅ
ל		Lámed	l	3o	ﬂ		ﬁ	
מ	ם	Mem	m	4o (6oo)	ﬃ	ﬄ	ﬆ	ﬅ
נ	ן	Nun	n	5o (7oo)	ﬂ	ﬁ	ﬀ	ﬃ
ס		Sámech	s	6o	ﬄ		ﬆ	

ע		Ájin	ʿ	70		
פ ף		Pe	p/f	80 (800)		
צ ץ		Sadé	ṣ	90 (900)		
ק		Qof	q	100		
ר		Resch	r	200		
שׂ		Sin	ś	} 300		
שׁ		Schin	š			
ת		Tau(Taw)	t	400		

1.2.3   Die Grundform der meisten Buchstaben ist ein Quadrat.

1.2.3.1   Es empfiehlt sich, beim Schreiben jeweils in der linken oberen Ecke eines gedachten quadratischen Buchstabenfeldes anzusetzen:

1.2.3.2   Die schmalen Buchstaben (ג, ז, ו, ', נ, ו) beginnen entsprechend weiter rechts:

1.2.3.3   Die meisten Buchstaben können nicht in einem Zug geschrieben werden:

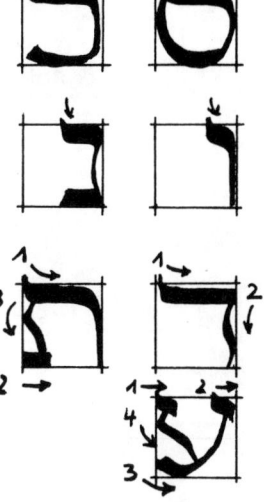

1.2.3.4   Die waagerecht oder annähernd waagerecht verlaufenden Striche sind dick, die senkrecht oder annähernd senkrecht verlaufenden Striche sind dünn.

1.2.4   Einige Buchstaben können verhältnismäßig leicht verwechselt werden. In diesen Fällen ist besonders auf die charakteristischen Unterscheidungsmerkmale zu achten.

1.2.4.1   Bei ד, ה, ח und ר entsteht in der oberen rechten Ecke ein rechter Winkel. Der senkrechte Strich muß deshalb neu angesetzt werden. Dagegen haben ך und ן rechts oben Rundungen und können in einem Zug geschrieben werden.

1.2.4.2 Bei ב und כ ist die rechte untere Ecke wichtig. ב hat
         dort einen rechten Winkel, während כ einen ausgepräg-
         ten Rundbogen hat. Bei ב muß für den unteren, wagerech-
         ten Strich neu angesetzt werden, כ kann in einem Zug
         geschrieben werden.

1.2.4.3 Am Ende eines Wortes können ם und ס verwechselt werden.
         Beim Schluß-Mem (ם) sind unten rechts und links rechte
         Winkel; ס hat eine runde Form und kann in einem Zug ge-
         schrieben werden.

1.3   Der Lautwert der einzelnen Konsonanten

1.3.1   Alef (א)
         bezeichnet einen leichten konsonantischen Stimmansatz,
         wie wir ihn im Deutschen meist vor vokalischem Anlaut
         sprechen, z.B. in "'an'ordnen", "be'achten". Am Anfang
         einer Silbe ist א immer echter Konsonant. Zu א als Vo-
         kalbuchstabe vgl. § 3.1.

1.3.2   Bet (ב), Gimel (ג), Dalet (ד)
         sollen in masoretisch punktierten Texten (vgl.§ 3.2, §
         5) auf zweierlei Weise ausgesprochen werden: als Ver-
         schlußlaute b - g - d und als Reibelaute. Die harte
         Aussprache (als Verschlußlaut) wird durch einen Punkt
         (Dagesch[1]) im Konsonantenzeichen angezeigt (vgl. §
         5.2.1). Wir verwenden immer die harte Aussprache. Auch
         im Neuhebräischen (Ivrit) spricht man ג und ד in jedem
         Fall hart aus. ב wird, wie im Neuhebräischen, auch von
         Hebraisten im deutschen Sprachraum vielfach weich (wie
         engl. stimmhaftes v, z.B. "love") ausgesprochen, wenn
         es kein Dagesch trägt.

1.3.3   He (ה)
         entspricht am Anfang einer Silbe deutschem h. Am Ende
         eines Wortes steht es meist als Vokalbuchstabe (vgl.§
         3.1.2.3). Konsonantisches ה am Ende eines Wortes wird

---

(1) In hebräischen grammatischen Ausdrücken, die in dieser Gram-
    matik häufig vorkommen, wird statt der korrekten Umschrift
    š für Schin (שׁ) aus schreibtechnischen Gründen "sch" gebraucht.
    Also: "Dagesch" und "Resch" statt: "Dageš" und "Reš".

durch einen eingesetzten Punkt (Mappiq: הּ vgl.§ 5.1)
gekennzeichnet. Wir sprechen es dann als weiches ch.

1.3.4 Waw (ו)

wird ausgesprochen wie das englische w (z.B. in "water").

1.3.5 Zajin (ז)

bezeichnet einen sehr weichen, stimmhaften s-Laut.

1.3.6 Ḥet (ח)

bezeichnet einen im Kehlkopf artikulierten, sehr harten ch-Laut. Im Deutschen kommt ihm das ch verhältnismäßig nahe, das wir nach a oder o sprechen ("Macht",
"Loch"). Auf die harte Aussprache des ח ist zur Unterscheidung von Kaf (כ) - s.unten 1.3.9 - besonders zu
achten.

1.3.7 Tet (ט)

bezeichnet einen stark akzentuierten, "emphatischen"
t-Laut. Zur richtigen Aussprache muß die Zungenspitze
möglichst weit von den Zähnen weg zurückgenommen
werden.

1.3.8 Jod (י)

entspricht etwa dem deutschen j.

1.3.9 Kaf (כ)

gehört zu den Konsonanten, die eine harte und eine
weiche Aussprache haben (§ 1.3.2, § 1.4.3). Hier machen
wir die Unterscheidung mit: Das harte כּ (mit Dagesch)
entspricht dem deutschen k, das weiche כ (ohne Dagesch)
bezeichnet einen harten Reibelaut ch, der aber nicht
ganz so hart klingt wie ח (1.3.6).

1.3.1o Lamed (ל), Mem (מ - ם) und Nun (נ-ן)

entsprechen deutschem l, m und n.

1.3.11 Samech (ס)

bezeichnet einen stimmlosen s-Laut (wie z.B. ß in
"Fuß").

1.3.12 ʿAjin (ע)

bezeichnet einen Kehlkopflaut, der für die semitischen
Sprachen charakteristisch ist, in den indoeuropäischen

Sprachen aber nicht vorkommt. Auch die Israeli unterscheiden ihn heute nicht mehr von Alef (א). Wir folgen
ihnen darin, achten aber darauf, daß ע , anders als א ,
immer als Konsonant hörbar sein muß.

Man kann sich die originale Aussprache des ʿAjin ver-
einfacht so klarmachen: Die Stimmbänder werden so zu-
sammengepreßt, als ob man ein a mit besonderer An-
strengung aussprechen wollte. Dann werden die Stimmbänder plötzlich gelöst, und es entsteht ein hustenar-
tiger Laut.

1.3.13 Pe (פ - ף)

hat eine harte und eine weiche Aussprache (§1.3.2, §
1.4.3). Das harte פ (mit Dagesch) entspricht dem deutschen p, das weiche פ (ohne Dagesch) entspricht dem
deutschen f.

1.3.14 Sade (צ - ץ)

bezeichnet ein ganz scharfes ("emphatisches") stimmloses s. צ ist schärfer als ס und שׂ. Die Zungenspitze
liegt weiter hinten als bei dem uns geläufigen stimmlosen s-Laut. צ wird im Ivrit und teilweise auch im
deutschen Sprachraum wie z ausgesprochen.

1.3.15 Qof (ק)

bezeichnet einen emphatischen, harten k-Laut. Wie bei
ט und צ liegt die Artikulationsstelle weit hinten.

1.3.16 Resch (ר)

gibt etwa den gleichen Laut wieder wie deutsches r.

1.3.17 Sin/Schin (שׁ)

bezeichnet sowohl den stimmlosen sch-Laut als auch
einen stimmlosen s-Laut, der mit dem durch ס bezeich-
neten s identisch ist. In punktierten Texten ist durch
einen diakritischen Punkt das Sin שׂ vom Schin שׁ
unterschieden.

1.3.18 Tau oder Taw (ת)

hat eine harte und eine weiche Aussprache (§ 1.3.2, §
1.4.3). Wie bei Bet (ב) , Gimel (ג) und Dalet (ד) kann
man in der Aussprache auf die Unterscheidung verzichten
und überall t sprechen. Wenn man die masoretische Unter-

scheidung mitmachen will, ist das harte ת (mit Dagesch)
wie stimmloses t, das weiche ת (ohne Dagesch) wie
stimmloses englisches th (z.B. in "both") zu sprechen.

1.4 Laut-Gruppen

Die Sprachwissenschaft pflegt die Konsonanten nach der
Artikulationsart und -Stelle in verschiedene Gruppen
einzuteilen (Verschlußlaute, Reibelaute, Dentale usw.).
Auf eine solche Einteilung wird hier verzichtet. Hier
werden nur solche Konsonantengruppen aufgeführt, die
für die Formulierung bestimmter grammatischer Regeln
unentbehrlich sind:

1.4.1 Die Gutturale
(Kehlkopf-Laute, auch
Laryngale genannt):
Manche Besonderheiten
hat mit den Gutturalen
gemeinsam:

ע ח ה א
ר

1.4.2 Die Labiale
(Lippenlaute):

כ ו מ פ
Merkwort: "Bumaf" - בּוּמַף

1.4.3 Die Laute mit harter
und weicher Aussprache
(als Verschluß- oder
Reibelaute):

ב ג ד כ פ ת
Merkwort: "Begadkefat"
בְּגַדְכְּפַת

| **2** | Die Vokale |

Die vokalischen Laute des Hebräischen lassen sich ein-
teilen in: Vollvokale, Murmelvokale und Doppellaute
(Diphthonge).

2.1 Die Vollvokale

2.1.1 Nach ihrer Quantität werden lange und kurze Vokale unterschieden[1].

2.1.2 Nach ihrer Qualität (Klangfarbe) sind in der Theorie
der jüdischen Grammatiker sieben Vokale unterschieden
und durch unterschiedliche Schriftzeichen dargestellt:

kurz:	i		ä	a	å[2]		u
lang:	ī	ē[3]	ǟ	ā		ō[3]	ū

2.1.3 Dieser Vokalbestand ist das Ergebnis einer komplizier-
ten sprachgeschichtlichen Entwicklung, die darzustellen nicht Aufgabe dieser Grammatik ist. Im folgenden
Abschnitt wird nur auf solche Vorgänge der Vokalentwicklung hingewiesen, die für das Verständnis bestimmter Regeln in der Formenlehre wichtig sein können.

2.1.3.1 Ausgangspunkt der Vokalentwicklung ist der sogenannte
ursémitische[4] Vokalbestand:

---

(1) Auf weitergehende Differenzierung der Vokal-Quantität (veränderlich und unveränderlich lang) wird in dieser Grammatik
verzichtet.
(2) å wird gesprochen wie kurzes offenes o in engl. "not".
(3) Zur Länge von ē und ō vgl. § 3.2.2.3.
(4) "Ursemitisch" ist nicht die Bezeichnung für eine natürliche
Sprache, die zu einer bestimmten Zeit von einer bestimmten
Gruppe von Menschen wirklich gesprochen worden wäre. Vielmehr
bezeichnet man als "ursemitisch" Spracherscheinungen, die

$$i \qquad a \qquad u$$
$$\bar{\imath} \qquad \bar{a} \qquad \bar{u}$$

2.1.3.2 Neue Vokale entstanden durch Lautwandel, Kontraktion,
Dehnung und Kürzung.

2.1.4 Lautwandel

2.1.4.1 $\bar{a} > \bar{o}$

Das ursemitische lange $\bar{a}$ hat sich fast nur im Auslaut
erhalten. Es ist im Inlaut zu $\bar{o}$ geworden.

$$r\bar{o}\check{s} \qquad\qquad \text{רֹאשׁ}$$
$$r\bar{a}\check{s}im \qquad\qquad \text{רָאשִׁים}$$

2.1.4.2 $i > \ddot{a}$
$u > \mathring{a}$

Unter bestimmten Bedingungen, meist unter dem Einfluß
von Gutturalen, ist i zu ä, u zu å geworden:

$$^{+}ti\d{h}kam - t\ddot{a}hkam \qquad \text{תֶּחְכַּם}$$
$$^{+}huktab - h\mathring{a}ktab \qquad \text{הָכְתַּב}$$

2.1.5 Kontraktion

2.1.5.1 Vokal a

$aa > \bar{a}$

Ein Jod (j) kann zwischen zwei Vokalen ausgefallen sein.
Wenn dadurch zwei kurze a nebeneinander getreten sind,
wurden sie zu langem $\bar{a}$ kontrahiert:

$$^{+}gal\acute{a}ja - {}^{+}gal\acute{a}a - gal\bar{a} \qquad\qquad \text{גָּלָה}$$

$aj > \bar{e} > \bar{a}$

Der ursprünglich auf a folgende Halbvokal j kann mit a

(Forts. Anm. 4 von der vorigen Seite)
zeitlich vor den historischen Einzelsprachen liegen und von der
vergleichenden Sprachwissenschaft erschlossen worden sind. Es
geht dabei im einzelnen um Phänomene sehr verschiedenen Alters
und sehr verschiedener Verbreitung.

zu ē kontrahiert sein. Ein so entstandenes ē kann weiter zu ā getrübt sein:

$$^+bájtu - {}^+bajt \quad - b\bar{e}t \quad בַּיִת$$

$$^+śadáju - {}^+śadáj \quad - śad\bar{a} \quad שָׂדֶה$$

$$- ś^ed\bar{e} \quad שָׂדֶה$$

aw > ō

Der auf a folgende Halbvokal w kann mit a zu ō kontrahiert sein:

$$^+máwtu - {}^+mawt \quad - m\bar{o}t \quad מוֹת$$

$$^+hawšíb - h\bar{o}šíb \quad הוֹשִׁיב$$

2.1.5.2 Vokal i

ij > Ī

Häufig ist die Kontraktion von i und j zu langem Ī:

$$^+tijṭáb - tĪṭáb \quad תֵּיטַב$$

2.1.5.3 Vokal u

uw > ū

Ebenso häufig zu belegen ist die Kontraktion
von u und w zu langem ū:

$$^+huwšáb - hūšáb \quad הוּשַׁב$$

2.1.5.4 Die durch Kontraktion entstandenen langen Vokale blei-
ben im allgemeinen unveränderlich.

2.1.6 Dehnung

Die ursemitischen kurzen Vokale i, a und u wurden in
offenen Silben und in betonten Silben (vgl. § 8) gedehnt.
Dabei wurde

i zu ē,   a zu ā,   u zu ō

z.B.:   ⁺kabid - kābēd   כָּבֵד

               ⁺qaṭun - qāṭōn   קָטֹן

Durch Dehnung entstandene lange Vokale sind veränderlich.

2.1.7   Verflüchtigung und Kürzung

2.1.7.1 Unter bestimmten Betonungs-Verhältnissen (vgl. § 1o)
        konnten die durch Dehnung entstandenen langen Vokale
        zu bloßen Murmelvokalen reduziert werden (vgl. § 2.2).

2.1.7.2 In unbetonten, geschlossenen Silben (vgl. § 8.3.1)
        konnten die durch Dehnung entstandenen langen Vokale
        wieder gekürzt werden.
        Dabei wurde   ē zu ä,   ā zu a,   ō zu å.

2.1.7.3 Ein ursprüngliches a konnte in unbetonter, geschlossener
        Silbe zu kurzem i reduziert werden.

2.2   Die Murmelvokale

2.2.1   In lebenden Sprachen machen sich im Lauf der Zeit Vo-
        kalabschwächungen bemerkbar. Wenn sich die Betonungs-
        verhältnisse ändern, verlieren Vokale ihren vollen
        Klang und werden zu Murmelvokalen[5]. Einem solchen
        Vorgang war auch das Hebräische unterworfen.
        Im Hebräischen kann eine Silbe mit einem Murmelvokal nur
        einer Silbe mit vollem Vokal voraufgehen. Man nennt
        solche Silben deshalb Vorschlagsilben. Vorschlagsilben
        können also nicht aufeinander folgen und nicht am Ende
        eines Wortes stehen.

2.2.2   In der literarisch vorliegenden, schriftlich fixierten
        Form des alttestamentlichen Hebräisch sind zwei Arten
        von Murmelvokalen durch Schriftzeichen unterschieden:

2.2.2.1 Murmelvokale mit deutlichem Anklang an die Vokale
        a, ä und å (Ḥatef-Vokale)

----

(5) Vgl. z.B. im Deutschen den Schwund der vollklingenden Endsil-
    benvokale vom Althochdeutschen zum Mittelhochdeutschen oder
    heute den Vokal e in der Vorsilbe "ge" bei "gében" und bei
    "Gebét".

2.2.2.2   und ein vollständig verflüchtigter Vokal, dessen Laut-
          wert etwa zwischen kurzem ä und ö liegt bzw. dem kurzen
          Laut in engl. "the" entspricht.

2.3   Doppellaute (Diphthonge)

      Doppellaute hat das Hebräische zur Zeit seiner schrift-
      lichen Fixierung wahrscheinlich gekannt, und zwar au,
      ai und oi.
      Die tiberischen Masoreten (vgl. § 3.2) haben jedenfalls
      Doppellaute nicht anerkannt und so punktiert, daß immer
      Vokal + Konsonant (aw, aj, oj) zu lesen sein sollte.

      Wir folgen dieser Regel mit der einen Ausnahme, daß wir
      aj als ai lesen (z.B.: אֲדֹנָי = ᵃdōnāi).

┌──────┐ ┌──┐
│   │ │   │
│ 3   │ │ Die Darstellung der Vokale in der Schrift   │
│   │ │   │
└──────┘ └──┘

      Auf die Dauer mußte es unbefriedigend sein, daß die
      Schrift nur die Konsonanten bezeichnen konnte. Darum
      versuchte man Systeme zu entwickeln, die auch die Vo-
      kale darstellen und so die Aussprache der heiligen
      Texte festlegen konnten.

      Ein erstes, noch unzulängliches System verwendete da-
      zu einzelne Konsonantenzeichen als Vokalbuchstaben.
      Später wurde ein ziemlich einfaches System zusätzli-
      cher Zeichen - Striche und Punkte - entwickelt, die
      dem bestehenden Konsonantentext eingeschrieben wurden.

3.1   Vokalbuchstaben

3.1.1   Die Darstellung der Vokale durch einzelne Konsonanten-
        zeichen läßt sich historisch bis ins 9. Jahrhundert
        v.Chr. zurückverfolgen. Ermöglicht wurde diese Schreib-
        weise durch den sprachgeschichtlichen Vorgang der Kon-
        traktion (§ 2.1.5).

3.1.1.1   So konnte z.B. ein durch Kontraktion ausgefallenes Jod
          oder Waw in der Schrift beibehalten werden und diente
          dann als Zeichen für den an der Stelle stehenden Vokal[1].
----
(1) Fachausdruck: Der Konsonant "quiesciert" (ruht) in dem betref-
    fenden Vokal. Man nennt einen Vokalbuchstaben auch "Mater lec-
    tionis" (lat. - wörtlich: "Lesemutter").

z.B.:   tjṭb = ⁺tijṭab − tīṭab : תיטב

hwšb = ⁺huwšab − hūšab : הושב

Der Gebrauch von Vokalbuchstaben hat sich dann auch
auf solche Fälle ausgeweitet, in denen keine Kontraktion vorlag, ein Konsonant also etymologisch nicht
berechtigt war.

z.B.:   šmr =   šōmēr : שומר

3.1.2 Die einzelnen Vokalbuchstaben

3,1.2.1 (Waw) (ו) steht als Vokal-
Buchstabe für o oder u
(vgl. § 2.1.5).

יוסף : jōsēf
רות : rūt

3.1.2.2 (Jod) (י) steht als Vokalbuchstabe für i, e und ä
(vgl. § 2.1.5).

דויד : dāwīd
היטיב : hēṭīb
אלהיך : ⁺ᵃlōhākā

3.1.2.3 (He) (ה) steht als Vokalbuchstabe nur am Ende
eines Wortes für langes
ā, ē, ǟ oder ō.

עשה : ʿāśā
עשה : ʿᵃśē
עשה : ʿōśā
פה : pō

Soll He am Ende des Wortes
als Konsonant gesprochen
werden, hat es einen dia-
kritischen Punkt (Mappiq,
vgl. § 5.1).

3.1.2.4 (Alef) (א) kann jeden
Vokal bezeichnen.

לאמר : lēmōr
עזרא : ʿäzrā

3.1.2.5 Die Vokale, für die ein Vokalbuchstabe jeweils stehen
kann, werden homogene (verwandte) Vokale genannt. So
ist z.B. o dem Waw homogen, nicht aber i.

3.1.3 Vokalbuchstaben sind in dem Konsonantentext, der den
Masoreten vorlag und den sie nicht geändert haben,
nicht nach konsequent gehandhabten Regeln gesetzt. Zwischen plene (lat. "voll" = mit Vokalbuchstaben) und
defektiv (lat. "mangelhaft" = ohne Vokalbuchstaben) ge-
schriebenen Vokalen besteht kein Unterschied in Laut-
bild oder Bedeutung.
Zahlreiche Wörter sind sowohl in der Plene-Schreibung
wie in der Defektiv-Schreibung überliefert.
(z.B. דוד oder דויד = dawid)

3.2 Die tiberische Vokalisation

3.2.1 Durch die Vokalbuchstaben konnten die Vokale nicht eindeutig bezeichnet werden (§ 3.1.2). Nachdem der biblische Konsonantentext als kanonischer Text festgelegt
war, durften die Schriftzeichen nicht mehr verändert
werden. Um auch die Aussprache festzulegen, blieb nur
die Möglichkeit, die Vokale durch zusätzliche Zeichen
genauer zu bezeichnen.
Vom 5. Jahrhundert n.Chr. an sind nach- und nebeneinander mehrere derartige Vokalisationssysteme entwickelt
worden. Durchgesetzt hat sich schließlich das System
der Masoretenschule von Tiberias, das seit dem 8. Jahrhundert n.Chr. erarbeitet worden ist.

3.2.2 Im tiberischen Vokalisationssystem wird jeder der sieben hebräischen Vokallaute (vgl. § 2.1.2) durch je ein
Zeichen dargestellt. Die Quantität (Länge oder Kürze)
des Vokals ist dabei nicht berücksichtigt.

3.2.2.1 Die Vokale des Hebräischen sind nicht immer und überall
gleich ausgesprochen worden. Das ist vor allem für einen
Fall von Bedeutung:
Die Tiberienser sprachen den langen ā-Laut als langes å
(wie in dänisch "Århus", also z.B. nicht "Schālōm"
sondern "Schǎlōm"). Sie setzten deshalb für langes ā
und kurzes å dasselbe Zeichen[2].

3.2.2.2 Übersicht über die tiberischen Vokalzeichen

i	e	ä	a	a	å	o	u
לֹ	לֵ	לֶ	לַ	לָ	לָ	לֹ	לֻ
kurz und lang	lang	kurz und lang	kurz	lang	kurz	lang	kurz und lang
Híreq	Seré	Segól	Pátah	Qámes	Qámes ḥatuf	Hólem	Qibbús

---

(2) Diese Aussprache des ā als å, die sogenannte askenasische, war
vor allem im osteuropäischen Judentum und ist heute noch in
deutschen Synagogen üblich. Die richtige, sogenannte sephardi-
sche Aussprache war im babylonischen und später im spanisch-
portugiesischen Judentum zu Hause. Seit Johannes Reuchlin (1455
- 1522) ist diese Aussprachetradition in die hebräischen Grammatiken eingegangen. Sie ist auch die Grundlage für die Aussprache des modernen Hebräisch, des Ivrit.

3.2.2.3   Sere und Holem gelten in der jüdischen grammatischen
          Theorie seit R.Qimchi als lang, Pataḥ als kurz. Diese
          Fixierung wird neuerdings in ihrer Berechtigung angezwei-
          felt, in dieser Grammatik aber beibehalten, weil sich
          sonst für die Darstellung der Formenlehre Komplikationen
          ergäben.

3.2.2.4   Bei den Vokalzeichen, die einen langen oder einen kurzen
          Vokal bezeichnen können, ergibt sich die Quantität des
          Vokals aus den Gesetzen des Wort-Aufbaus. So wird es
          auch möglich, das doppeldeutige Qames-Zeichen richtig zu
          lesen (s. § 8.3 und 8.4).

3.2.3   Außer dem Ḥolem-Punkt stehen
          die Vokalzeichen unter dem
          Konsonanten, nach dem sie ge-
          sprochen werden:

חֹשֶׁךְ - hōšăk

          In Schluß-Kaf und Schluß-Nun
          werden die Zeichen eingesetzt:

ךָ - kā   ךָ -nā

          Nur das Pataḥ furtivum (§ 9.4.2)
          wird vor dem Konsonanten ge-
          sprochen, unter dem das Zei-
          chen steht:

מִזְבֵּחַ - mizbē^{a}ḥ

3.2.3.1   Die Vokalzeichen wurden auch dort gesetzt, wo bereits
          Vokalbuchstaben standen. Das Vokalzeichen wurde dann in
          der Regel nicht zu dem Vokalbuchstaben gesetzt, sondern
          zu dem Konsonanten, der dem Vokal voraufgeht.

          z.B.:
          Das so geschriebene Sere nennt
          man "großes Sere" (Sere mag-
          num) im Unterschied zum "klei-
          nen Sere" (Sere parvum) ohne
          Vokalbuchstaben:

בֵּית - bēt
בֵּת - bēt

3.2.3.2   Wird der Vokal u mit dem Vo-
          kalbuchstaben Waw kombiniert,
          hat das Vokalzeichen die
          Form וּ (Schureq):

מוּת - mūt

3.2.3.3   Der Ḥolem-Punkt steht auf den
          Vokalbuchstaben Alef (א) und
          Waw (ו):

צֹאן - ṣōn
מֹות - mōt

3.2.3.4 Bei Sin (שׂ) und Schin (שׁ)
        sind in der Biblia Hebraica
        und in dieser Grammatik
        immer sowohl der Holem-
        Punkt als auch der diakri-
        tische Punkt des שׁ gesetzt:

מֹשֶׁה	– mōšắ
שֹׁכֹה	– šōkō

        In manchen anderen Drucken
        können Holem-Punkt und di-
        akritischer Punkt zusammen-
        fallen:

מֹשֶׁה	– mōšắ
שֹׁכֹה	– šōkō

3.2.4   Durch die Punktation kann man erkennen, ob Alef (א), He
        (ה), Waw (ו) und Jod (י) als Konsonanten oder als Vokal-
        buchstaben gebraucht sind.

3.2.4.1 א, ו und י sind im Innern eines Wortes und am Ende eines
        Wortes Vokalbuchstaben, wenn ihnen ein homogener Vokal
        vorausgeht und sie selbst kein Vokalzeichen (oder Schwa
        - vgl. § 4) bei sich haben.

3.2.4.2 ה ist am Ende eines Wortes immer Vokalbuchstabe, wenn
        es kein Vokalzeichen bei sich hat und nicht durch ein
        Mappiq (§ 5.1) als Konsonant gekennzeichnet ist.

3.2.4.3 Beispiele:

סוּסִי	: י ist Vokalbuchstabe:	sūsí
סוּסַי	: י ist Konsonant:	sūsáj[3]
לַיְלָה	: י ist Konsonant, ה ist Vokalbuchstabe:	lájlā
עָוֹן	: ו ist Konsonant:	ʿāwōn
עוֹף	: ו ist Vokalbuchstabe:	ʿōf
מַלְכָּה	: ה ist Vokalbuchstabe:	malkắ
מַלְכָּהּ	: ה ist Konsonant:	malkáh
סוּסֶיהָ	: ה ist Konsonant, ו und י sind Vokalbuchstaben:	sūsä́hā
יָבֹא	: א ist Vokalbuchstabe:	jābṓ
יָבֹאוּ	: א ist Konsonant, ו ist Vokalbuchstabe:	jābṓʾū

----
(3) Vgl. aber oben § 2.3.

4 | Die Darstellung der Murmelvokale und der Vokallosigkeit in der Schrift

4.1 Zeichen für Murmelvokale

Im tiberischen Vokalisationssystem sind auch die Murmelvokale durch besondere Zeichen unterschieden.

4.1.1 Der am stärksten reduzierte Vokal (vgl. § 3.2.2) wird
mit dem "Schwa" bezeichnet.
Das Schwa hat die Form eines Doppelpunkts und steht
unter dem Konsonanten, nach dem der Murmelvokal gesprochen wird, z.B.: לְ "le".

4.1.1.1 Im Unterschied zum Schwa quiescens (s.unten § 4.2)
heißt das Schwa-Zeichen in dieser Funktion
Schwa mobile (bewegliches Schwa),

4.1.1.2 Im Unterschied zum Schwa compositum heißt es "Schwa
simplex" (einfaches Schwa) - vgl.u. 4.1.2.

4.1.2 Zur Bezeichnung eines Murmelvokals, der deutlich an einen der Vokale a, ä oder å anklingt (§ 3.2.1), wird das
Schwa-Zeichen mit dem entsprechenden Vokalzeichen kom-
biniert, z.B.:   אֲנִי   'anî

                      אֱלֹהִים   'älōhîm

                      חֳלִי   håli

4.1.2.1 Diese drei Murmelvokale heißen
Ḥatef-Vokale: Ḥatef-Pataḥ, Ḥatef-Segol, Ḥatef-Qames[1].

4.1.2.2 Das kombinierte Schwa- und Vokalzeichen wird - im Unterschied zum einfachen Schwa - "Schwa compositum" (zusam-
mengesetztes Schwa) genannt.

4.2 Zeichen für Vokallosigkeit

4.2.1 Auch Konsonanten, auf die kein Vokal oder Murmelvokal
folgt, haben innerhalb des Wortes ein Schwa-Zeichen.

----
(1) eigentlich Ḥatef-Qames-ḥatuf

4.2.1.1   Das Schwa zeigt hier das Fehlen eines Vokals an und heißt in dieser Funktion Schwa quiescens (stummes Schwa). z.B.:   אַבְרָהָם = 'ab rā hām

4.2.1.2   Weil es für die Bildung der Silben feste Regeln gibt (vgl. § 8), kann man Schwa mobile und Schwa quiescens immer unterscheiden.

  4.2.2   Einzelheiten

4.2.2.1   Vokalbuchstaben erhalten kein Schwa quiescens.

4.2.2.2   Am Ende eines Wortes wird in der Regel kein Schwa quiescens geschrieben. Nur in ein Schluß-Kaf (ךְ) ist es eingesetzt, um es leichter von Schluß-Nun(ן) oder Dalet (ד) zu unterscheiden.

4.2.2.3   Wenn ein Wort auf zwei Konsonanten schließt, so erhalten beide ein Schwa (z.B. כָּתַבְתְּ katabt), wenn nicht der letzte der beiden Konsonanten ein Alef (א) ist (z.B.: וַיַּרְא wajjar').

              Zur Unterscheidung von

4.3   Schwa mobile und Schwa quiescens

    Die Unterscheidung der beiden Funktionen des Schwa-Zeichens[2] macht Anfängern oft Schwierigkeiten. Grundsätzlich gelten folgende Regeln, die sich aus den Gesetzen des Silbenaufbaus ergeben:

4.3.1   Schwa am Anfang des Wortes ist Schwa mobile (8.1)[3]

4.3.2   Schwa am Ende des Wortes ist Schwa quiescens (§§ 4.2.2; 2.2.1; 8.3.2)

יְהִי	j^ehî
חֹשֶׁךְ	ḥošäk
וַיַּרְא	wajjar'
כָּתַבְתָּ	katabt

4.3.3   Von zwei benachbarten Schwa innerhalb eines Wortes ist das erste Schwa quiescens, das

----

(2) Man kann auch grundsätzlich auf eine Unterscheidung von Schwa mobile und Schwa quiescens verzichten und immer nur Schwa quiescens lesen im Vertrauen darauf, daß sich ein leichter Vokalvorschlag schon von selbst da einstellen wird, wo er nötig ist. Dabei hätte man das moderne Hebräisch (Ivrit) auf seiner Seite, wo heute mit punktierten Texten so verfahren wird. Anderseits bringt die Unterscheidung der beiden Funktionen des Schwa-Zeichens erhebliche Vorteile für die Einsicht in die Formenbildung bei Verb und Nomen mit sich.

(3) Ausnahme: שְׁתַּיִם stájim (zwei) mit Doppelkonsonanz am Anfang.

zweite Schwa mobile (§§ 2.2.1, 8.3.2)

יִרְמְיָ֫הוּ jir m^e já hu

4.3.4   Schwa bei einem Konsonanten mit Dagesch ist Schwa mobile[4] (§§ 5.2.1.1, 5.2.2, 8.1, 8.3.3)

עַל־פְּנֵ֫י 'al p^e né

הַגְּדֹלִים hagg^e dōlīm

4.3.5   Für ein einzelnes Schwa innerhalb eines Wortes, das nicht bei einem Konsonanten mit Dagesch steht, ist die Länge oder Kürze des voraufgehenden Vokals wichtig: Liegt der Wortton auf der nächsten oder übernächsten Silbe, so gilt:

4.3.5.1 Kurzer Vokal zeigt an, daß Schwa quiescens folgt (§ 8.3.1),

מַלְאָ֫ךְ mal-ák

4.3.5.2 langer Vokal zeigt an, daß Schwa mobile folgt (§ 8.2.1)

שֹׁמְר֫וֹן sō-m^e-rón

4.3.6   Bei den Vokalzeichen Hireq (Ī oder i) und Qames (ā oder å) bezeichnet ein Meteg (§ 6.1), ob der Vokal lang und das folgende Schwa ein Schwa mobile ist (vgl. auch § 8.4).

חָכְמָה ḥåk-má

חָכְמָה ḥā-k^e-má

יִרְאוּ jir-'ú

יִרְאוּ jĪ-r^e-'ú

Es ist allerdings damit zu rechnen, daß dieses Meteg nicht in allen Fällen gesetzt ist. Fehlt es, so kann nur die Kenntnis des betreffenden Wortes und seiner Formenbildung zur richtigen Lesung des Schwa verhelfen[5].

4.3.7   Wenn der Wortton auf der Silbe vor dem Schwa-Zeichen liegt, kann auch nach einem langen Vokal ein Schwa quiescens stehen. Solche Formen sind recht selten, z.B.:   לַ֫יְלָה lájlā.

4.3.8   Zu Meteg nach kurzem Vokal vor Schwa quiescens vgl. § 6.1.3.

----

(4) Ausnahmen gibt es nur am Wort-Ende, und zwar in einigen Feminin-Formen (§ 5.2.2, Anm.2) und bei doppeltem Silbenschluß (s.oben 4.2.2.3 und 4.3.2).

(5) In der 3. Auflage der Biblia Hebraica in der Ausgabe von Kittel (BHK) ist das Meteg in solchen Fällen meist vom Herausgeber hinzugefügt (und steht rechts vom Vokalzeichen). In der Biblia Hebraica Stuttgartensia (BHS) wird die masoretische Schreibweise ohne Änderungen wiedergegeben, man hat also in diesem Text öfter damit zu rechnen, daß ein Meteg fehlt.

---

5 | Artikulations-Zeichen

5.1 Mappiq

In den Konsonanten (He) (ה) wird ein diakritischer Punkt,
das Mappiq (מַפִּיק "hervorhebend"), eingesetzt, wenn He
am Ende eines Wortes als hörbarer Konsonant und nicht
als Vokalbuchstabe gesprochen werden soll.

5.2 Dagesch

In allen Konsonanten außer Alef (א), Ḥet (ח), ʿAjin
(ע) und Resch (ר) kann ein diakritischer Punkt stehen.
Er wird Dagesch (דָּגֵשׁ "schärfend") genannt und zeigt
eine stärkere Artikulation des betreffenden Konsonanten
an.
Dagesch wird in zwei Funktionen verwendet:
als Dagesch lene (דָּגֵשׁ קַל "leichtes Dagesch") und
als Dagesch forte (דָּגֵשׁ חָזָק oder דָּגֵשׁ כָּבֵד "starkes oder
schweres Dagesch").

5.2.1 Dagesch lene

5.2.1.1 Dagesch lene steht in den sechs sogenannten "Begadkefat"-
Konsonanten Bet (ב), Gimel (ג), Dalet (ד), Kaf (כ), Pe
(פ) und Tau (ת) und bezeichnet deren feste Aussprache
(§ 1.3.2).
Als Grundregel gilt: Ein "Begadkefat"-Konsonant hat
die feste Aussprache (mit Dagesch lene), wenn ihm kein
Vokal oder Murmelvokal unmittelbar voraufgeht.

Einzelheiten:
5.2.1.2 Ein "Begadkefat" im Wort-Anlaut hat Dagesch lene, wenn
das voraufgehende Wort auf einen Konsonanten schließt,
wenn ein Trennungsakzent (§ 6.3.2) voraufgeht, wenn das
Wort am Anfang eines Satzes steht oder wenn das hebräische Wort ohne Textzusammenhang zitiert wird.
Innerhalb eines Wortes steht in einem "Begadkefat"-Kon-
sonanten ein Dagesch lene, wenn ihm kein Vokal unmittel-

bar voraufgeht[1]). Am Ende eines Wortes steht in einem
"Begadkefat"-Konsonanten ein Dagesch lene, wenn er der
zweite Konsonant eines doppelten Silbenschlusses ist
(§ 8.3.2).

5.2.1.3 Die Präpositionen בְּ und כְּ haben oft auch dann ein Dagesch lene, wenn ihnen ein vokalisch auslautendes Wort
voraufgeht.

5.2.2 Dagesch forte

Dagesch forte bezeichnet die Verdoppelung oder Dehnung

eines Konsonanten (Die Konsonantenverdoppelung wird

auch Schärfung genannt.).

Ein Konsonant mit Dagesch forte ist gleichzeitig

Schlußkonsonant der voraufgehenden und Anfangskonsonant

der folgenden Silbe (§ 8.3.3). Dagesch forte wird nur

innerhalb eines Wortes, nie am Wortende gesetzt[2].

5.2.2.1 Bei "Begadkefat"-Konsonanten bezeichnen beide Dageschs
die feste Aussprache. Dagesch lene und Dagesch forte
sind im übrigen leicht zu unterscheiden, weil dem Konsonanten mit Dagesch forte als silbenschließendem Konsonanten immer ein Vokal voraufgehen muß.[3]

5.2.2.2 Das Dagesch forte kann ausfallen, wenn der Konsonant,
der eigentlich verdoppelt werden sollte, nicht zur
Gruppe der "Begadkefat" gehört und ein Schwa bei sich
hat (vgl. § 6.1.3).

5.2.2.3 Dagesch forte kann aus grammatischen Gründen (Dagesch
forte necessarium) und aus Klang-Gründen (Dagesch forte euphonicum) gesetzt sein. Relativ häufig ist das
Dagesch forte coniunctivum[4]), das nach auslautendem ā
oder ǟ, gelegentlich auch nach ū, im ersten Buchstaben
des folgenden Wortes steht, um die beiden Wörter klang-
lich eng zusammenzuziehen.

----

(1) Fehlt nach konsonantischem Silbenschluß das Dagesch lene im
folgenden "Begadkefat"-Konsonanten, dann ist das meist so zu
erklären, daß an dieser Stelle die Vokallosigkeit nicht ursprünglich, also ein Vokal ausgefallen ist.
z.B. מַלְכֵי < מְלָכִים neben מַלְכִּי < "malk vgl. § 18.2.2.3.
Zu בָּתִּם (Dagesch lene nach Vokal) vgl. § 21.5.1.

(2) Es gibt zwei Ausnahmen von dieser Regel: אַתְּ "du" (vgl. § 11.1)
und נָתַתָּ "du hast gegeben" (§ 36.3.1).

(3) Darum kann man Waw mit Dagesch forte (וּ) nicht mit Schureq (וּ)
verwechseln (§ 3.2.3.2): עִוֵּר "'iwwer", עֵוֵר "'ūr".

(4) lat.: necessarium = "notwendig", euphonicum = "wohlklingend",
coniunctivum = "verbindend".

6 | Betonungszeichen

6.1 Meteg

Drei- und mehrsilbige Wörter haben häufig eine oder
zwei Neben-Tonsilben, die durch ein Meteg (מֶתֶג "Zaum")
bezeichnet sein können.
Meteg ist ein kurzer senkrechter Strich unter dem Konsonanten, der die Nebentonsilbe beginnt (z.B.   הַפְּהַלִּים)
Wenn unter dem Konsonanten ein Vokalzeichen steht, ist
das Meteg links neben das Vokalzeichen gesetzt (vgl.
aber § 4.3.6 mit Anm. 5) (z.B.: הָיְתָה).

6.1.1 In den Handschriften, auf die die Biblia Hebraica zu-
rückgeht, sind keine konsequenten Regeln für die Setzung des Meteg angewendet. Im allgemeinen wird von der
Tonsilbe aus zum Wortanfang hin zwischen unbetonten
Silben und Nebentonsilben abgewechselt.

6.1.2 Als Lese-Hilfe ist das Meteg wichtig, wenn es in einer
offenen Silbe mit langem Vokal steht, die durch ein
Schwa mobile von der Haupttonsilbe getrennt ist (§
4.3.6). Dieses Meteg ermöglicht meist die Unterscheidung von Qames ($\bar{a}$) und Qames hatuf ($å$) - vgl. dazu
ausführlich § 8.4, Anm.4.

6.1.3 Das Meteg vor Schwa ist auch in der genau entgegengesetzten Funktion gebraucht. In den folgenden Beispielen
steht ein solches Meteg[1] in einer geschlossenen Silbe
vor Schwa quiescens:

a) הַמְדַבְּרִים hăm-dab-b^e-rím

b) וַיְהִי־אוֹר wăj-hī - ʾór

c) הַלְלוּ־יָהּ hăl-lū - jáh

d) יִהְיֶה jĭh-jáh

---

(1) In manchen Grammatiken wird ein Meteg in geschlossener Silbe
als "schweres Meteg" von dem üblichen, "leichten" Meteg
unterschieden.

6.1.3.1   In den ersten drei Beispielen handelt es sich um Silben,
          die nach den Gesetzen der Formenbildung eigentlich ge-
          schärft sein müßten (§ 5.2.2.2):

   a): Artikel "ha" mit folgendem Dagesch forte (§ 12.1),
   b): Tempus-Zeichen "wa" mit folgendem Dagesch forte
       (§ 25.4.2),
   c): Doppelungs-Stamm mit Dagesch forte im II.Radikal
       (§ 31.1).

   In solchen Fällen ist die Verdoppelung unterblieben,
   wenn der zu verdoppelnde Konsonant eine Vorschlagsilbe
   mit Schwa mobile begonnen hätte[2]. Bei Konsonanten, die
   zur Gruppe der "Begadkefat" gehören, kann das Dagesch
   forte nicht ausfallen.

6.1.3.2   In einigen Verbformen von היה und חיה (§ 39.5) steht ein
          Meteg in der geschlossenen Präformativsilbe (s.o. Bei-
          spiel d).

   ## 6.2   Maqqef

   Durch den Maqqef (מַקֵּף "verbindend"), einen wagerechten
   Strich an der oberen Schriftgrenze, können zwei oder
   mehr Wörter zu einer Betonungseinheit zusammengefaßt
   werden (z.B.: עַל־הָאָרֶץ). Maqqef steht vor allem bei einsilbigen Partikeln, nicht selten auch zwischen den Glie-
   dern einer Constructus-Verbindung (§ 16.1.3).

6.2.1   Durch Maqqef wird das vorhergehende Wort enttont. In der
        geschlossenen Endsilbe eines solchen Wortes stehen an-
        stelle der veränderlichen langen Vokale $\bar{e}$, $\bar{a}$ und $\bar{o}$ kurze
        Vokale (vgl. § 2.1.7.2; § 8.3.1).

6.2.2   Soll die Länge des Vokals trotz der Maqqef-Verbindung
        beibehalten werden, so ist der geschlossenen Endsilbe
        durch ein Meteg ein Nebenton verliehen.

----

(2) Durch das Meteg in einer so entstandenen geschlossenen Silbe
    haben die Punktatoren anscheinend ihre Unsicherheit dokumen-
    tiert, ob die Silbe als offen oder als geschlossen zu betrach-
    ten sei.
    Entgegen der Entscheidung anderer Grammatiken (z.B. Grether,
    4.Auflage, § 9g), in solchen Fällen Schwa mobile zu lesen, als
    ob das Dagesch forte stünde, wird in dieser Grammatik empfoh-
    len, ein Dagesch forte, das nicht vorhanden ist, auch nicht
    zu lesen.

6.3 Akzente

Die Masoreten haben jedes Wort des Bibeltextes mit Akzenten versehen[3]. Die Akzente dienten als eine Art Noten für den gottesdienstlichen Vortrag. Für uns besteht ihre Bedeutung darin, daß sie meist die Tonsilbe des Wortes bezeichnen und Anhaltspunkte für die inhaltliche Gliederung eines Verses geben.

6.3.1 Der Akzent steht meist über oder unter dem Konsonanten, der die Silbe beginnt.

6.3.1.1 Akzente stehen unter dem Konsonanten links neben einem evtl. Vokalzeichen, über dem Konsonanten rechts neben einem evtl. Holem-Punkt.[4]

6.3.1.2 Einige wenige Akzente stehen immer beim ersten Konsonanten des Wortes (praepositivi), einige immer beim letzten Konsonanten des Wortes (postpositivi), bezeichnen also nicht die Tonsilbe.

6.3.2 Als satzgliedernde Zeichen sind trennende und verbindende Akzente zu unterscheiden.

6.3.2.1 Die Trennungsakzente (auch "domini" - lat. "Herrschende") markieren zuerst den Versschluß, dann die Versmitte und teilen schließlich die einzelnen Versteile immer weiter auf. Das trennende Gewicht der einzelnen Akzente ist also nicht in allen Fällen dasselbe, sondern hängt von Länge und Struktur des jeweiligen Verses ab.

6.3.2.2 Der immer weiter gehenden Unterteilung sind von der Struktur des Satzes her Grenzen gesetzt. Darum wurden schließlich eng zusammengehörige Wörter durch Verbindungsakzente (auch "servi" - lat. "Dienende") zusammengefaßt.

6.3.3 In den Büchern des Alten Testaments sind zwei verschiedene Akzentsysteme angewendet worden: das poetische System für die Bücher Psalmen, Hiob und Sprüche und das prosaische System für alle anderen Bücher.
Viele Akzente sind in beiden Systemen gleich.

----

(3) Nur Wörter, die durch Maqqef enttont sind, haben keinen Akzent.
(4) Das Zeichen ‹ , das in dieser Grammatik verwendet wird, um die Tonsilbe in hebräischen Wörtern zu bezeichnen (z.B.: הָאָ֫רֶץ) ist kein masoretischer Akzent.

6.3.3.1 Die wichtigsten <u>trennenden Akzente im prosaischen System</u>
in der Reihenfolge ihres Gewichts:

Sillúq (סִלּוּק)
steht vor dem <u>Versschluß (sof pasuq</u>
- סוֹף פָּסוּק), der seinerseits durch
einen dicken Doppelpunkt bezeichnet
ist.

Atnáh (אַתְנָח)
<u>halbiert den Vers</u>[5].

Segoltá (סְגוֹלְתָּא)
(steht immer <u>am Ende des Wortes</u>
s.o. 6.3.1.2)

Zaqéf qatón   (זָקֵף קָטוֹן)[6]

Zaqéf gadól   (זָקֵף גָּדוֹל)

Rebía (רְבִיעַ)

6.3.3.2 Die wichtigsten <u>verbindenden Akzente</u>
beider Systeme:

Munáh (מוּנָח)

Mehuppák (מְהֻפָּךְ)

Mēr^eká (מֵירְכָא)

6.3.3.3 Die wichtigsten trennenden Akzente
des poetischen Systems in der Reihenfolge ihres Gewichts:

<u>Silluq mit Sof pasuq</u> wie oben,

Ólä w^ejoréd   (עוֹלֶה וְיוֹרֵד)
(trennt in diesem System stärker
als Atnah)

<u>Atnah und Rebia</u> wie oben

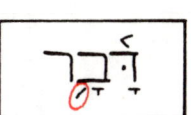

----

(5) <u>Beim Zitieren von Bibelstellen</u> wird <u>die Vershälfte vor dem
Atnah mit a, die nach dem Atnah mit b</u> bezeichnet.
(6) Die durch Zaqef qaton abgeteilten Versteile werden mit α (vor
dem Zaqef) und β (hinter dem Zaqef) zitiert. Z.B. bedeutet
"Gen 1, 2 bβ " den Teil des Verses 2 vom letzten Zaqef qaton
bis zum Sof pasuq.

6.3.4   Ein verbindender Akzent kann auch - statt eines Meteg -
        eine Nebentonsilbe bezeichnen.

---

7 | Masoretische Anmerkungen
        zum Text des Alten Testaments

7.1 Ketib und Qerē

Schon die älteren jüdischen Gelehrten, die Soferim (סֹפֵר
"Schreiber"), die um 1oo n.Chr. für einen einheitlichen
Konsonantentext sorgten, haben sich dem überlieferten
Text gegenüber kritisch verhalten. An vielen Stellen
schlugen sie neben dem von ihnen festgelegten Konsonantentext eine andere Lesart vor. Sie unterschieden dort
das "Geschriebene" (כְּתִיב) von dem "zu Lesenden" (קְרִי),
das sie dagegen in Vorschlag brachten. Im Lauf der Zeit
wuchs die Zahl solcher Stellen in der Tradition der
Schriftgelehrten auf 1314 an.

7.1.1   Die Masoreten, die im 9./1o. Jhdt. n.Chr. die Aussprache
        des alttestamentlichen Textes festlegten, haben die
        ihnen überlieferten Textänderungen übernommen und am
        Rand in der Masora (s.unten 7.3.2) vermerkt. In den fest-
        gelegten heiligen Konsonantentext haben auch sie nicht
        eingegriffen.

7.1.2   Im punktierten masoretischen Text, wie er uns heute in
        der Biblia Hebraica vorliegt, stehen innerhalb des
        Textes die Konsonanten des "Ketib" (also der von den
        Masoreten abgelehnten Lesart) mit den Vokalzeichen des
        "Qerē" (also der von den Masoreten vorgeschlagenen Les-
        art). Ein kleiner Kreis (Circellus) über dem Wort ver-
        weist auf die Randnotizen (Masora).
        Am Rand stehen, neben dem Hinweis: קְרִי oder ק, die
        Konsonanten des "Qerē".

z.B.: (Gen 39,2o)

אָסִירֵי
ק
מָקוֹם אֲשֶׁר־אֲסוּרֵי הַמֶּלֶךְ אֲסוּרִים

Durch das Qerē wird die Lesung אֲסִירֵי (᾽ᵃsīrē) gefordert
statt des Ketib: אֲסוּרֵי (᾽ᵃsūrē).

7.1.3 Wo ein Wort gelesen werden soll, das nicht im Text steht,
finden wir im Text nur die Vokalzeichen des betreffenden
Wortes und am Rand die Konsonanten mit der Notiz:
קרי ולא כתב (qᵉre wᵉlo kᵉtib): "zu lesen, aber nicht
geschrieben".

7.1.4 Wo ein Wort nicht gelesen werden soll, das im Text steht,
bleibt es unpunktiert, und am Rand steht nur die Notiz:
כתב ולא קרי (kᵉtib wᵉlo qᵉre): "geschrieben, aber nicht
zu lesen".

7.2 Qerē perpetuum

Bei einigen häufig vorkommenden Wörtern, die immer anders gelesen werden sollten, haben die Masoreten zwar
die anderen Vokalzeichen zum Ketib gesetzt, das Qerē
aber nicht am Rand vermerkt (Qerē perpetuum = "ständiges
Qerē").

7.2.1 Der alttestamentliche Gottesname "Jahwe"(יַהְוֶה) wurde
schon in den letzten Jahrhunderten v.Chr. mehr und mehr
vermieden. Aus Angst vor Profanierung des heiligen Namens sagte man stattdessen "Adonai" (אֲדֹנָי), "Herr"[1].
Diese Lesung galt als Qerē perpetuum. Das Ketib יהוה[2]
bekam die Vokalzeichen von אֲדֹנָי in etwas vereinfachter
Schreibweise, und so entstand im Text die Schreibung:
יְהֹוָה[3], in der Biblia Hebraica seit der dritten Auflage: יְהוָה.

7.2.1.1 Wenn der Gottesname יהוה neben dem Wort אֲדֹנָי steht, ist
er nach dem Qerē אֱלֹהִים vokalisiert: אֲדֹנָי יֱהוִה.

7.2.1.2 In allen Fällen wird von uns das Tetragramm "Jahwä" gelesen.

----

(1) Durch das lange Qames ist diese Form von dem profan gebrauchten
אֲדֹנַי = "meine Herren" unterschieden.
(2) Das Schriftzeichen für den Gottesnamen wird auch "Tetragramm"
(Vierer-Zeichen) genannt.
(3) Seit dem Mittelalter hat man oft das Ketib mit den Vokalen des
Qerē in Unkenntnis des Sachverhalts falsch "Jehowa" gelesen.

7.2.2 Für das Personalpronomen der 3. Person, femininum (הִיא)
steht im Konsonantentext des Pentateuch (Gen bis Dt) oft
die maskuline Form הוא. Das Qerē perpetuum mit der Punktation הִוא fordert die Lesung: "hī".

7.2.3 Der Name der Stadt Jerusalem, יְרוּשָׁלֵם ist יְרוּשָׁלַ֫ם punk-
tiert.
Das Qerē perpetuum fordert die Lesung: jerūšālájim.

7.3 Sonstige Anmerkungen

Von den übrigen masoretischen Anmerkungen, die im Text
der Biblia Hebraica in Erscheinung treten, werden hier
nur die wichtigsten erwähnt[4].

7.3.1 Tilgungspunkte (puncta extraordinaria)
An einigen Stellen haben schon die Soferim, die Bear-
beiter des Konsonantentextes, Wörter, die ihnen zwei-
felhaft erschienen, besonders gekennzeichnet. Sie haben
Punkte über einen oder mehrere Konsonanten des Wortes
gesetzt.
Z.B. Gen 33,4: וַיִּשָּׁקֵ֫הוּ ("und er küßte ihn"), ein Wort,
das die Soferim vermutlich getilgt wissen wolten, und
das auch die Septuaginta hier nicht gelesen hat.

7.3.2 Die Masora
In ausführlichen Randnotizen, die zum Teil in der Biblia Hebraica abgedruckt sind, haben die Masoreten nicht
nur die Qerēs notiert, sondern auch vielfältige Angaben
über die Häufigkeit von Wörtern gemacht, um die Textge-
stalt möglichst vor Veränderungen zu schützen. Diese Angaben sind teils hebräisch, teils aramäisch und zumeist
abgekürzt notiert.

7.3.3 Abschnitte
7.3.3.1 Sinnabschnitte im Text sind durch eine Lücke und darin
stehendes ס oder פ markiert[5].
7.3.3.2 Am Rand stehendes großes ס (סֵ֫דֶר Sèder) und פרש (פָּרָ֫שׁ
Paraš) bezeichnen Wochenabschnitte für die synagogalen
Lesungen.

----

(4) Im einzelnen sind ausführliche Darstellungen zu vergleichen,
z.B.: Ernst Würthwein, Der Text des Alten Testaments.
(5) ס für סְתוּמָה "geschlossen": dort ging der Text - wie jetzt
meistens in der Biblia Hebraica - in derselben
Zeile weiter,
פ für פְּתוּחָה "offen": dort ging der Text in der neuen Zeile
weiter.

8   Charakter und Vokalisation der Silben

8.1   Grundregeln

8.1.1   Jede Silbe beginnt mit einem einzigen Konsonanten.

8.1.2   Vokalischen Silbenbeginn gibt es nicht[1], ebensowenig gibt es zwei Konsonanten am Beginn einer Silbe[2].

8.1.3   Innerhalb einer Silbe stehen nie zwei Vokale unmittelbar nebeneinander[3].

8.2   Offene Silben

Offene Silben enden auf einen Vokal. Hierzu gehören auch die Silben, an deren Ende ein Vokalbuchstabe steht, z.B. לֹא oder כָּרָא.

8.2.1   Offene Silben haben im masoretischen Hebräisch in der Regel einen langen Vokal, z.B. תֹּהוּ וָבֹהוּ·

8.2.2   Bei den zahlreichen offenen Silben mit kurzen Vokalen handelt es sich fast immer um ursprünglich geschlossene Silben, die erst sekundär geöffnet worden sind und dabei ihren kurzen Vokal behalten haben (vgl. z.B. §§ 6.1.3, 9.2.2, 9.3, 18.1.2, 18.2.1.6, 39.3.2).

8.2.3   Offene Silben mit Murmelvokalen sind Vorschlagsilben.

8.3   Geschlossene Silben

Geschlossene Silben enden auf einen hörbaren Konsonanten.

8.3.1   Unbetonte geschlossene Silben haben immer einen kurzen Vokal.

Betonte geschlossene Silben haben meist einen langen, seltener einen kurzen Vokal, z.B. מַלְאָךְ, st.c. מַלְאַךְ·
Der kurze Vokal in betonten, geschlossenen Silben ist

----

(1) Ausnahme: Das Bindewort וֹ in der Form וּ (§ 13.1.2.2)

(2) Ausnahme: Das Zahlwort für zwei: שְׁתַּיִם "štájim"

(3) Pataḥ furtivum (§ 9.4.1) ist nur eine scheinbare Ausnahme.

meist a, nur gelegentlich auch i oder ä.

8.3.2 Doppelt geschlossene Silben enden auf zwei Konsonanten.
       Sie kommen nur am Ende von Wörtern vor (§ 4.2.2.3).

8.3.3 Geschlossene Silben, die mit demselben Konsonanten schlie-
       ßen, mit dem die folgende Silbe beginnt, heißen auch
       geschärfte Silben (z.B. אַתָּה 'at-tā, vgl. § 5.2.2).
       Geschärfte Silben stehen nur innerhalb, nicht am Ende
       eines Wortes (vgl. aber § 5.2.2, Anm. 2).

8.4 Zur richtigen Lesung des Qames ḥatuf

     Die Regelmäßigkeiten des Silbenbaus ermöglichen es, das
     doppeldeutige Qames-Zeichen richtig zu lesen:

8.4.1 Qames in offener oder in betonter geschlossener Silbe
       bezeichnet langes ā (z.B. הָקָם hā-kām).

8.4.2 Qames in unbetonter geschlossener Silbe bezeichnet
       kurzes å (z.B. חָכְמָה håk-mā).[4]

----

(4) Anfängern macht es oft Schwierigkeiten, das Qames richtig zu
    erkennen. Zur Konkretion der oben genannten Grundregel werden
    hier die verschiedenen Möglichkeiten für das Vorkommen von
    Qames ḥatuf zusammengestellt:
    Qames ḥatuf steht
  a) vor einem Schwa, wenn bei dem Qames kein Meteg steht (§ 4.3.6
     und 6.1.3),
  b) in geschlossener Endsilbe, wenn ein Akzent bei der vorletzten
     Silbe anzeigt, daß die Endsilbe unbetont ist, z.B. וַיָּקָם-
     "wajjāqām",
  c) in geschlossener Endsilbe, die durch Maqqef enttont ist, z.B.
     כָּל־אִישׁ kål 'īš",
  d) in unbetonter Silbe vor einem Konsonanten mit Dagesch forte,
     z.B. חָנֵּנִי "hånnēni" (zu בָּתִּים bātīm vgl. § 21.5.1),
  e) vor einem Guttural mit Hatef-Qames, z.B. יַעֲבֹד "jååbad".
     Hier handelt es sich meist um aufgesprengte Silben (§ 9.3).

     Nur in Verbindung mit einem Artikel kann es gelegentlich vor-
     kommen, daß ein langes Qames vor einem Guttural mit Ḥatef-Qames
     steht, z.B. הֶעֳמָרִים "hāåmārīm" (§ 12.1.2).

     Wenn vor einer derartigen Artikel-Form die Präpositionen בְּ,
     לְ oder כְּ stehen (§12.3.1.7), kann man dem isolierten Wort
     nicht ansehen, ob es mit Artikel (und ā bei der Präposition)
     oder ohne Artikel (und å bei der Präposition)steht. Diese
     Fälle sind sehr selten und im Satzzusammenhang eindeutig.

  f) Qames ḥatuf steht vor einem Guttural mit einem zweiten Qames
     ḥatuf, das nach (a) kenntlich ist, z.B. יַעֲבְדוּ "jååbdu" (vgl.
     § 9.3.1)
  g) und in den unregelmäßigen Pluralen קֳדָשִׁים "qådāšīm" und
     שָׁרָשִׁים "šårāšīm" (§ 18.2.2.4).

9 Vokalisations-Besonderheiten bei Gutturalen und Resch

Die Gutturale Alef (א), He (ה), Het (ח) und ʿAjin (ע) hatten zur Zeit der Vokalisation des hebräischen Bibeltextes ihren konsonantischen Lautwert schon fast völlig verloren. Die Masoreten haben sich bemüht, diesen Prozeß weitgehend rückgängig zu machen, und haben darum für diese Konsonanten und zum Teil auch für Resch (ר) besondere Vokalisationsregeln angewendet.

9.1 Verflüchtigung von Vokalen

Als Murmelvokale stehen bei Gutturalen die Hatef-Vokale (§ 2.2.2, 4.1.2), nie Schwa mobile:

אֲנִי   אֱלֹהִים   חֳלִי
ʾᵃni   ʾᵃlohim   hᵃli

9.2 Verdoppelung

Gutturale und Resch haben nie Dagesch forte. Die unterbliebene Verdoppelung wird entweder durch Ersatzdehnung (s.unten 9.2.1) oder durch virtuelle Verdoppelung (s. unten 9.2.2) ausgeglichen.

9.2.1 Ersatzdehnung[1]

Der ursprünglich kurze Vokal vor dem Guttural (bzw. Resch) steht in einer offenen Silbe und ist gedehnt (§ 8.2.1).
Dabei ist ē aus i, ā aus a, ō aus u entstanden (§ 2.1.6).

Beispiele:
(vgl. § 34.3.1)

בֵּרַךְ   כָּתַב
יְבָרֵךְ   יְכַתַּב
יְלֹבַךְ   יְקֻתַּב

---

(1) Ersatzdehnung findet sich fast immer bei ר, häufig auch bei א und ע, nur selten bei ה und ח.

9.2.2 Virtuelle Verdoppelung [2]

Der kurze Vokal vor dem Guttural ist erhalten, obwohl
er jetzt in einer offenen Silbe steht. Die Silbe ist so
gebildet, als ob der Guttural verdoppelt wäre[3].

Beispiele:
(vgl. § 34.3.1)   כָּתַב   נָחַל

                          יְכַתֵּב   יְנַחֵל

                          יְכֻתַּב   יְנֻחַל

9.3 Silbenschluß und Silbenaufsprengung

Gutturale können eine Silbe schließen (also Schwa qui-
escens bei sich haben).
Dieser sogenannte harte Silbenschluß ist meist dadurch
vermieden, daß die Silbe durch einen Hilfsvokal nach dem
Guttural geöffnet ist (aufgesprengte Silbe): Der kurze
Vokal der geschlossenen Silbe ist nach dem Guttural als
Ḥatef-Vokal wiederholt[4]. Bei dem ersten Vokal in der
aufgesprengten Silbe kann ein Meteg stehen.

Beispiele: (vgl. § 34.2.1)	harter Silbenschluß	aufgesprengte Silbe
	יַעְבֹד	יַעֲבֹד
	יֶחְזַק	יֶחֱזַק
	יָעְבָּד	יָעֳבָד

9.3.1

Wird in entsprechender Entfernung von der Haupttonsilbe
(§ 1o.2) der Vokal verflüchtigt, der einer aufgesprengten Silbe folgt, beginnt der Guttural eine unbetonte
geschlossene Silbe (vgl. § 1o.4.1.2) mit kurzem, vollem
Vokal anstelle des Ḥatef-Vokals.

Beispiele: יַעַבְדוּ < *יַעֲבְדוּ < יַעֲבֹד

               [5] יַעַבְדוּ < *יָעֳבְדוּ < יָעֳבָד

----

(2) Virtuelle Verdoppelung findet sich hauptsächlich bei ה und ח,
    seltener bei ע, kaum bei א und ר.
(3) Einige Grammatiken sprechen von einem "Dagesch forte implici-
    tum" (im Konsonanten - unsichtbar - enthaltenen Dagesch forte).
(4) Bei ר kommt Silbenaufsprengung nur sehr selten vor.
(5) Hier stehen zwei Qames-hatuf nebeneinander: 1. für den kurzen
    Vokal der aufgesprengten Silbe, 2. für den kurzen Vokal der neu
    entstandenen unbetonten geschlossenen Silbe.

9.3.2 Wenn vor einem Wort, das mit Ḥatef-Vokal beginnt, eine
      der Präpositionen ב, כ und ל oder das Bindewort ו
      steht, dann ist statt einer geschlossenen Silbe (§ 1o.
      4.1.2) immer eine aufgesprengte Silbe vokalisiert.
      Der kurze Vokal bei dem Präfix hat die Klangfarbe des
      Ḥatef-Vokals (vgl. § 12.3.1.3).

      Beispiele: אֲנָשִׁים + לְ > לַאֲנָשִׁים

                              אֱמֶת + כְּ > כֶּאֱמֶת

9.4   **Besonderheiten**

9.4.1 Bei Gutturalen steht vorzugsweise der Vokal a. Deshalb
      bleibt oft vor oder nach einem Guttural ein ursprüng-
      liches a erhalten (vgl. § 1o.4.2), oder ein anderer
      Vokal - vor allem e - wird durch a ersetzt[6].

9.4.2 Am Ende eines Wortes muß den Konsonanten He - mit Mappiq
      - (הֿ), Ḥet (ח) und Ajin (ע) ein a-Laut voraufgehen[7].
      Wenn vor diesen Konsonanten am Ende eines Wortes ein
      anderer Vokal steht, ist zwischen Vokal und Guttural
      ein flüchtiger, unbetonter a-Laut eingeschoben,
      z.B.: רוּחַ "ru^{a}ḥ".
      Die tiberische Punktation bezeichnet diesen Zwischen-
      laut mit einem etwas rechts unter den Guttural gesetz-
      ten Pataḥ, dem Pataḥ furtivum[8].

9.4.3 Bei Alef (א) steht häufiger als bei anderen Gutturalen
      ein ä-Laut.

----

(6) Zu den Hilfsvokalen bei Segolaten mit Gutturalen vgl. § 18.1.3.
(7) Alef (א) und He - ohne Mappiq (ה) kommen am Ende eines Wortes
    nur als Vokalbuchstaben vor; Resch (ר) muß kein a-Laut voraus-
    gehen.
(8) lat.: "verstohlenes Pataḥ"

10	Betonung und Vokalisation in Wörtern mit veränderlichen Vokalen

1o.1 Haupttonsilbe und Vortonsilbe

Die verschiedenen Formen von Wörtern mit den veränderlichen Vokalen ā (<a), ē (<i) und ō (<u) (vgl. § 2.1.6)
sind je nach ihrer Betonung unterschiedlich vokalisiert.

1o.1.1 Die veränderlichen langen Vokale stehen in der Haupttonsilbe (im allgemeinen der letzten Silbe)des Wortes[1].

1o.1.2 Die veränderlichen langen Vokale können auch in der
Vortonsilbe stehen. Vortonsilbe ist die offene Silbe
vor der Haupttonsilbe. Ein veränderlicher Vokal in der
Vortonsilbe wird Vorton-Vokal genannt.

1o.1.2.1 Statt der langen Vokale ē (<i) und ō (<u) steht oft
schon in der Silbe vor der Haupttonsilbe ein Murmelvokal; der Grundvokal ist verflüchtigt.

1o.2 Unbetonte Silben vor der Haupttonsilbe

An drittletzter Stelle, also in Silben, die durch eine
volle Silbe von der Haupttonsilbe getrennt sind, können die veränderlichen langen Vokale grundsätzlich
nicht stehen[2].

1o.2.1 Die drittletzte Silbe ist eine Vorschlagsilbe, wenn sie
von einem Konsonanten gebildet wird, bei dem in anderen
Formen desselben Wortes ein veränderlicher Vokal steht.

----

(1) Zu Vokalveränderungen und Betonungsverhältnissen in Wörtern
mit Hilfsvokalen (Segolata) vgl. § 18.

(2) Bei Verbformen und vor dem Suffix ה finden sich ausnahmsweise Bildungen, in denen der lange Vokal in der drittletzten
Silbe durch einen Nebenton (Meteg) festgehalten ist. Stattdessen ist der Vokal der vorletzten Silbe verflüchtigt: כְּתָבֻ
דְּרָכֵךְ. Unveränderlich lange Vokale vor der Vorton-Silbe werden auch als feste Vokale bezeichnet.

1o.2.2   Die drittletzte Silbe ist eine unbetonte, geschlossene
         Silbe mit kurzem Vokal, wenn sie von zwei Konsonanten
         gebildet wird. Der kurze Vokal ist meist i (bisweilen,
         vor allem bei Gutturalen, auch a oder ä)[3].

1o.2.2.1 Wörter mit dem Grundvokal i (>ē) haben oft schon in
         der Silbe vor der Haupttonsilbe, also anstelle der
         Vortonsilbe, eine unbetonte, geschlossene Silbe mit
         kurzem Vokal.

1o.2.2.2 Die unbetonte, geschlossene Silbe an der drittletzten
         Stelle kann auch von dem 1. Konsonanten des Wortes und
         einer proklitischen Präposition gebildet sein (§ 12.3.1).

1o.2.2.3 Vor solchen unbetonten, geschlossenen Silben können an
         viertletzter Stelle wieder Vorschlagsilben oder volle
         Silben stehen.

1o.3   Status constructus

1o.3.1   Wenn ein Wort im status constructus steht, gilt seine
         Tonsilbe nicht als Haupttonsilbe. Der lange Vokal $\bar{a}$
         kann in der Tonsilbe eines Nomens im status construc-
         tus zu a gekürzt sein, $\bar{e}$ zu a abgelautet.

1o.3.2   Die Silbe, die der Tonsilbe voraufgeht, kann bei einem
         Nomen im status constructus keine Vortonsilbe sein. In
         ihr stehen keine   veränderlichen langen Vokale. Die
         Bildung der vorletzten Silbe entspricht vielmehr der
         der drittletzten in anderen Wörtern.

1o.4   Faustregeln und Tabelle

1o.4.1   Wenn man von der lexikalischen Form eines Wortes aus-
         geht und sich den Vorgang der Formenbildung so vor-
         stellt, als würde das Wort in einem kontinuierlichen
         Wachstumsprozeß immer länger und die Betonungsstelle
         rücke immer weiter vom Wortanfang weg, dann kann man
         sich (unsachgemäß, aber einprägsam) so ausdrücken:

1o.4.1.1 Der lange Vokal in der Vortonsilbe wird bei weiter-
         rückendem Ton verflüchtigt: דְּבָרִים ← דָּבָר

1o.4.1.2 Wenn im Fortgang dieses Prozesses zwei Vorschlagsilben
         aufeinandertreffen, so wird der Vokal beim zweiten

----

(3) Bei Gutturalen gelten im übrigen die § 9 dargestellten Regeln.

Konsonanten elidiert, und beim ersten Konsonanten tritt
der ursprüngliche kurze Vokal, meist zu i verdünnt,
wieder auf: דְּבָרִים ← דִּבְרֵיהֶם ←* דִּבְרֵיהֶם

1o.4.1.3 In einer Constructus-Verbindung trägt das Nomen im status absolutus den Hauptton, und der Vorgang verläuft
entsprechend: דְּבַר ← דְּבַר יְהוָה

דְּבָרִים ← דִּבְרֵי יְהוָה

1o.4.2 Ursprüngliches kurzes a ist in unbetonter, geschlossener
Silbe oft zu i verdünnt.

1o.4.3 Tabelle

ā			ē			ō		
zu 1o.1.1 דָּבָר דָּם מַלְאָךְ			זָקֵן שֵׁם			תִּכְתֹּב		
zu 1o.1.2 דְּבַר דָּמִים			לֵבָב			תָּכְתֹּבוּן		
zu 1o.1.2.1			שְׁמוֹ			תָּכְתֹּבוּ		
zu 1o.2.1 דְּבָרִים הַדְּבָרִים			בְּכוֹ לְ					
zu 1o.2.2 מַלְאָכִים								
zu 1o.2.2.1 דִּבְרֵיהֶם			שְׁמֶךָ					
zu 1o.2.2.2 לִדְבָרִים			כָּל בְּכוֹ					
zu 1o.2.2.3 לְדִבְרֵיהֶם								
zu 1o.3.1 / zu 1o.3.2 דָּם הַבְּרִית דְּבַר יְהוָה דִּבְרֵי יְהוָה			זָקֵן הַפֵּית לֵבַב הָאִישׁ					

1o.5   Vokalveränderungen an besonderen Tonstellen

1o.5.1   Pausa

In Pausa (abgekürzt: i.P., Gegenteil: "im Kontext" -
i.K.), das heißt an den Stellen mit besonderem Satz-
akzent, weichen Betonung und Vokalisation häufig von
der Norm ab. Pausa-Formen finden sich regelmäßig vor
dem Sof pasuq und beim Atnah, oft auch bei anderen
starken Trennungsakzenten (§ 6.3.3).

1o.5.1.1   Der Vokal der Tonsilbe kann i.P. gedehnt sein.
1o.5.1.2   Statt der letzten kann die vorletzte Silbe betont sein
und einen langen Vokal haben.
1o.5.1.3   Statt anderer Vokale tritt i.P. oft langes ā auf, statt
e auch kurzes a.

1o.5.2   Maqqef-Verbindung

In geschlossenen Silben, die durch Maqqef enttont sind
(§ 6.2), stehen im allgemeinen statt der veränderlichen
langen Vokale die entsprechenden kurzen Vokale
(vgl. § 2.1.7.2).

1o.5.3   Nesiga[4]

Um zu vermeiden, daß zwei Wörter mit ihren Haupttonsil-
ben aneinanderstoßen, kann die Betonung beim vorletzten
Wort von der Endsilbe zurückgezogen sein, z.B.:

$$\text{נָתַן לוֹ} \; > \; \text{נָתַ֫ן לוֹ}$$

In so entstandenen unbetonten, geschlossenen Endsilben
stehen meist die aus den veränderlichen langen Vokalen
gekürzten Vokale a, ä und å (§ 2.1.7.2), z.B.:

$$\text{לָקַ֫ח לִי} \; > \; \text{לָקַח לִי}$$

---

(4) von hebr.: נְסִיגָה "Zurückweichen"

II FORMENLEHRE

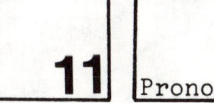

11 Pronomina

11.1 Das Personalpronomen

Das selbständige Personalpronomen kommt meist als Subjekt
oder als Apposition zum Subjekt vor (Einzelheiten s. §§
44, 47.1, 52). Es kann nicht in Constructus-Verbindun-
gen, nach Präpositionen und in Verbindung mit dem Akku-
sativzeichen stehen.

11.1.1   Im Unterschied zum Deutschen hat nur das Pronomen der
1. Person eine für beide Geschlechter gemeinsame Form.
Bei den Pronomina der 2. und 3. Person werden Formen
für maskulinum und femininum (männlich und weiblich) unterschieden.
Neutrum-Formen kennt die hebräische Sprache nicht.

11.1.2   Übersicht über die Formen des Personalpronomens

	Singular		Plural	
1.	אָנֹכִי		אֲנַ֫חְנוּ	
	oder אֲנִי ich		oder נַ֫חְנוּ wir	
2.m.	אַתָּה du		אַתֶּם ihr	
2.f.	אַתְּ [1] du		אַתֵּ֫נָה	
			(auch אַתֵּן	
			oder אַתֵּ֫ן) ihr	
3.m.	הוּא er		הֵ֫מָּה	
			oder הֵם sie	
3.f.	הִיא [2] sie		הֵ֫נָּה sie	

----

(1) Das ungewöhnliche Dagesch forte mit Schwa quiescens ist wohl
    darauf zurückzuführen, daß das Pronomen ursprünglich אַתְּ lautete.
(2) s. nächste Seite

11.2 Suffixe

Personalpronomina sind mit voraufgehenden Wörtern so eng
zusammengerückt, daß sie zu Endungen wurden. Solche Endungen werden Suffixe genannte und kommen an Partikeln,
Nomina und Verben vor.

11.2.1 Die Art der Anfügung ist bei Partikeln, Nomina und Verben verschieden (Einzelheiten in den §§ 12,2-5; 14.2;
17; 33).

Die Form der einzelnen Suffixe ist im Grunde überall die
gleiche:

	1.	2.m.	2.f.	3.m.	3.f.
Singular	ִי (נִי)	ְךָ	ְךְ	הוּ (וֹ)	ָהּ (ָהָ)
Plural	נוּ	ְכֶם	ְכֶן	ם (הֶם)	ן (הֶן)

11.2.2 Suffixe am Nomen bezeichnen die Zugehörigkeit (deutsch:
besitzanzeigendes Fürwort "mein/dein" usw.) - vgl.§ 17.

סוּס Pferd

סוּסִי mein Pferd

11.2.3 Suffixe an Verbformen (§ 33) und an dem Akkusativ-Zeichen אֵת (§ 12.4.4; 5o.1.4.1) bezeichnen das pronominale
Objekt.

וַיִּקְרָא da nannte (er)

וַיִּקְרָאֵהוּ

oder   וַיִּקְרָא אֹתוֹ da nannte (er) ihn

11.2.4 Hebräischen Präpositionen mit Suffixen (§ 12) entsprechen im Deutschen Präpositionen mit Kasusformen des
Personalpronomens (für mich/bei mir usw.) - vgl. § 12.

לָהֶם für sie

בָּהֶם mit ihnen

----

(2) (von Seite 43) Im Pentateuch ist durch das nachträgliche Ein-
fügen der Vokalbuchstaben oft הִיא (fem) zu הוּא (mask) ver-
schrieben.
An diesen Stellen fordern die Masoreten durch ein Qerē perpetuum (הִוא) die Lesung: "hī" (vgl. § 7.2.2).

11.3 Das Demonstrativpronomen

11.3.1 Die Formen des Demonstrativpronomens sind:

Singular	Plural
זֶה dieser (m)	אֵלֶּה diese
זֹאת diese (f)	

11.3.2 Mit dem Artikel versehen, kann das Demonstrativpronomen als adjektivisches Attribut stehen (§ 47.1):

הָאִישׁ הַזֶּה dieser Mann	הַדְּבָרִים diese Dinge
הָאִשָּׁה הַזֹּאת diese Frau	הָאֵלֶּה

11.3.3 Das Demonstrativpronomen kann

11.3.3.1 in Verbindung mit einem voraufgehenden status constructus treten:

דְּבַר זֶה das Wort von diesem

11.3.3.2 nach dem Akkusativ-Zeichen אֵת stehen:

וַיַּרְא אֶת־זֶה er sah diesen

11.3.3.3 in Verbindung mit Präpositionen auftreten:

וַיְהִי בְזֹאת קֶצֶף es entstand dadurch[3] ein Zorn
עַל־יִשְׂרָאֵל über Israel.(1 Chr 27,24)

11.4 Das Personalpronomen als Demonstrativpronomen

Die Formen der 3.Person des Personalpronomens können als
Demonstrativpronomen verwendet werden (zum Unterschied
vgl § 52.4.3.1), und zwar - wie 11.3.1 - substantivisch
und - wie 11.3.2 - adjektivisch.

Singular	Plural
הוּא jener/der	הֵם jene/das
הִיא jene/die/das	הֵמָּה
הָאִישׁ הַהוּא jener Mann	הַדְּבָרִים jene Dinge
הָאִשָּׁה הַהִיא jene Frau	הָהֵמָּה

----

(3) Zur Vokalisation von בְּ vgl. § 12.3.1.8.

12 | Nomen-Begleiter

12.1 Der Artikel

Die Normalform des Artikels ist: He mit Pataḥ und folgendem Dagesch forte: ֖הַ.

Der Artikel ist proklitisch: Er verbindet sich mit dem folgenden Wort zu einer Worteinheit[1]:

הַשָּׁמַיִם

12.1.1 Bei Wörtern, die mit der Vorsilbe יְ oder יִ beginnen, fehlt meist das Dagesch forte im ersten Konsonanten (§ 5.2.2.2, § 6.1.3.1):

הַיְלָדִים

12.1.2 Beginnt das Wort mit einem Guttural oder Resch, so ist die Verdoppelung des ersten Konsonanten nicht möglich. Dafür tritt virtuelle Verdoppelung (zu הַ) oder Ersatzdehnung (zu הָ oder הֶ)ein. (vgl. § 9.2)

Einzelheiten:

12.1.2.1 Vor Resch (ר) und Alef (א) Ersatzdehnung zu הָ :

הָאָדָם
הָרָקִיעַ

12.1.2.2 Vor ʿAjin (ע) meist Ersatzdehnung zu הָ
Vor ʿAjin (ע) mit unbetontem a Ersatzdehnung zu הֶ

הָעֶרֶב
הֶעָרִים

12.1.2.3 Vor He (ה) mit unbetontem a Ersatzdehnung zu הֶ
Sonst vor He (ה) virtuelle Verdoppelung[2] zu הַ

הֶהָרִים
הַהוּא

12.1.2.4 Vor Ḥet (ח) meist virtuelle Verdoppelung zu הַ
Vor Ḥet mit Qames oder Ḥatef-Qames Ersatzdehnung zu הָ

הַחֹשֶׁךְ
הֶחָזָק

12.1.3 Es ist zu beachten, daß ein ה vor einem Wort am Satzanfang auch He interrogativum (Fragepartikel - § 13.4) sein kann. Verwechslung ist aber kaum möglich.

(1) Zur Verbindung von Artikel und anderen Präfixen vgl.§§ 12.3.1.7 und 13.1.2.
(2) Ausnahmen: הָהָר (der Berg) und הָהֵמָּה (jene - §11.4)

12.2 Präpositionen mit regelmäßigen Suffixformen

Manche Präpositionen bilden als ursprüngliche Nomina
ihre Suffixformen regelmäßig nach dem Beispiel des
Nomens im Singular oder im Plural (§ 17).

12.2.1 Singular-Formen haben z.B.:

נֶגֶד "vor/gegenüber", בַּעַד "für/durch", לְמַעַן "um..willen".

12.2.2 Plural-Formen haben z.B.:

אַחַר "hinter" : אַחֲרֵי , סָבִיב "rings um": סְבִיבוֹת

תַּחַת "unter/anstelle"

12.2.3 Beispiele:

mit dem Suffix der	נֶגֶד	אַחֲרֵי
1. Singular	נֶגְדִּי	אַחֲרֵי
2.m. "	נֶגְדְּךָ	אַחֲרֶיךָ
2.f. "	--	אַחֲרַיִךְ
3.m. "	נֶגְדּוֹ	אַחֲרָיו
3.f. "	נֶגְדָּהּ	אַחֲרֶיהָ
1. Plural	--	אַחֲרֵינוּ
2.m. "	נֶגְדְּכֶם	אַחֲרֵיכֶם
2.f. "	--	--
3.m. "	נֶגְדָּם	אַחֲרֵיהֶם
3.f. "	--	אַחֲרֵיהֶן

12.3 Die Präpositionen בְּ, כְּ und לְ

בְּ ("in/auf/an/mit/wegen"), כְּ ("wie/entsprechend/gemäß"),
לְ ("nach/zu/für") sind proklitische Partikeln; sie verbinden sich mit dem folgenden Wort zu einem einzigen.
Normalerweise bilden sie eine Vorschlagsilbe mit Schwa
mobile:

רֵאשִׁית Anfang   בְּרֵאשִׁית am Anfang

12.3.1   Die Verbindung mit dem folgenden Wort

12.3.1.1 Vor einem Wort, das mit Schwa
          mobile beginnt, haben die Prä-
          positionen kurzes i.
          Die Präposition bildet mit dem
          ersten Konsonanten des Wortes
          eine geschlossene Silbe
          (vgl. § 1o.2.2, 1o.4.4).

          בִּדְבָרִים > בְּ + דְּבָרִים

12.3.1.2 Ist die erste Silbe des Wortes
          יְ, so ist das i der Präposi-
          tion mit dem י des folgenden
          Wortes zu langem ī kontrahiert
          (vgl. § 2.1.5.2).

          לִיהוּדָה > לְ + יְהוּדָה

12.3.1.3 Vor einem Ḥatef-Vokal hat die
          Präposition den entsprechenden
          kurzen vollen Vokal (§ 9.3.2).

          בֶּאֱמֶת > בְּ + אֱמֶת

12.3.1.4 Steht אֱלֹהִים in Verbindung mit
          proklitischen Präpositionen,
          so hat die Präposition langes
          ē, das א ist Vokalbuchstabe.

          לֵאלֹהִים > לְ + אֱלֹהִים

12.3.1.5 Ähnlich haben Präpositionen
          vor אֲדֹנָי kurzes a, das א ist
          Vokalbuchstabe.

          לַאדֹנָי > לְ + אֲדֹנָי

12.3.1.6 Vor dem Tetragramm יהוה sind
          diese Präpositionen vokalisiert
          wie vor אֲדֹנָי.
          Wir lesen aber: "b^ejahwä" usw.

          בַּיהוָה לַיהוָה

12.3.1.7 Vor einem Nomen mit Artikel
          steht bei der Präposition der
          Vokal des Artikels (§ 12.1).
          Das He des Artikels ist ausge-
          fallen.

          בַּשָּׁמַיִם > בְּ + הַ + שָׁמַיִם

          בָּאָרֶץ > בְּ + הָ + אָרֶץ

          בֶּעָפָר > בְּ + הֶ + עָפָר

          לַחֹשֶׁךְ > לְ + הַ + חֹשֶׁךְ

12.3.1.8 Vor Wörtern, die mit der Haupt-
          tonsilbe beginnen, sind בְּ und
          כְּ, am häufigsten לְ, mit Vorton-
          Qames vokalisiert (§ 1o.1.2).

          כָּזֹאת
          לָבֹוא

12.3.2   Suffix-Formen der proklitischen Präpositionen

12.3.2.1 Die Präpositionen בְּ und לְ zeigen vor Suffixen die glei-
          chen Eigentümlichkeiten. Ungewöhnlich ist hier der

Bindevokal ā vor Suffixen der 1. und 2. Person.

12.3.2.2 Die Suffixformen von כְּ sind zum Teil von dem Stamm כְּמוֹ aus gebildet.

12.3.2.3 Übersicht

Sing			
1.	בִּי in mir	לִי für mich	כָּמוֹנִי wie ich
2.m (בְּךָ)	בְּךָ in dir	(לְךָ) לְךָ für dich	כָּמוֹךָ wie du
f	בָּךְ	לָךְ	–
3.m	בּוֹ in ihm(sich)	לוֹ für ihn(sich)	כָּמוֹהוּ wie er
f	בָּהּ in ihr(sich)	לָהּ für sie(sich)	כָּמוֹהָ wie sie
Plur			
1.	בָּנוּ in uns	לָנוּ für uns	כָּמוֹנוּ wie wir
2.m	בָּכֶם in euch	לָכֶם für euch	כָּכֶם wie ihr / כְּמוֹכֶם
f	בָּכֵן	–	–
3.m	בָּהֵמָּה in ihnen (sich) / בָּהֶם / בָּם	לָהֵמָּה für sie (sich) / לָהֶם	כָּהֵמָּה wie sie / כָּהֶם / כְּמוֹהֶם
f	בָּהֵנָּה in ihnen (sich) / בָּהֶן	לָהֵנָּה für sie (sich) / לָהֶן	כָּהֵנָּה wie sie

12.4 Partikeln mit unregelmäßigen Suffix-Formen

12.4.1 Die Präposition מִן ("von/wegen/mehr als")
Die normale Form מִן־ steht
vor Nomen mit Artikel.   מִן־הַשָּׁמַיִם

12.4.1.1 Vor einem Nomen ohne Artikel
ist meist das Nun (ן) dem
folgenden Konsonanten assimiliert.

מִבֹּקֶר עַד עֶרֶב

12.4.1.2 Beginnt das Wort mit einem
Guttural oder Resch, ist
meist Ersatzdehnung eingetreten (i zu e, vgl. § 9.2.1).

מֵעֶרֶב עַד בֹּקֶר

12.4.1.3 Beginnt das Wort mit der
Vorschlagsilbe :, entsteht
durch Kontraktion (§ 2.1.5.2)
eine offene Silbe mit langem i.

מִיהוּדָה > מִן + יְהוּדָה

12.4.1.4 Vor dem Tetragramm יהוה
(§ 7.2.1) ist מִן wie vor
אֲדֹנָי vokalisiert.
Zu lesen ist aber:
"mijjahwä".

מֵיְהוָה : מֵאֲדֹנָי

12.4.1.5 Suffix-Formen

Sing.		
1.	מִמֶּנִּי	von mir
2.m	מִמְּךָ	
	i.P. מִמֶּךָ	von dir
2.f	מִמֵּךְ	
3.m	מִמֶּנּוּ	von ihm
3.f	מִמֶּנָּה	von ihr
Plur.		
1.	מִמֶּנּוּ	von uns
2.m	מִכֶּם	von euch
2.f	מִכֶּן	
3.m	מֵהֶם	von ihnen
3.f	מֵהֵנָּה	

12.4.1.51 Vor den Suffixen des
Singular und der 1.
pl. ist das מִן
verdoppelt.

12.4.1.52 In den Formen mit Suffixen der 3.sing. ist
jeweils das ה der En-
dung dem ן assimiliert.

----
(3) Virtuelle Verdopplung kommt vor (מֵחַץ), auch Ersatzdehnung vor
dem Artikel (מֵהָאֱלֹהִים).

12.4.2   Die Präpositionen אֵת und עִם("mit/bei")

12.4.2.1   Gemeinsamkeiten:
Der letzte Konsonant ist vor Suffixen verdoppelt.
Unregelmäßig erscheint der Bindevokal a.

12.4.2.2   Besonderheiten:
עִם ist das einzige Wort, das vor einem Suffix der 2.m.pl.
einen Bindevokal hat. Die Nebenform עִמָּדִי ist von der
Wurzel עמד abzuleiten.

12.4.2.3   Übersicht

	Singular		Plural	
1.	אִתִּי	עִמִּי (עִמָּדִי)	אִתָּנוּ	עִמָּנוּ
2.m (i.P.	אִתְּךָ אִתָּךְ)	עִמְּךָ (i.P. עִמָּךְ)	אִתְּכֶם	עִמָּכֶם
f	אִתָּךְ	עִמָּךְ	–	–
3.m	אִתּוֹ	עִמּוֹ	אִתָּם	עִמָּם עִמָּהֶם
f	אִתָּהּ	עִמָּהּ	–	–

12.4.3   Die Präposition בֵּין ("zwischen")

12.4.3.1   Die Suffixe des Singulars sind an die Singular-Form בֵּינ,
die des Plurals an die Pluralformen בֵּינֵי oder בֵּינוֹת
angefügt.

12.4.3.2   Übersicht

	Singular	Plural
1.	בֵּינִי	בֵּינֵינוּ בֵּינוֹתֵינוּ
2.m	(i.P. בֵּינֶךָ) בֵּינְךָ	בֵּינֵיכֶם
f	בֵּינֵךְ	–
3.m	בֵּינוֹ בֵּינָיו	בֵּינֵיהֶם בֵּינֹתָם
f	–	–

12.4.4   Das Akkusativ-Zeichen אֵת

12.4.4.1   Im Gegensatz zur Präposition אֵת (s.oben) hat das Akkusativ-Zeichen אֵת vor leichten Suffixen die Form: אֹת
Vor schweren Suffixen kann auch אֶת stehen.
Der Bindevokal a erscheint unregelmäßig vor Suffixen der
1. und zweiten Person.

12.4.4.2 Übersicht:

	Singular		Plural	
1.		אֹתִי mich		אֹתָנוּ uns
2.m	(1.P. אֹתָךְ)	אֹתְךָ dich	אֶתְכֶם	אֶתְכֶם euch
f		אֹתָךְ		–
3.m		אֹתוֹ ihn	אֶתְהֶם	אֹתָם sie
f		אֹתָהּ sie	אֶתְהֶן	אֹתָן sie

12.5 Präpositionen mit scheinbaren Pluralformen

Die Präpositionen אֶל־, עַד und עַל haben vor Suffixen
Formen wie Nomina, die im Plural stehen (§ 17.2).

12.5.1 Es liegt bei עַל sicher (vgl. עלה "hinaufziehen"), bei
אֶל־ und עַד vermutlich eine Wurzel ל″ִ י zugrunde (vgl. §
39.1.1).

12.5.2 Übersicht:

Sing.			
1.	אֵלַי	עָדַי	עָלַי
2.m	אֵלֶיה	עָדֶיה	עָלֶיה
f	אֵלַיִךְ	–	עָלַיִךְ
3.m	אֵלָיו	עָדָיו	עָלָיו
f	אֵלֶיה	עָדֶיה	עָלֶיה
Plur			
1.	אֵלֵינוּ	עָדֵינוּ	עָלֵינוּ
2.m	אֲלֵיכֶם	עֲדֵיכֶם	עֲלֵיכֶם
f	–	–	עֲלֵיכֶן
3.m	אֲלֵיהֶם	–	עֲלֵיהֶם
f	אֲלֵיהֶן	–	עֲלֵיהֶן

12.6 Zusammengesetzte Präpositionen

Es kommen Wörter vor, die aus zwei Präpositionen zusam-
mengesetzt sind. Häufig sind Zusammensetzungen bei Orts-
und Richtungsbezeichnungen.

Bei Kombinationen mit מִן (מִתַּחַת מֵעַל מֵאֵת) überwiegt die
Bedeutung "von".

Im einzelnen ist das Lexikon zu vergleichen.

---

13 | Satz-Einleiter

13.1 Das Bindewort וְ ("und/aber/daß"[1])

Ebenso wie die Präpositionen בְּ, כְּ und לְ ist וְ mit dem
folgenden Wort (proklitisch) zu einer Einheit verbunden.
Es bildet normalerweise eine Vorschlagsilbe mit Schwa
mobile:

רוּחַ אֱלֹהִים   der Geist Gottes

וְרוּחַ אֱלֹהִים   und der Geist Gottes

13.1.1 Die Verbindung mit dem folgenden Wort –
Gemeinsamkeiten mit den proklitischen Präpositionen

13.1.1.1 Ist die erste Silbe des Wortes וְ, so werden die beiden
Vorschlagsilben zu einer
offenen Silbe mit langem ī
kontrahiert (§ 2.1.5.2).

וִיהוּדָה < וְ + יְהוּדָה
וֶאֱמֶת < וְ + אֱמֶת
וֵאלֹהִים < וְ + אֱלֹהִים

13.1.1.2 **Vor einem** Ḥatef-Vokal hat
das Bindewort den entsprechenden kurzen Vokal (§ 9.3.2)

13.1.1.3 Vor אֱלֹהִים hat וּ langes ē;
das א ist Vokalbuchstabe.

---

(1) Zu Funktion und Übersetzung von וְ ist § 53.1 zu vergleichen.

13.1.1.4 Ähnlich hat וֹ vor אֲדֹנָי׳ kurzes a, das א ist Vokalbuchstabe.

וַאדֹנָי > וְ + אֲדֹנָי

13.1.1.5 Vor dem Tetragramm יהוה ist וֹ vokalisiert wie vor אֲדֹנָי׳. Wir lesen aber "wᵉjahwä". (§ 7.2.1)

וַיהוָה

13.1.1.6 Vor Wörtern, die mit der Haupttonsilbe beginnen, ist וֹ häufig mit Vorton-Qames vokalisiert.

תֹהוּ וָבֹהוּ

13.1.2 Die Verbindung mit dem folgenden Wort – Besonderheiten

13.1.2.1 Vor einem Nomen mit Artikel bleibt וְ unverändert.

וְהָאָרֶץ > וְ + הָאָרֶץ

13.1.2.2 Vor den Konsonanten Bet (ב), Waw (ו), Mem (מ) und Pe (פ) – Merkwort: BUMAF – wird וְ zu וּ.

וּבֹקֶר > וְ + בֹּקֶר

13.1.2.3 Auch vor Schwa mobile wird וְ zu וּ.

וּשְׁמוּאֵל > וְ + שְׁמוּאֵל

13.2 Die Relativ-Partikel ־שֶׁ (Schin praefixum)

Zur Einleitung von Attributsätzen dient in der Poesie und in späterer Prosa die Partikel שֶׁ (Schin praefixum). Sie ist bedeutungsgleich mit אֲשֶׁר (§ 53.4).

13.2.1 Schin praefixum ist durch ein Dagesch forte mit dem folgenden Wort verbunden:

הָאֶחָד שֶׁיִּפּוֹל	der eine, der fällt (Pred. 4,1o)

13.2.2 Vor Gutturalen steht a oder ä:

שֶׁעֹמְדִים בְּבֵית יְהוָה	die ihr im Haus Jahwes steht (Ps 135,2)
וְעָשִׂיתָ לִּי אוֹת	.. so gib mir ein Zeichen, daß du es bist, der mit
שָׁאַתָּה מְדַבֵּר עִמִּי	mir redet (Ri 6,17)

13.3 Die Fragepartikel הֲ (He interrogativum)

Zur Einleitung von direkten und indirekten Satzfragen
(§ 51.3) dient die proklitische Partikel הֲ vor dem ersten Wort des Satzes.

Ihre Normalform ist: He mit Ḥatef-Pataḥ.

שֹׁמֵר אָחִי אָנֹכִי	Ich bin der Hüter meines Bruders.
הֲשֹׁמֵר אָחִי אָנֹכִי	Bin ich der Hüter meines Bruders? (Gen 4,9)

13.3.1 Vor Nichtgutturalen mit Murmelvokal steht הֲ , teils mit,
teils ohne folgendes Dagesch forte:[2]

הַלְּבֶן מֵאָה־שָׁנָה יִוָּלֵד	Soll dem Hundertjährigen noch (ein Kind) geboren werden? (Gen 17,17)
הַיְדַעְתֶּם אֶת־לָבָן	Kennt ihr Laban? (Gen 29.5)

13.3.2 Vor Gutturalen steht הַ oder הֶ :[2]

הַאֶפְרָתִי אַתָּה	Bist du Ephraimit? (Ri 12,5)
וּרְאִיתֶם···אֶת־הָעָם···	Erkundet das Volk, ob es stark ist! (Nu 13,18)
הֶחָזָק הוּא	

13.4 Fragepronomina

13.4.1 מִי (" wer?")

Das substantivische Pronomen, das nach Personen fragt,
hat nur die eine Form: מִי .

Es kommt nach einem status constructus vor:	בֶּן־מִי	wessen Sohn?
nach Präpositionen:	לְמִי	für wen?
und nach dem Akkusativ-Zei-chen אֵת:	אֶת־מִי	wen?

----

(2) Wenn dem He interrogativum ein Dagesch forte folgt, wäre the-
oretisch eine Verwechslung mit dem Artikel möglich, auch bei
einigen Formen vor Gutturalen.
Praktisch schließt der Satzzusammenhang immer eine Verwechslung aus.

13.4.2   מַה־ ("was?")

Das substantivisch gebrauchte Pronomen, das nach Sachen
fragt, hat die Form מַה־ mit Dagesch forte im ersten Konsonanten des folgenden Wortes:

מַה־זֹּאת   was ist das?

13.4.2.2 Vor Gutturalen und Resch kommen die Formen מָה־, מֶה־ [3]
          (Ersatzdehnung) und מַה־ (virtuelle Verdoppelung) vor:

מָה־אֱנוֹשׁ   Was ist der Mensch?

מֶה־עָשִׂיתָ   Was hast du getan?

מַה־הַדָּבָר הַזֶּה   Was ist (diese) das für
                      eine Sache?

13.4.2.3 In Verbindung mit לְ ("für was" = "warum") kann מַה־ die
          Formen לָמָה und לָמָּה haben.

14   Satzbildende Partikeln

14.1 Einige Partikeln, das Fragewort אַיֵּה/אֵי "wo?".
                        die Negation   אַיִן   "nicht vorhanden
                        die Position   יֵשׁ   "vorhanden",
                        das Zeige-Wort הִנֵּה   "hier/siehe",
                        das Adverb   עוֹד   "noch/dauernd"

können als ursprüngliche Nomina Suffixe annehmen und
dann Nominalsätze bilden, in denen das Suffix die Sub-
jektrolle hat, z.B.:   אַיֶּכָּה "wo bist du?"

                                        הִנְנִי   "hier bin ich".

---
(3) Grundsätzlich gelten für מַה dieselben Regeln wie für den Ar-
    tikel (§ 12.1). Sie sind aber bei מַה längst nicht mit der
    gleichen Konsequenz angewendet wie dort.

14.2 Übersicht

mit Suffix der	אִין ich bin nicht usw.	יֵשׁ du bist (da) usw.	אַיֵּה wo bist du? usw.	הִנֵּה hier bin ich usw.	עוֹד ich bin noch usw.
1.Sing	אֵינֶ֫נִּי אֵינִי			הִנְנִי הִנֵּ֫נִי	עוֹדִי עוֹדֶ֫נִּי
2.m	אֵינְךָ אֵינֶ֫ךָּ	יֶשְׁךָ	אַיֶּ֫כָּה	הִנְּךָ הִנֶּ֫ךָּ	עוֹדְךָ עוֹדֶ֫ךָּ
2.f	אֵינֵךְ	יֶשְׁנֵךְ	אַיֵּךְ	הִנֵּךְ	עוֹדָךְ
3.m	אֵינֶ֫נּוּ	יֶשְׁנוֹ	אַיּוֹ	הִנּוֹ	עוֹדֶ֫נּוּ
3.f	אֵינֶ֫נָּה			הִנָּהּ	עוֹדֶ֫נָּה עוֹדָ֫נָּה
1.Plur				הִנֶּ֫נּוּ הִנְנוּ	
2.m	אֵינְכֶם	יֶשְׁכֶם		הִנְּכֶם	
3.m	אֵינָם		אַיָּם	הִנָּם	עוֹדָם

(Feminin-Formen des Plural sind nicht belegt)

15 Übersicht über die proklitischen Partikeln

15.1 proklitische Präpositionen und "w^e"

		לְ - כְּ - בְּ	וְ	מִן
vor Schwa mobile	צְדָקָה	לִצְדָקָה	וּצְדָקָה	מִצְּדָקָה
vor יְ	יְהוּדָה	לִיהוּדָה	וִיהוּדָה	מִיהוּדָה
vor Hatef-Vokalen	אֲנָשִׁים	כַּאֲנָשִׁים	וַאֲנָשִׁים	מֵאֲנָשִׁים
vor Artikel	הַמֶּלֶךְ	לַמֶּלֶךְ	וְהַמֶּלֶךְ	מִן־הַמֶּלֶךְ / מֵהַמֶּלֶךְ
bei ᵃlohim	אֱלֹהִים	בֵּאלֹהִים	וֵאלֹהִים	מֵאֱלֹהִים
bei ᵃdonai	אֲדֹנָי	כַּאדֹנָי	וַאדֹנָי	מֵאֲדֹנָי
bei jahwä	יְהוָה	בַּיהוָה	וַיהוָה	מֵיְהוָה

15.2 Artikel und He interrogativum

	Normalform	vor Schwa	vor Resch	vor Guttural
Artikel	הַמֶּלֶךְ	הַבְּרִית הַיְלָדִים	הָרֶכֶב הָרְכָבִים	הָאִישׁ הַהוּא הֶחָזָק
He int.	הֲמֶלֶךְ	הַבְּרִית הַבְרִית	הֲרֶכֶב הֲרְכָבִים	הַאִישׁ הַהוּא הֶחָזָק

16 Formen des Nomens

16.1 Allgemeines

16.1.1 Als Nomina gelten sowohl die Substantive als auch Adjektive und Zahlwörter. In deren Formen und Gebrauch gibt es keine Unterschiede.
Zum Gebrauch von Nomina, die wir im Deutschen mit Adjektiven wiedergeben, ist § 47 zu vergleichen.

16.1.2 Kasus-Endungen gibt es im alttestamentlichen Hebräisch nicht mehr (s. aber unten § 16.3).

16.1.3 Keine Kasus-Form, sondern eine Betonungs-Variante mit syntaktischer Funktion ist der status constructus.

16.1.3.1 In einer Constructus-Verbindung stehen zwei oder mehr Nomina, die so eng aneinander gerückt sind, daß sie eine Sprech-Einheit bilden und damit auch eine Sinn-Einheit ausdrücken. Nur das letzte Nomen, das den Sinn des Ganzen spezifiziert, hat den vollen Ton, die voraufgehenden Nomina haben einen reduzierten Ton.

רוּחַ אֱלֹהִים   der Geist Gottes

Wir übersetzen eine solche Constructus-Verbindung ins Deutsche, indem wir das letzte Nomen im Genetiv an das voraufgehende anschließen. Näheres zur Funktion der Constructus-Verbindung in § 45.

16.1.3.2 Ein Nomen kann demnach in jedem Numerus und jedem Genus in zwei Formen erscheinen:
der voll betonten Form: dem status absolutus (st.a.)
und der an einen folgenden
status absolutus angelehn-
ten, schwach betonten Form: dem status constructus (st.c.).

16.1.3.3   Bei Nomina mit veränderlichen Vokalen wirkt sich die
           Schwachbetonung im status constructus als Veränderung
           der Vokalisation aus:

>   דָּבָר   Wort
>   דְּבַר אֱלֹהִים   das Wort Gottes

16.1.3.4   Über Art und Grad der Vokalveränderungen brauchen keine
           Regeln aufgestellt zu werden. Es gelten die in § 1o
           dargestellten Grundsätze.

   16.2   Numerus- und Genusendungen

          Beim hebräischen Nomen werden drei Numeri unterschieden:
          Singular für die Einzahl,
          Dual   für die Zweizahl,
          Plural   für die Mehrzahl.
          Es werden beim Nomen wie beim Verb nur zwei Genera
          (Geschlechter) unterschieden:
          maskulinum (männlich) und femininum (weiblich)[1].

  16.2.1 Singular
          Maskuline Nomina haben im Singular keine Endung. Femini-
          na haben eine Endung.

16.2.1.1 Im status constructus Singular und vor Suffixen ist die
          Endung ת erhalten:

>   תּוֹרַת אֱלֹהִים   die Weisung Gottes
>   תּוֹרָתִי   meine Weisung

----

(1) Die Differenzierung des Genus ist im Hebräischen das Ergebnis
    eines vielschichtigen Entwicklungsprozesses: Ursprünglich be-
    zeichneten die Endungen ā/t und ōt vermutlich "Nomina unitatis",
    also Einzel-Dinge gegenüber Kollektivbegriffen (z.B. שֵׂעָר "Haar/
    Behaarung", שַׂעֲרָה "einzelnes Haar"); diese Funktion ist bei ei-
    nigen Zahlwörtern (§ 22, § 47.3) noch deutlich. Daneben findet
    sich ein System, das die Endungen zur Bezeichnung der Klasse:
    "Sachen/Kleines/Schwaches/Unbedeutendes" gegenüber der unbe-
    zeichneten Klasse: "Personen/Großes/Starkes/Wichtiges" verwen-
    det. Von hier aus wurden die Endungen dann zur Kennzeichnung
    des natürlichen Geschlechts (Sexus) "weiblich" übernommen.
    (vgl. Diethelm Michel, Grundlegung einer Hebräischen Syntax.
    S.25ff, Neukirchen 1977)

16.2.1.2 Im status absolutus Singular steht dagegen als Feminin-
          zeichen die Endung הָ :

תּוֹרָה	Weisung

16.2.1.3 Das Feminin-Zeichen ת kann
          konsonantisch an ein kon-
          sonantisch endendes Wort
          angefügt sein. Dann ist
          die Doppelkonsonanz durch
          einen Hilfsvokal (ä oder
          a- vgl § 18) aufgehoben:

          Bei so gebildeten Feminin-
          Formen sind status absolutus
          und status constructus meist
          gleich.

שֹׁמֵר	ein Wachender
שֹׁמֶרֶת	eine Wachende
שֹׁלֵחַ	ein Sendender
שֹׁלַחַת	eine Sendende

16.2.1.4 Bei einigen Nomina wech-
          selt die Feminin-Endung הָ
          (status absolutus) mit kon-
          sonantischem ת (status con-
          structus):

st.a.	
מַמְלָכָה	Königreich
st.c.	
מַמְלֶכֶת	

16.2.1.5 Feminin-Endungen sind auch
          ית. und ות:

שְׁבִית	Gefangenschaft (von שׁבה vgl. § 39.1.1)
מַלְכוּת	Königtum (von מֶלֶךּ vgl. § 18.1.1)

16.2.2 Dual[2]

16.2.2.1 Die Dual-Endung ist für
          beide Genera:
          im status absolutus   ־יִם
          im status constructus ־י

יוֹם	ein Tag
יוֹמַיִם ⎫ יוֹמֵי ⎬	zwei Tage

16.2.2.2 Bei Nomina mit Feminin-
          Endung ist vor der Dual-
          Endung ein ת erhalten:

שָׂפָה	Lippe
שְׂפָתַיִם	Lippen

----

(2) Dual-Formen werden im Biblischen Hebräisch nur noch bei Zahl-
    und Maßbegriffen und bei den Bezeichnungen für paarweise vor-
    kommende Dinge, meist Körperteile, gebraucht; sonst steht das
    Zahlwort für "zwei" mit dem Plural eines Nomens (§ 47.3).
    Zu den Nomina מַיִם "Wasser" und   שָׁמַיִם "Himmel" vgl. § 21.4.

16.2.3   Plural

16.2.3.1   Die maskulinen Plural-Endungen sind:

im status absolutus   ـים

im status constructus   ـֵי

סוּס	ein Pferd
סוּסִים ⎫	
סוּסֵי ⎭	Pferde

16.2.3.2   Die feminine Plural-Endung ist für beide Status ـוֹת.

סוּסָה	ein(weibl.) Pferd
סוּסוֹת	Pferde

16.2.3.3   Oft haben Nomina, die im Singular als feminin gekennzeichnet sind, im Plural eine maskuline Endung und umgekehrt (vgl. oben Anm. 1 zu 16.2):

בּוֹר ⎫	Zisterne(n)
בּוֹרוֹת ⎭	
שָׁנָה ⎫	Jahr(e)
שָׁנִים ⎭	

16.2.4   Übersicht

	maskulinum		femininum	
	st.a.	st.c.	st.a.	st.c.
Sg	-	-	ָה	ַת ‖ ֶת ‍ ָ ת
Du	ـיִם	ـַי	ָתַיִם	ַתֵי
Pl	ـים	ـֵי	וֹת	

16.3   Alte Kasus-Endungen

Von Kasus-Endungen haben sich im Biblischen Hebräisch nur Reste erhalten. Außer dem He locale (s.unten) haben diese Endungen keine syntaktische Bedeutung mehr.

16.3.1   He locale

Auf eine alte Akkusativ-Endung geht das He locale zurück, ein unbetont angefügtes langes a (ָה):

צָפוֹן	Norden
צָפוֹנָה	nach Norden / im Norden

16.3.1.1   Bei Segolaten (§ 18) ist das He locale an die Grundform angefügt.

אֶרֶץ	Land
אַרְצָה	im Land / zum Land

16.3.1.2 Bei Nomina mit Feminin-
          Zeichen steht vor dem He
          locale ein ‏ה‎ .

‏רָמָה‎	Rama
‏רָמָתָה‎	in nach Rama

16.3.1.3 Zur syntaktischen Funktion des He locale ist § 5o.2 zu
          vergleichen.

16.3.2 Eine alte Genetiv-Endung ist vermutlich das "Hireq com-
        paginis" oder "Hireq paragogicum", ein in der Regel be-
        tont angefügtes langes i (‏ִי‎.), das zuweilen an den sta-
        tus constructus eines Nomens angefügt ist.

16.3.3 Auf die alte Nominativ-Endung u geht wahrscheinlich das
        "Holem paragogicum" zurück, ein betont angefügtes langes
        ō (‏ו‎).

17 Suffixe am Nomen

Suffixe am Nomen bezeichnen die Zugehörigkeit (deutsch:
besitzanzeigendes Fürwort "mein/dein/usw.").
Zur Grundform der einzelnen Suffixe ist § 11.2 zu ver-
gleichen.
Ihre Anfügung an den Singular bzw. den Dual/Plural der
Nomina unterliegt besonderen Gesetzmäßigkeiten.

17.1 Suffixe am Singular

17.1.1 Suffixe an Nomina mit unveränderlichen Vokalen und ohne

        Feminin-Zeichen - Beispiel: ‏סוּס‎ Pferd

Sing 1.	‏סוּסִי‎	mein Pferd	Pl 1.	‏סוּסֵנוּ‎	unser Pferd
2.m	‏סוּסְךָ‎ (i.P. ‏סוּסֶךָ‎)	dein Pferd	2.m	‏סוּסְכֶם‎	euer Pferd
2.f	‏סוּסֵךְ‎	dein "	2.f	‏סוּסְכֶן‎	euer "
3.m	‏סוּסוֹ‎ ‏סוּסֵהוּ‎	sein "	3.m	‏סוּסָם‎	ihr "
3.f	‏סוּסָהּ‎ ‏סוּסֶהָ‎	ihr "	3.f	‏סוּסָן‎	ihr "

17.1.1.1 Bindevokale:
Vor konsonantisch anlautenden Suffixen stehen als
Bindevokale ē (bzw. ä) und - nur vor Suffixen der drit-
ten Person - ā.

17.1.1.2 Betonung:
כֶם und כֶן tragen immer den Ton (schwere Suffixe).
ךָ trägt i.K. den Ton. Vor diesen drei Suffixen ist der
Bindevokal elidiert oder verflüchtigt.
Sonst ist der Vokal vor dem Suffix betont.

17.1.1.3 Kontraktions-Formen:
Die Suffixe der 3.Sing., הוּ und הָ, sind i.K.mit dem voraufgehenden Bindevokal kontrahiert zu וֹ bzw. הָ.

17.1.1.4 Selten kommt in poetischen Texten ein Suffix מוֹ für die
3.m.pl. vor.

17.1.2 Nomina mit unveränderlichen Vokalen und einem Feminin-

Zeichen -   Beispiele: סוּסָה weibl.Pferd/Stute

                               שֹׁמֶרֶת eine Wachende

                                      (Übersicht s. unter
                                       17.1.4)

Vor Suffixen ist immer das Feminin-Zeichen ת erhalten.

Im übrigen gelten die gleichen Regeln wie für Nomina

ohne Feminin-Zeichen.

17.1.3 Nomina mit veränderlichen Vokalen

Es gelten auch hier die gleichen Regeln wie bei den
§ 17.1.1 und 17.1.2 behandelten Nomina mit unveränderlichen Vokalen.
Durch unterschiedliche Betonung entstehen unterschiedlich vokalisierte Formen. Dafür gelten die in § 1o dargestellten Grundsätze.

                    Beispiele: דָּבָר Wort/Sache

                                   שֵׁם Name

                                   צְדָקָה Gerechtigkeit

                                          (Übersicht s. unter
                                           17.1.4 - nächste
                                           Seite)

17.1.4   Tabellarische Übersicht zu 17.1.1 bis 17.1.3

	סוּס Pferd	דָּבָר Wort	שֵׁם Name	סוּסָה Stute	צְדָקָה Gerech- tig- keit	שֹׁמֶרֶת eine Wachen- de
Sing.						
1.	סוּסִי	דְּבָרִי	שְׁמִי	סוּסָתִי	צִדְקָתִי	שֹׁמַרְתִּי
2.m	סוּסְךָ	דְּבָרְךָ	שִׁמְךָ	סוּסָתְךָ	צִדְקָתְךָ	שֹׁמַרְתְּךָ
1.P.	סוּסֶךָ	דְּבָרֶךָ	שְׁמֶךָ	סוּסָתֶךָ	צִדְקָתֶךָ	שֹׁמַרְתֶּךָ
2.f	סוּסֵךְ	דְּבָרֵךְ	שְׁמֵךְ	סוּסָתֵךְ	צִדְקָתֵךְ	שֹׁמַרְתֵּךְ
3.m	סוּסוֹ	דְּבָרוֹ	שְׁמוֹ	סוּסָתוֹ	צִדְקָתוֹ	שֹׁמַרְתּוֹ
3.f	סוּסָהּ	דְּבָרָהּ	שְׁמָהּ	סוּסָתָהּ	צִדְקָתָהּ	שֹׁמַרְתָּהּ
Plural						
1.	סוּסֵנוּ	דְּבָרֵנוּ	שְׁמֵנוּ	סוּסָתֵנוּ	צִדְקָתֵנוּ	שֹׁמַרְתֵּנוּ
2.m	סוּסְכֶם	דְּבַרְכֶם	שִׁמְכֶם	סוּסַתְכֶם	צִדְקַתְכֶם	שֹׁמַרְתְּכֶם
2.f	- כֶן	- כֶן	- כֶן	- כֶן	- כֶן	- כֶן
3.m	סוּסָם	דְּבָרָם	שְׁמָם	סוּסָתָם	צִדְקָתָם	שֹׁמַרְתָּם
3.f	-ָן	-ָן	-ָן	-ָן	-ָן	-ָן

17.2   Suffixe am Dual und Plural

17.2.1   Vor allen Suffixen, die an den Dual oder Plural eines
Nomens angefügt sind, steht ein Jod (י).

Da dieses Jod Vokalbuchstabe ist, kommen gelegentlich
Suffixformen des Plural vor, bei denen es ausgefallen
ist, z.B.   אֲנָשָׁו (1.Sa 23,5).

17.2.2   Nomina mit Feminin-Zeichen haben immer das Feminin-
Zeichen Tau (ת) unmittelbar vor dem י .

17.2.3   Durch die Verbindung des Bindevokals mit dem Halbvokal Jod entstehen charakteristische Suffix-Formen, die
von denen des Singular unterschieden sind.

Übersicht

	סוּס	סוּסָה
Plural	סוּסִים	סוּסוֹת
st.c.	סוּסֵי	סוּסוֹת
mit Suffix der		
1. Sing[1]	סוּסַי	סוּסוֹתַי
2.m	סוּסֶיךָ	סוּסוֹתֶיךָ
2.f[2]	סוּסַיִךְ	
3.m[3]	סוּסָיו	usw.
3.f	סוּסֶיהָ	
1.Plural	סוּסֵינוּ	
2.m	סוּסֵיכֶם	
2.f	סוּסֵיכֶן	↓
3.m	סוּסֵיהֶם סוּסוֹתֵיהֶם oder סוּסוֹתָם	
3.f	סוּסֵיהֶן סוּסוֹתֵיהֶן oder סוּסוֹתָן	

17.2.4   Im Dual haben nur Nomina mit Feminin-Zeichen(und einige Segolata - vgl. § 18.2.2.3) besondere Suffix-Formen, die sich von denen des Plural unterscheiden.

----

(1) Vermutlich hat hier eine alte Dual-Endung $^+$aj-ja die Plural-Endung $^+$ji verdrängt.

(2) $^+$ajik aus $^+$ajk, das aus einem ursprünglichen $^+$ēk diphthongiert worden war.

(3) aus $^+$susajhu > $^+$susaju > $^+$susajw > susāw. Die Konsonanten lassen ein ursprüngliches $^+$susēw vermuten, das in einzelnen "unregelmäßigen" Formen noch durchscheint (z.B. צִפֳּרָיהוּ Nah 2,4).

(17.2.4)

יוֹם	סוּס	שָׂפָה	נַעֲרָה
Dual	Plural	Dual	Plural
יוֹמַיִם	סוּסִים	שְׂפָתַיִם	נְעָרוֹת
יוֹמַי⁺	סוּסַי	שְׂפָתַי	נַעֲרוֹתַי

17.2.5 Nomina mit veränderlichen Vokalen

Die Vokalisation der einzelnen Formen ist durch die
Position der Tonsilbe beeinflußt. Grundsätzlich gelten
die in § 1o dargestellten Regeln (vgl. auch § 23.2).

17.2.5.1 Im Dual und bei Pluralen auf יִם. haben die Formen mit
leichten Suffixen die gleiche Vokalisation wie der
status absolutus,
die Formen mit schweren Suffixen[4] die gleiche Vokalisation wie der status constructus.

17.2.5.2 Bei Pluralen auf וֹת haben alle Suffix-Formen die gleiche Vokalisation wie der status constructus.

17.2.5.3 Übersicht:

	שָׂפָה Dual	דָּבָר Plural	צְדָקָה Plural
st.a.	שְׂפָתַיִם	דְּבָרִים	צְדָקוֹת
st.c.	שְׂפָתֵי	דִּבְרֵי	צִדְקוֹת
	שְׂפָתַי	דְּבָרַי	צִדְקוֹתַי
	שִׂפְתֵיכֶם	דִּבְרֵיכֶם	צִדְקוֹתֵיכֶם

----

(4) Als schwere (betonte) Suffixe gelten hier nur: כֶם, הֶם, כֶן, הֶן.

18   Nomina mit Hilfsvokalen (Segolata)

18.1   Entstehung

18.1.1   Segolata sind ursprünglich einsilbige Nomina, bei denen zwischen dem II. und III.Radikal kein Vokal stand, so daß nach Ausfall der alten Nominativ-Endung u eine doppelt geschlossene Endsilbe entstanden ist:

	$^+$malkú	$^+$siprú	$^+$buqrú
Diese einsilbige Form, die Grundform, wird vor einigen Endungen (s.unt. § 18.2.1) wieder sichtbar.	(König)	(Buch)	(Morgen)
18.1.2 In der endungslosen Form (st.a./st.c. Sg) haben die Masoreten die Doppelkonsonanz beseitigt: Sie fügten einen Hilfsvokal ein, der - eigentlich ein Murmelvokal - meist mit Segol (ă)[1] geschrieben wird.	$^+$mál^{ă}k	$^+$síp^{ă}r	$^+$búq^{ă}r
Dadurch wurden diese Wörter zweisilbig. Die erste, nun offene Silbe behielt die Betonung. Die Vokale in der ersten Silbe erscheinen gedehnt. (s.aber § 3.2.2.3).	a > $\frac{\bar{a}}{ă}$	i > $\bar{e}$	u > $\bar{o}$
	מֶ֫לֶךְ	סֵ֫פֶר	בֹּ֫קֶר

---

(1) "segolatum" ist eine latinisierende Bildung: "mit Segol versehe

18.1.3 Vor und nach Gutturalen
        ist der Hilfsvokal meist
        a. In diesen Fällen kann
        das kurze a der ersten
        Silbe erhalten sein.

$^+$zar´ (Same) $^+$zar^{a}´ זֶֽרַע	$^+$na´r (Junge) $^+$na^{a}´r נַֽעַר	$^+$laḥm (Brot) $^+$laḥ^{ä}m לֶֽחֶם

18.2 Formenbildung

18.2.1 Von der Grundform aus sind in der Regel gebildet:
        a) die Suffix-Formen des Singular,
        b) der Dual,
        c) die Form mit He locale.
        In diesen Formen sind die Grundvokale a, i und u(> å)[2]
        zu erkennen.

18.2.1.1

מֶלֶךְ (malk)	מַלְכִּי	mein König
סֵפֶר (sipr)	סִפְרִי	mein Buch
בֹּקֶר (buqr)	$^+$בָּקְרִי	mein Morgen

18.2.1.2

Dual

אֶלֶף (’alp) אַלְפַּיִם zweitausend

mit He locale

18.2.1.3

אֶרֶץ (’ars) אַֽרְצָה zur Erde

18.2.1.4 Die Grenze zwischen den Grundvokalen a und i ist nicht
        immer ganz fest. Es können vom gleichen Wort Formen mit
        verschiedenen Grundvokalen vorkommen:

נֶדֶר (Gelübde) neben נֵדֶר
בֶּרֶךְ (Knie), Dual בִּרְכַּיִם
נֶגֶד (vor) hat Suffix-
        formen mit ä: נֶגְדִּי

18.2.1.5 Bei Gutturalen als I.Radikal ist der Grundvokal i zu
        ä abgelautet:

$^+$hips חֵפֶץ (Wohlgefallen)
          חֶפְצִי (mein Wohlgefallen)

----

(2) Vgl. § 2.1.7.2

18.2.1.6 Bei Gutturalen als II.Radikal kommt Silbenaufsprengung
          vor (§ 9.3):

נַעַר (⁺na´r)   נַעֲרוֹ sein Knecht

אֹהֶל (⁺’uhl)   אָהֳלִי mein Zelt

18.2.2   Der Plural gleicht dem Plural von Nomina mit zwei
         veränderlichen Vokalen (vgl. auch § 23.2.2).

18.2.2.1 Die einsilbige Grundform ist durch ein a erweitert,
         das als Vorton-Qames (§ 1o.1.2; 1o.4.2.1) behandelt
         ist:

	⁺malk ⁺malak ⁺malakim	⁺sipr ⁺sipar ⁺siparim	⁺buqr ⁺buqar ⁺bukarim
⁺dabar ⁺dabarim			
דְּבָרִים	מְלָכִים	סְפָרִים	בְּקָרִים
st.c. דִּבְרֵי	מַלְכֵי 3⁾	סִפְרֵי	בְּקָרֵי

18.2.2.2 Entsprechend gleichen sich auch die Suffix-Formen von
         Segolaten und Nomina mit zwei veränderlichen Vokalen·
         (vgl. § 17.2.5)

דְּבָרָיו	מְלָכָיו
דִּבְרֵיהֶם	מַלְכֵיהֶם

18.2.2.3 Der status constructus des Dual unterscheidet sich von
         dem des Plural nur, wenn der II.Radikal ein "Begadkefat"
         ist⁴⁾.

                              אֶלֶף tausend

           אַלְפֵי אַלְפַּיִם zweitausend

           אַלְפֵי אֲלָפִים Tausende

                              אַלְפֵיהֶם ihre Tausende

----

(3) Es steht der Grundvokal, a ist meist nicht zu i verdünnt.
(4) Dagesch lene steht nur, wenn die Vokallosigkeit ursprünglich
    ist - das ist beim Dual, der von der Grundform aus gebildet
    ist, der Fall (§ 5.2.1.2 mit Anm 1).

18.2.2.4 Unregelmäßig gebildete Plurale haben Nomina mit dem
Grundvokal u. Die wichtigsten sind:

אֹהֶל (Zelt):   אֹהָלִים (aber st.c. אָהֳלֵי)

קֹדֶשׁ (Heiliges):   קֳדָשִׁים

שֹׁרֶשׁ (Wurzel):   שֳׁרָשִׁים   mit å in der ersten, of-
                                    fenen Silbe

18.3 Segolata mit Waw oder Jod als II.Radikal

18.3.1 Wörter wie מָוֶת und בַּיִת hatten
vormasoretisch einen Doppel-
vokal.
Die Masoreten erkannten keine
Doppelvokale an und lasen Waw
bzw. Jod als Konsonanten.
Durch Hilfsvokale wurde der
doppelte Silbenschluß aufgehoben.

+maut	+bait
+mawt	+bajt
Hilfs-vokal ä	Hilfs-vokal i
מָוֶת	בַּיִת

18.3.2 Die neugebildeten Segolat-
Formen wurden für den status
absolutus Singular festgelegt,
die daneben fortexistierenden,
altüberlieferten kontrahierten Formen (vgl. § 2.1.5) dem
status constructus Singular
zugewiesen.

au > ō	ai > ē
מוֹת	בֵּית

18.3.3 Außer dem status absolutus Singular sind alle Formen
von der kontrahierten Form aus gebildet[5].

st.c.	mit Suffix	Dual	Plural	mit He locale
עַיִן (Auge) עֵין	עֵינִי	עֵינַיִם		
אָוֶן (Unrecht) אוֹן			אוֹנִים	
בַּיִת (Haus) בֵּית				בֵּיתָה

----
(5) Ausnahmen sind meist sekundäre Bildungen: Pl.: עֲיָנוֹת (Quellen),
בַּיִת + He loc. auch בַּיְתָה. Plural בָּתִּים vgl. § 21.5.1.

18.4 Segolata mit Waw oder Jod als III.Radikal[6]

18.4.1 Vor Waw ist u, vor Jod i als Hilfsvokal verwendet:	$^+$pírj (Frucht) $\quad$ $^+$túhw (Öde)
	$^+$pír^{i}j $\quad$ $^+$túh^{u}w
ij ist zu Ī, uw zu ū kontra-hiert (§ 2.1.5.2, 2.1.5.3):	$^+$pírĪ $\quad$ $^+$túhū
18.4.1.1 Das lange i hat den Ton auf sich gezogen, der Vokal der Stammsilbe ist verflüchtigt:	פְּרִי
18.4.1.2 Bei auslautendem ū ist der Ton auf der Stammsilbe geblieben und der Stammvokal gedehnt:	תֹּהוּ
18.4.2 Die Formenbildung ist die gleiche wie bei den anderen Segolaten (s.o. 18.2.1):	פְּרָיֵי
18.4.3 Allerdings sind Dual und Plural mit einem stammerweitern-den festen Qames gebildet:	פְּרָיִים פְּרָיֵי

18.5 Segolata mit Feminin-Endung

18.5.1 Die Feminin-Endung ה ָ /ת ַ ist bei Segolaten an die Grund-form angefügt:	$^+$malk מַלְכָּה
18.5.2 Der Plural ist, wie üblich, mit Stammerweiterung gebildet:	st.a. מְלָכוֹת st.c. מַלְכוֹת

----

(6) Segolata Lamed-Waw-Jod (ל"ו'י) vgl. § 24.3.2.2

| 19 | Nomina mit auslautendem ä (Nomina Lamed-He) |

מִקְנֶה Viehbesitz

שָׂדֶה Feld

19.1 Nomina mit den Endungen -ä im status absolutus Singular
      und -e im status constructus Singular lassen sich auf
      Wurzeln zurückführen, deren III.Radikal Waw oder Jod
      war (wie Verben ל'ה, § 39.1.1).

19.2 Das He, das jetzt scheinbar der III.Radikal ist, ist
      nur Vokalbuchstabe für den durch Kontraktion (§ 2.1.5)
      entstandenen langen Auslautvokal.
      In Formen mit Endungen steht das He nicht.

שָׂדַ ים Felder

שָׂדְךָ dein Feld

19.3 In den Suffix-Formen des Singular kann das ursprüngliche
      Jod auftauchen. Aus der Verbindung des auslautenden
      Vokals ē mit dem Jod entstehen dann Suffixformen, die
      denen des Plural gleichen (vgl. § 17.2) und oft beim
      gleichen Nomen neben normalen Singular-Formen auftreten.

19.3.1 Übersicht:

1.Sg.	מִקְנַי	neben	שָׂדִי
2.m.Sg.	מִקְנֶיךָ		
oder	מִקְנְךָ	"	שָׂדְךָ
3.m.Sg.	מִקְנָיו	"	שָׂדוֹ
oder	מִקְנֵיהֻ		
2.m.Pl.	מִקְנֵיכֶם	"	שָׂדְכֶם

19.3.2 Die Form des Suffixes (3.m.s) הֵ.. mit dem "Bindevokal"
        ē ist als Kontraktion aus ajhu zu erklären (§ 2.1.5).

19.4 Bei Feminin-Formen steht die Endung הָ anstelle des aus-
      lautenden הֶ. : יָפֶה schön, יָפַת/יָפָה eine Schöne.

20	Nomina mit verdoppeltem Schlußkonsonanten (Nomina ´Ajin-´Ajin)

2o.1 Bei Nomina, deren letzter Konsonant verdoppelt war[1] (meist einsilbige Wurzeln), ist nur in Formen mit Endungen die Verdoppelung erhalten.

2o.1.1. In den verdoppelten Silben stehen die kurzen Vokale a, i und u[2].	⁺´amm עַמִּים (Völker)	⁺´itt עִתּוֹ (seine Zeit)	⁺ḥukk חֻקּוֹת (Satzungen)
2o.1.2 In den endungslosen Formen steht ein einfacher Schlußkonsonant und meist ein gedehnter Stammvokal; a kann als Pataḥ oder Qames notiert sein.	עַם st.c. עַם	עֵת	חֹק
2o.2 Wörter mit Gutturalen oder Resch als letztem Konsonanten haben Ersatzdehnung, bei ח oft virtuelle Verdoppelung.	רַע - רָע (böse) pl. רָעִים	שַׂר (Fürst) pl. שָׂרִים	פַּח (Schlinge) pl. פַּחִים

2o.3 Vereinzelt wird der zweite Konsonant wiederholt:	לְבָב neben לֵב
	לְבָבוֹת לְבּוֹת

----

(1) Zur Bezeichnung y´y vgl. § 24.3.2 und § 42.1.2, Anm.1.

(2) Statt u kann, vor allem bei Gutturalen, å vorkommen, z.B. עֻזִּי "meine Stärke" (von עֹז), חֻקְּךָ "deine Satzung" (mit Ausfall des Dagesch forte, vgl. § 5.2.2.2)

| **21** | Unregelmäßige Nomina |

21.1 Verwandtschaftsbezeichnungen

Übersicht:

	st.c. Sing	Sing. + Suff.	st.a Pl st.c	Plural + Suff.
1 אָב Vater	אֲבִי	אָבִי	אָבוֹת	אֲבוֹתֵינוּ
		אָבִיו	אֲבוֹת	
		אֲבִיהֶם		
2 אָח Bruder	(Sing. wie אָב)		אַחִים	אַחַי
			אֲחֵי	אַחֶיךָ
				אֶחָיו
				אֲחֵיכֶם
3 אָחוֹת Schwester	אֲחוֹת	אֲחוֹתִי		אַחְיוֹתַי
				אַחְיוֹתָיו
4 בֵּן Sohn	בֶּן־	בְּנִי	בָּנִים	
	בֶּן	בִּנְךָ	בְּנֵי	
5 בַּת Tochter		בִּתִּי	בָּנוֹת	
			בְּנוֹת	

21.1.1   אָב "Vater": Von dem ursprünglich einsilbigen und kurz-
vokaligen Stamm ›ab hat das Hebräische die Genetiv-
Endung i in die Formenbildung des Singular übernommen.
Die Plural- Endung ist ōt (וֹת)[1].

21.1.2   אָח "Bruder": Der Singular ist wie bei אָב gebildet. Im
Plural ist die erste Silbe virtuell verdoppelt. Vor ח
mit Qames steht Segol (Ersatzdehnung, vgl. § 12.1.2.4).

---

(1) Die Endung -ōt ist hier kein Feminin-Zeichen. Das Hebräische
    hat sie wohl aus dem Altkanaanäischen ererbt.

21.1.3 אָחוֹת "Schwester": Der Singular ist regelmäßig, vom Plural sind nur Suffixformen belegt[2]).

21.1.4 בֵּן "Sohn": Im Plural steht ā als Vorton-Qames, obwohl
der Grundvokal i ist (⁺bin).

21.1.5 בַּת "Tochter": Der Schlußkonsonant ist in den Suffix-
Formen des Singular verdoppelt, weil ein Nun assimiliert
ist (⁺bin mit Feminin-Zeichen: ⁺bint).

21.2 Mann und Frau

Übersicht:

	st.c Sing	Sing + Suff	st.a st.c Pl
1 אִישׁ Mann			אֲנָשִׁים אַנְשֵׁי
2 אִשָּׁה Frau	אֵשֶׁת אֵשֶׁת	אִשְׁתִּי	נָשִׁים נְשֵׁי

21.2.1 אִישׁ "Mann": Die Formen des Singulars sind regelmäßig.
Der Plural ist von einer anderen Wurzel gebildet (vgl.
אֱנוֹשׁ "Mensch/Menschen").

21.2.2 אִשָּׁה "Frau": Im status constructus und den übrigen
Singular-Formen steht als Feminin-Zeichen ein konsonantisch angefügtes Tau (ת) - mit Hilfsvokal, vgl. § 18.1.
In diesen Formen ist die Verdoppelung des zweiten Konsonanten aufgehoben. Der Plural ist mit dem von אִישׁ
verwandt.

21.3 Besondere Singular-Bildungen

Übersicht

	st.c Sing	Sing + Suff	st.a Pl
1 פֶּה Mund	פִּי	פִּי פִּיו	פִּיוֹת
2 שֶׂה Schaf	שֵׂה	שֵׂיוֹ	

---

(2) Die zweite Form (אֲחָיוֹתָיו) ist eine hebräische Neubildung nach
dem Muster von Nomina mit Waw oder Jod als III. Radikal.

21.3.1   פֶּה "Mund":   פִּי ist ein einradikaliger Stamm, dessen
status absolutus ursprünglich dem status constructus
gleich lautete, sich später den Nomina auf -ā̆ angeglichen hat.

21.3.2   שֶׂה "Schaf":   Die Suffix-Formen mit konsonantischem Jod
folgen nicht dem Beispiel der Nomina auf -ā̆.

21.4   Scheinbare Dual-Formen

Übersicht:

		st.c Sing	Sing +Suffix
1	מַיִם Wasser	מֵי מֵימֵי	מֵימָיו
2	שָׁמַיִם Himmel	שְׁמֵי שָׁמֵי	שָׁמֶיךָ

21.4.1   מַיִם "Wasser" und   שָׁמַיִם "Himmel" sind eigentlich Sego-
21.4.2   lata wie בַּיִת, wurden aber als Duale gehört (־ַיִם).
Dem entsprechen Formenbildung und Konstruktion.
Der status constructus מֵימֵי ist durch Reduplikation entstanden.

21.5   Besondere Plural-Bildungen

Übersicht:

		st.c Sing	Sing + Suff	st.a Pl st.c	Plural + Suffix
1	בַּיִת Haus			בָּתִּים בָּתֵּי	בָּתַּי
2	כְּלִי Gerät			כֵּלִים כְּלֵי	
3	יוֹם Tag	יוֹם	יוֹמוֹ	יָמִים יְמֵי	
4	עִיר Stadt			עָרִים עָרֵי	עָרַי עָרֵיכֶם
5	רֹאשׁ Kopf			רָאשִׁים רָאשֵׁי	רָאשֵׁי רָאשָׁיו

21.5.1 בַּיִת "Haus": Der Plural hat ein festes ā. Das Dagesch
        lene (!) deutet die unregelmäßige, aber altüberlieferte
        feste Aussprache des Tau an.

21.5.2 כְּלִי "Gerät": Abweichend von der Pluralbildung von Se-
        golaten mit Jod als III.Radikal (§ 18.4) ist hier ein
        alter Plural mit elidiertem Jod erhalten.

21.5.3 יוֹם "Tag": Während alle Formen des Singulars und der
        Dual mit unveränderlichem ō gebildet sind, steht im
        Plural ā als Vorton-Qames.

21.5.4 עִיר "Stadt": Singular-Formen sind regelmäßig, der
        Stammvokal im Plural ist ein festes ā.

21.5.5 רֹאשׁ "Kopf": Im Singular ist ō aus ā abgelautet (vgl.
        § 2.1.4.1). Das ā des Plural ist ursprünglich und un-
        veränderlich.
        Die Plural-Form רֹאשִׁיו (Jos 15,2) ist nach dem Muster
        des Singular neu gebildet.

| 22 | Zahlwörter |

22.1 Grundzahlen von 1 bis 2o

	1 bis 1o				11 bis 2o		
	mask[1)		|fem		mask		|fem
		st.c[2)		st.c			
1	אֶחָד אַחַד	אַחַד	אַחַת		11	אֶחָד עָשָׂר אַחַד עָשָׂר	אַחַת עֶשְׂרֵה
						עַשְׁתֵּי עָשָׂר	עַשְׁתֵּי עֶשְׂרֵה
2	שְׁנַיִם שְׁנֵי	שְׁנֵי	שְׁתַּיִם שְׁתֵּי	שְׁתֵּי	12	שְׁנֵי עָשָׂר	שְׁתֵּי עֶשְׂרֵה
						שְׁנֵים עָשָׂר	שְׁתֵּים עֶשְׂרֵה
3	שָׁלֹשׁ שְׁלֹשׁ	שְׁלֹשׁ	שְׁלֹשָׁה שְׁלֹשֶׁת	שְׁלֹשֶׁת	13	שְׁלֹשׁ עֶשְׂרֵה	שְׁלֹשָׁה עָשָׂר
4	אַרְבַּע		אַרְבָּעָה אַרְבַּעַת		14	אַרְבַּע עֶשְׂרֵה	אַרְבָּעָה עָשָׂר
5	חָמֵשׁ חֲמֵשׁ	חֲמֵשׁ	חֲמִשָּׁה חֲמֵשֶׁת	חֲמֵשֶׁת	15	חֲמֵשׁ עֶשְׂרֵה	usw.
6	שֵׁשׁ		שִׁשָּׁה שֵׁשֶׁת	שֵׁשֶׁת	16	שֵׁשׁ עֶשְׂרֵה	
7	שֶׁבַע	שְׁבַע	שִׁבְעָה		17	שְׁבַע עֶשְׂרֵה	
8	שְׁמֹנֶה		שְׁמֹנָה		18	שְׁמֹנֶה עֶשְׂרֵה	
9	תֵּשַׁע	תְּשַׁע	תִּשְׁעָה		19	תְּשַׁע עֶשְׂרֵה	
1o	עֶשֶׂר		עֲשָׂרָה עֲשֶׂרֶת		2o	עֶשְׂרִים	

----

(1) Zur Verbindung der Zahlwörter für 3 bis 1o und 13 bis 19 mit Nomina des entgegengesetzten Genus ist § 47.3 zu vergleichen.

(2) Zahlwörter, deren st.c. gleich dem st.a. ist, werden in der Tabelle nicht zweimal aufgeführt, auch nicht die üblichen st.c-Formen auf -at.

22.2   Zehner, Hunderter, Tausender

	1o bis 9o		Hunderter		Tausender
1o	עֶשֶׂר	1oo	st.c מְאַת מֵאָה	1ooo	אֶלֶף
2o	עֶשְׂרִים	2oo	מָאתַיִם	2ooo	אַלְפַּיִם
3o	שְׁלֹשִׁים	3oo	שְׁלֹשׁ מֵאוֹת	3ooo	שְׁלֹשֶׁת אֲלָפִים
4o	אַרְבָּעִים	4oo	אַרְבַּע מֵאוֹת	4ooo	אַרְבַּעַת אֲלָפִים
5o	חֲמִשִּׁים	usw.		usw.	
6o	שִׁשִּׁים				
7o	שִׁבְעִים				
8o	שְׁמֹנִים				
9o	תִּשְׁעִים			1oooo	רְבָבָת - רְבָבָה

22.3   Ordnungszahlen von 1 bis 1o[3]

22.3.1

1.	רִאשׁוֹן	6.	שִׁשִּׁי
2.	שֵׁנִי	7.	שְׁבִיעִי
3.	שְׁלִישִׁי	8.	שְׁמִינִי
4.	רְבִיעִי	9.	תְּשִׁיעִי
5.	חֲמִישִׁי	1o.	עֲשִׂירִי

22.3.2   Feminina haben die Endung ‫ ‪ִית‬ :   שְׁלִישִׁית usw.

----

(3) Über 1o werden die Grundzahlen als Ordnungszahlen verwendet.
    Hierzu und zur Bildung von zusammengesetzten Zahlen ist §
    47.3 zu vergleichen.

23 │ Übersicht über die wichtigsten Regeln
      │ für die Analyse von Nomen-Formen

23.1 Merkmale

23.1.1 Das Feminin-Zeichen ת ist vor Suffixen und vor dem He
        locale immer erhalten.

23.1.2 Gemeinsames Merkmal aller Suffix-Formen an Dual und Plu-
        ral ist ein Jod (י) unmittelbar vor dem Suffix. Nur bei
        Nomina auf -ä (§ 19) kann Jod auch im Singular vorkom-
        men.

23.1.3 Bei Segolaten sind die Suffixe am Singular, die Dual-
        Endung und das He locale an die Grundform (z.B. ⁺malk)
        angefügt.

23.2 Die Vokale der lexikalischen Form

        Bei Nomina mit veränderlichen Vokalen müssen die Vokale
        der lexikalischen Form oft erst erschlossen werden.

23.2.1 Wenn in Nomen-Formen die Stammvokale in entsprechender
        Entfernung von der Haupttonsilbe (§ 1o) gekürzt, ver-
        flüchtigt oder ausgefallen sind, ist meistens $\bar{a}$, sel-
        tener $\bar{e}$ zu restituieren.

                z.B.:   דִּבְרֵיהֶם (דבר) von   דָּבָר

                        זִקְנֵיהֶם (זקן) von   זָקֵן

                        שְׁמָהּ (שם) von   שֵׁם

23.2.2 Plural-Formen von Nomina mit den veränderlichen Vokalen
        $\bar{a}$ oder $\bar{e}$ gleichen den Plural-Formen von Segolaten (mit
        $\bar{a}$, $\bar{e}$ oder $\bar{o}$ in der Stammsilbe).

                z.B.   יְשָׁרִים   von   יָשָׁר

                                           oder von   יָשָׁר

23.2.3 Wenn in Formen mit Endungen der letzte Konsonant des
        Nomens verdoppelt ist (mit Dagesch forte - § 2o),
        steht in der endungslosen Form ein langer Vokal (i zu
        ē, a zu ā, u zu ō - § 2.1.6)

                    z.B. אִמּוֹתֵיֶנוּ (ʾimm) von   אֵם

23.2.4 Einsilbige Nomina mit unveränderlichem langem ā kön-
        nen Partizipien von Verben ʿAjin-Waw (Hohlen Wurzeln -
        § 41) sein.

                    z.B.   קָמֵיהֶם (קָם)   von קוּם

| **24** | Verben - Allgemeines zur Formenbildung |

24.1 Begriffe

24.1.1 Wurzel = die Einheit von (meist) drei Konsonanten, auf die alle Wortformen gleicher oder ähnlicher Bedeutung reduzierbar sind.

24.1.2 Radikal (der) =-der einzelne Konsonant einer Wurzel (von latein. radix "Wurzel")

24.1.3 Die Wurzel ist eine theoretische Größe. In der Sprachwirklichkeit begegnen nur bestimmte Verbformen, die durch Vokale, Verdopplung von Radikalen, Vorsilben (Präformative) und Nachsilben (Afformative, Suffixe) unterschieden sind.

24.1.4 Stamm = eine Gruppe von Verbformen gleicher Bildungsweise, in der die Grundbedeutung der Wurzel in bestimmter, regelmäßiger Weise abgewandelt ist (Einzelheiten in § 29).[1]

24.1.5 Der Grundstamm eines Verbs, der die einfache, aktive Bedeutung trägt, wird <u>Kal</u> genannt (hebr. קַל = leicht[2]).

24.2 Formenbestand

In jedem Stamm kommen Personalformen (finite Formen) und Nominalformen (infinite Formen) vor.

24.2.1 Die.Personalformen sind unterschieden nach:
Person: 1. der Sprecher und sein Kreis: ich/wir,
2. der/die Angeredete(n):   du/ihr ,

---

(1) Der Begriff "Stamm" bezeichnet also in der hebräischen Grammatik etwas anderes als in der deutschen und lateinischen.
(2) Man müßte eigentlich in korrekter Umschrift "Qal" schreiben. In dieser Grammatik wird die Schreibweise "eingedeutscht".

3. die Person oder Sache, von der die Rede ist: er/sie[3],

Zahl
(numerus):   Einzahl (Singular) oder Mehrzahl (Plural)

Geschlecht
(genus):   männlich (maskulinum) oder weiblich (femininum[4].

24.2.2 Befehlsformen (Imperative) kommen in den aktiven Stämmen vor. Es begegnen nur Formen der 2. Person.

24.2.3 Als Tempora bezeichnet man zwei Konjugationssysteme des
Verbs, die sich in ihrer Bildungsweise unterscheiden.
Die traditionellen Namen für die Tempora sind:
Perfekt und Imperfekt[5].
Nach ihrer formalen Besonderheit bezeichnet man sie als
Afformativ-Konjugation (= Perfekt, vgl. § 27) und
Präformativ-Konjugation (= Imperfekt, vgl. § 25).

24.2.4 Nominalformen sind die Partizipien und Infinitive.

24.2.5 Innerhalb eines Stammes haben oft die Perfekt-Formen
auf der einen Seite und die Imperfekt-Imperativ-Formen
auf der anderen Seite verschiedene Bildungsweisen, besonders hinsichtlich der Vokalisation. Man unterscheidet
dann Formen der Perfekt-Klasse von solchen der Imperfekt-Klasse. Nominalformen gehören teils dieser, teils
jener Klasse an.

----

(3) Formen für ein Neutrum werden in der hebräischen Sprache nicht
unterschieden.

(4) Unterschiedliche Formen für maskulinum und Femininum gibt es
nur in Verbformen der 3. und 2. Person.

(5) Diese Bezeichnungen sind irreführend, weil diese Formengrup-
pen weder etwas mit Zeit (lat. tempus) noch mit "voll-
endet" (lat. perfectum) oder "unvollendet" (lat. imperfectum)
zu tun haben. - Näheres in § 48.
Trotzdem werden die Begriffe, weil sie handlicher sind als
"Afformativ- bzw. Präformativ-Konjugation" in dieser Grammatik
beibehalten unter der Voraussetzung, daß man aus dem Namen für
ein grammatisches Phänomen keine Hinweise auf die Bedeutung
dieses Phänomens entnehmen darf.
In der Grammatik von Bauer/Leander wird das Perfekt "Nominal",
das Imperfekt "Aorist" genannt.

24.2.6 Übersicht:

Personal-Formen	Perf.-Klasse		Impf.-Klasse			
	Afformativ-Konjugation (Perfekt)		Präformativ-Konjugation (Imperfekt)		Imperativ	
	sing	pl	sing	pl	sing	pl
	3.m⁶⁾ 3.f	3.	3.m 3.f	3.m 3.f		
	2.m 2.f	2.m 2.f	2.m 2.f	2.m 2.f	2.m 2.f	2.m 2.f
	1.	1.	1.	1.		
Nominal-Formen	Partizipien Infinitive					

24.3 Starke und schwache Verben

24.3.1 Starke Verben sind solche, bei denen in allen Formen
        alle drei Radikale als Konsonanten erhalten sind.

24.3.2 Schwache Verben sind solche, bei denen die Wurzel nur
        aus zwei Konsonanten besteht (§§ 41 und 42),
        und solche, bei denen nicht in allen Formen alle drei
        Radikale als Konsonanten erhalten sind (§ 35 bis § 4o).

24.3.2.1 Es sind verschiedene Klassen von schwachen Verben zu
          unterscheiden. Die Namen der Verbklassen geben an,
          welcher Radikal die Unregelmäßigkeit aufweist.

24.3.2.2 Nach dem alten Paradigma-Verb פעל ("tun") werden
          der I. Radikal als פ ,
          der II. Radikal als ע   und
          der III.Radikal als ל   bezeichnet.

          So benennt z.B. der Name "פ״נ" (Pe-Nun) die Klasse von
          Verben, deren I.Radikal Nun nicht in allen Formen als
          Konsonant erhalten ist. ⁷⁾

24.4 Zitierung

      Im Lexikon wird jedes Verb als Wurzel zitiert. Es stehen

      nur die drei Konsonanten, ohne Vokale, nebeneinander.

      Die (an sich unaussprechbare) Wurzel wird gelesen, in-

----
(6) In den Tabellen der Grammatik werden die Verbformen in der
    Reihenfolge: 3.-2.-1. Person aufgeführt, weil die Form der
    3.Person Sing. Perfekt immer die einfachste ist.
(7) Zu den Namen ע״ו/י (ʿAjin-Waw/Jod) und ע״ע (ʿAjin-ʿAjin) vgl.
    § 41.1 und § 42.1.2, Anm.

dem man nach dem I.Radikal langes a, nach dem II. kurzes a spricht: כתב : כָּתַב (kātáb)

24.4.2 Das ist eigentlich die Form der 3.Person Singular, Perfekt, Kal [8].

24.4.3 Die deutsche Bedeutung der Wurzel wird aber vom Lexikon
im Infinitiv angegeben.

24.4.4 Auch Verben, die im Grundstamm gar nicht vorkommen,
werden als Wurzeln zitiert.

25	Die Formen der Präformativ-Konjugation

כתב	schreiben
כבד	schwer sein

25.1 Gebrauch

Die Formen der Präformativ-Konjugation sind in den Texten der hebräischen Bibel die häufigsten. Sie stehen
gegenüber denen der Afformativ-Konjugation etwa im Verhältnis 3:2.

25.1.1 Aus den Formen der Präformativ-Konjugation sind die
beiden Haupttempora gebildet: das Imperfekt für die besprechende Rede und das Imperfekt consecutivum (Narrativ - s.u. § 25.4) für die Erzählung.

25.1.2 Deutsches Äquivalent für das Imperfekt ist meist das
Präsens, für das Imperfekt consecutivum meist das
Präteritum (Einzelheiten zum Gebrauch der Tempora in
§ 48).

25.2 Formenbildung

Die Personalformen sind durch Vorsilben (Präformative),
einige zusätzlich durch Nachsilben (Afformative) unterschieden. Die Afformative und die Konsonanten der
Präformative sind in allen Stämmen gleich.

---

(8) Ausnahme § 41.1.2

25.2.1 Als Präformative dienen die Konsonanten ', א, נ und ת.

      Jod (') für die 3.m. pl und sg

    Alef (א) für die 1. sg.

    Nun (נ) für die 1. pl.

    Tau (ת) für alle übrigen Formen.

25.2.2 Als Afformative dienen:

die vokalischen Afformative 'ִ und וּ.

        'ִ für die 2.f. sg.[1]

        וּ für die maskulinen Plural-Formen[2]

und das konsonantische Afformativ

        נָה für die femininen Plural-Formen[3].

25.2.3 Übersicht:

	m	f
Sg 3.	x x x '	x x x ת
2.	x x x ת	'ִ x x x ת
1.	x x x א	
Pl 3.	וּ x x x '	נָה x x x ת
2.	וּ x x x ת	נָה x x x ת
1.	x x x נ	

25.3 Die Formen des Grundstamms (Kal)

25.3.1 Im Imperfekt Kal steht nur beim II.Radikal ein Vokal.
Es ist einer der drei gemeinsemitischen kurzen Grund-
vokale (a, i, u - vgl. § 2.1.3.1), der im Zuge der
Formenbildung Veränderungen unterworfen ist.
Dieser Vokal wird als Imperfekt-Vokal bezeichnet.

Es steht	der Imperfekt-Vokal
25.3.1.1 bei den meisten transitiven Verben	u > ō (vgl. § 2.1.6)

---

(1) vgl. § 11.1.2. Anm 1
(2) vgl. § 27.2.2
(3) vgl. das Personalpronomen הֵנָּה.

	Es steht	der Imperfekt-Vokal
25.3.1.2	bei den meisten intransitiven Verben und bei Verben mit Guttural als II. oder III.Radikal:	a
25.3.1.3	bei manchen schwachen Verben:	i > ē (vgl.§ 2.1.6)

25.3.2 Das Präformativ des Imperfekt Kal bildet mit dem I.Radikal eine geschlossene Silbe, in der ein kurzer Vokal steht.

25.3.2.1 Der Präformativ-Vokal richtet sich nach dem Imperfekt-Vokal:

Imperfekt-Vokal	Präformativ-Vokal
u (>ō)	a
a	i
i (>ē)	a

25.3.2.2 Der Präformativ-Vokal a ist in der unbetonten, geschlossenen Präformativsilbe meist zu i verdünnt (vgl. § 1o.4.2).

25.3.3 Die Formen des Imperfekt Kal mit dem Imperfekt-Vokal u

25.3.3.1 Formen ohne Afformativ: Der Imperfekt-Vokal u ist in der Tonsilbe zu ō gedehnt:

3.m.s	יִכְתֹּב 4)
3.f.s 2.m.s	תִּכְתֹּב
1.s	אֶכְתֹּב 5)
1.pl	נִכְתֹּב

----

(4) aus: ⁺jaktub > ⁺jaktōb

(5) Der Präformativ-Vokal a ist unter Einfluß des Gutturals א zu ä abgelautet (§ 9.4.3).

25.3.3.2 Formen mit konsonantischem Afformativ

Das Afformativ נָה ist unbetont. Die Vokalisation ist
dieselbe wie bei afforma-
tivlosen Formen:

3.f.pl	תִּכְתֹּבְנָה
2.f.pl	

25.3.3.3 Formen mit vokalischem Afformativ

Die Afformative ִי und וּ
sind (außer in Pausa-
Formen - s.u. 25.3.5)
betont. In diesen For-
men ist der Imperfekt-
Vokal verflüchtigt:

2.f.s	תִּכְתְּבִי
3.m.pl	יִכְתְּבוּ
2.m.pl	תִּכְתְּבוּ

25.3.4 Die Formen des Imperfekt Kal mit dem Imperfekt-Vokal a[6]

Der Präformativ-Vokal ist
ursprünglich i (s.oben 3.2),
der Imperfekt-Vokal a ist
vor vokalischen Afformativen verflüchtigt, sonst als
kurzes a erhalten:

3.m.s	יִכְבַּד
3.f.pl	תִּכְבַּדְנָה
3.m.pl	יִכְבְּדוּ

25.3.5 Besonderheiten der Pausa-Formen

In Pausa (i.P.) trägt die Silbe des II.Radikals den Ton.
Darum ist vor vokalischen Afformativen der Imperfekt-
Vokal (gedehnt) erhalten: יִכְבָּדוּ   יִכְתֹּבוּ

Bei Verben mit dem Imperfekt-Vokal a kann i.P. vor konsonantischen Afformativen langes oder kurzes a stehen:
                               תִּכְבַּדְנָה   תִּכְבָּדְנָה

25.4 Imperfekt consecutivum (Narrativ)

25.4.1 In alttestamentlicher Prosa ist Imperfekt consecutivum
das Erzähl-Tempus ("Narrativ" von lat. narrare: erzählen). In der deutschen Übersetzung wird meist das Prae-
teritum gewählt.

In der Form des Imperfekt consecutivum repräsentiert
das Tempus-Zeichen "wa" die Kategorie der Erzählfolge.
Diese bringen wir in die Übersetzung ein durch deut-

----

(6) Der Imperfekt-Vokal i kommt nur bei schwachen Verben vor (§§
    36.3, 38).

sche folgernde Partikeln wie: "da, und, daß" (Einzelheiten in § 48).

25.4.2 Die Formen des Imperfekt consecutivum

Vor einer Imperfekt-Form steht das proklitische Element
ּ‍וַ (Waw mit Pataḥ und folgendem Dagesch forte = Waw consecutivum). Dies ist im allgemeinen der einzige Unterschied zu Imperfekt-Formen:

יִכְתֹּב   er schreibt

וַיִּכְתֹּב   und er schrieb
           da schrieb er

25.4.2.1 Vor dem א der 1.s. lautet
das Präfix   וָ (Ersatzdehnung,   וָאֶכְתֹּב
vgl. § 9.2.1):

25.4.2.2 Bei Verbformen, die mit יְ
beginnen, fällt das Dagesch
forte aus (§ 5.2.2.2, vgl.   וַיְדַבֵּר
auch § 6.1.3, § 31.2.2):

25.4.2.3 In endungslosen Formen des Imperfekt consecutivum kann
statt der letzten Silbe die vorletzte betont sein. [7]
Voraussetzung für diese Betonungsweise ist, daß die
letzte Silbe geschlossen, die vorletzte offen ist.
Ein langer Vokal in der letzten Silbe erscheint dann
gekürzt:

וַיִּלָּחֶם neben וַיִּלָּחֶם "da kämpfte er"
                           (Nif'al, s.§ 30.2.2)

Impf.   יֵדַע   "er erkennt"
                           (von ידע § 38.6.2)

Impf.cons.   וַיֵּדַע   "da erkannte er"

----

(7) In Formen der 1. Person Singular kommt diese "Tonzurücknahme"
nicht vor.

| **26** | Weitere Personalformen der Imperfekt-Klasse |

26.1 Imperativ

Für den direkten Befehl (§ 48.5) hat das Hebräische die
Imperativ-Formen. Sie erscheinen nur in der 2. Person
und sind nach Genus und Numerus unterschieden (vgl. §
24.2.6).

26.1.1 Imperativ-Formen haben die Vokalisation und die Afformative der Imperfekt-Formen, aber nicht deren Präformative.

26.1.2 Die Formen des Imperativs Kal

26.1.2.1 Die maskuline Singular-Form ist ohne Afformativ:	כְּתֹב < [+]k(u)tub כְּבַד [+]k(a)bad
26.1.2.2 Ebenso vokalisiert ist die fem.-pl.-Form mit konsonantischem Afformativ:	כְּתֹבְנָה כְּבַדְנָה
26.1.2.3 Vor den vokalischen Afformativen ִי (f.s) und וּ (m.pl) ist der Vokal beim II.Radikal verflüchtigt[1]. Beim I.Radikal entsteht (vgl. § 1o.4.2) eine geschlossene Silbe mit kurzem i:	f.s כִּתְבִי[2)] כִּבְדִי m.pl כִּתְבוּ[2)] כִּבְדוּ

26.2 Sogenannte Modi

Im Verlauf der Sprachentwicklung sind selbständige Modus-Formen weitgehend verlorengegangen. Ihre Funktionen

----
(1) In Pausa bleibt der Ton auf der Stammsilbe: כְּתֹבוּ
(2) Es wäre u oder å zu erwarten (§ 26.2.3).

werden im Biblischen Hebräisch durch andere syntaktische
Mittel übernommen (vgl. § 51).

Reste solcher alter Modi sind noch erhalten, haben aber
ihre Funktionen zum Teil eingebüßt (vgl. §§ 32.2.3,
39.3, 41.4.4).

26.2.1 <u>Jussiv</u>

Formen der 2. und 3. Person des Imperfekts, die zum
Ausdruck einer Aufforderung dienen, bezeichnen die hebräischen Grammatiken herkömmlich als "Jussiv" (von
lat. iubere : befehlen), obwohl sie formal meist nicht
von normalen Imperfekt-Formen unterschieden sind.

In dieser Grammatik wird der Begriff "Jussiv" nur dann
gebraucht, wenn es sich wirklich um eigene Formen handelt (§ 32.2.3), bzw. wenn in der Syntax die auffordernde Redeabsicht eines Satzes gemeint ist(§ 51.4).

26.2.2 <u>Kohortativ</u>
Die Formen der 1. Person des Imperfekts können durch

das vokalische Afformativ הָ , das He cohortativum

(von lat. cohortari : ermuntern), erweitert sein und

so Wunsch, Wollen, Selbstaufforderung ausdrücken.

> אֶכְתְּבָה ich möchte/will schreiben
>
> נִכְתְּבָה wir wollen/wünschen zu schreiben
>   laßt uns schreiben!

26.2.2.1 Die Vokalisation dieser Formen ist die gleiche wie bei
den anderen Formen mit vokalischem Afformativ.[3]

26.2.2.2 Vereinzelt begegnet He cohortativum auch als Jussiv-
Endung der 3. Person.

26.2.2.3 Auch Narrativ-Formen können He cohortativum haben. Dort
ist eine kohortative Funktion nicht erkennbar.

26.2.3 <u>Imperativ mit He cohortativum</u>
Die maskuline Singular-Form des Imperativs kann durch
He cohortativum verstärkt werden.

Betont ist das vokalische Afformativ[3], der Imperfekt-
Vokal ist ausgefallen (§ 1o).
In der ersten Silbe stehen å
bzw. i (§ 1o.4.2):

כְּתֹב	[+]kutub
כָּתְבָה	
כְּבַד	[+]kabad
כְּבְדָה	

----
(3) In Pausa bleibt der Ton auf der Stammsilbe: 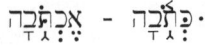 כָּתְבָה - אֶכְתֹּבָה

26.2.4 <u>Nun Paragogicum</u>

Reste eines alten Narrativs sind die Endungen וֹּן. (2.f.s)
und ןּ (3./2.m.pl), die gelegentlich statt der üblichen
vokalischen Afformative ֹּ. und וּ gebraucht werden
(Nun paragogicum von gr. paragogé: Endung).
Besondere Funktionen solcher Endungen sind im Hebräischen
nicht mehr zu erkennen.

Diese Afformative sind (auch in Pausa) immer betont.
Oft ist vor ihnen der Vokal beim II.Radikal erhalten:

תִּקְטְלִין oder יִקְטְלוּן auch תִּקְטְלוּן

---

27 | Die Formen der Afformativ-Konjugation

27.1 Gebrauch

Formen der Afformativ-Konjugation werden als Neben-Tem-
pora gebraucht.

Deutsches Äquivalent für das hebräische Perfekt ist in
Erzählungen Präteritum oder Plusquamperfekt, in anderen
Texten meist das Perfekt. (Einzelheiten zum Gebrauch
der Tempora in § 48)

27.2 Formenbildung

27.2.1 Die Personalformen sind durch angefügte Endungen (Afformative) unterschieden. Nur die Form für die 3.Per-
son, maskulinum, Singular ist im Perfekt ohne jeden
Bildungszusatz.

27.2.2 Die Afformative sind in allen Stämmen dieselben. Sie
sind teils vom Personalpronomen, teils von Nomen-Endungen hergeleitet.[1]

----

(1) Perfekt-Formen sind vermutlich entstanden aus einem Verbal-
Nomen mit pronominalem Subjekt; das Pronomen ist zur Endung
geworden.

27.2.3 Übersicht:

	m	f
3.s	x x x	הָ x x x ת x x x[2)
2.s	תָּ x x x [3)	תְּ x x x[3)
1.s	תִּי x x x [4)	
3.pl	וּ x x x	
2.pl	תֶּם x x x [5)	תֶּן x x x[5)
1.pl	נוּ x x x [6)	

27.3 Die Formen des Grundstamms (Kal)

27.3.1 Beim I.Radikal steht Vorton-Qames (ā < a vgl. § 1o.1.2).
Beim II.Radikal steht einer der kurzen Grundvokale (a,
i, u, vgl. § 2.1.3.1), der im Zuge der Formenbildung
Veränderungen unterworfen ist:

3.m.s   כָּתַב < [+]kataba   (= Verbum mediae a)

כָּבֵד < [+]kabida[7)   (= Verbum mediae e)

קָטֹן < [+]qatuna[7)   (= Verbum mediae o)[8)

27.3.2 Je nachdem, ob die angefügten Afformative betont oder
unbetont sind, ändert sich die Vokalisation (vgl. grundsätzlich § 1o).
Das Verbum mediae a (כָּתַב) hat folgende Formen:

27.3.2.1 Vor den unbetonten konsonantischen Afformativen bleiben die
ersten beiden Silben unverändert.

2.m.s	כָּתַבְתָּ
2.f.s	כָּתַבְתְּ

---

(2) Nomen-Endung (§ 16.2.4), zu ת_ vgl. §§ 33.4.2; 39.2.4.
(3) vom Pers.-Pronomen 2.f.: [+]אַתְּ > אַתְּ vgl. § 33.4.3
(4) von אָנֹכִי, Pers.-Pron.1.s.: Wandel des k zu t in Analogie zur
2. Person.
(5) vom Pers.-Pron. 2.pl.: אַתֶּם אַתֶּן
(6) vom Pers.-Pron. 1.pl.: אֲנַחְנוּ
(7) Dehnung in der Tonsilbe (§ 2.1.6)
(8) Verben mediae a sind meist transitiv, die (selteneren) Verben
mediae e und o meist intransitiv.

(27.3.2.1)

1.s	כָּתַ֫בְתִּי [9]
1.pl	כָּתַ֫בְנוּ

27.3.2.2 Die zwei konsonantischen Afformative דֶּם und דֶּן sind immer betont. In diesen Formen ist der
I.Radikal verflüchtigt.(§1o.2.1)

2.m.pl	כְּתַבְתֶּ֫ם
2.f.pl	כְּתַבְתֶּ֫ן

27.3.2.3 Die zwei vokalischen Afformative ה‍ָ und ‍ְ sind (außer in
Pausa - s.u. 27.3.3) betont.
Hier ist der Vokal beim II.Ra-
dikal verflüchtigt. Der lange
Vokal beim ersten Radikal ist
erhalten. Meteg bezeichnet das
lange Qames [1o].

3.f.s	כָּתְבָ֫ה
3.pl	כָּתְב֫וּ

27.3.3 Pausa-Formen

In Pausa kann das a der Tonsilbe zu ā gedehnt sein:
כָּתָ֫בְתִּי

In Formen mit vokalischem Afformativ ist i.P. die
zweite Silbe betont, deren Vokal (gedehnt) erhalten:
כָּתָ֫בָה

27.3.4 Besonderheiten der Verben mediae ē

In Formen mit unbetontem konsonantischem Afformativ tritt
a in der Tonsilbe auf, das aus
ursprünglichem i abgelautet ist.

Auch vor betontem konsonantischem Afformativ steht in der
zweiten Silbe a.

כָּבֵד
כָּבַ֫דְנוּ [11]
כְּבַדְתֶּ֫ם

27.3.5 Besonderheiten der Verben mediae ō

Vor einem betonten konsonantischen Afformativ wird das o
der zweiten Silbe zu å gekürzt
(vgl. § 2.1.7.2).

קְטָנְתֶּ֫ם

----

(9) Endet die Wurzel mit dem gleichen Konsonanten, mit dem das Afformativ beginnt, so wird dieser nur einmal geschrieben und
Dagesch forte verdoppelt: כָּרַ֫תְתִּי > כָּרַ֫תִּי + תִּי

(1o) Diese unregelmäßige Vokalisation (§ 1o.2, Anm) ist vermutlich
so zu erklären, daß die Tonverlagerung erst spät erfolgte
(vgl. auch § 27.4.2).

(11) In Pausa-Formen ist ē erhalten: כָּבֵ֫דְנוּ

27.4 Das Perfekt consecutivum

Das Perfekt consecutivum ist Nebentempus in besprechenden Texten. Sein Tempus-Zeichen "we" enthält ein fol-
gerndes Element. Perfekt consecutivum dient oft zur
Fortführung von Sätzen, deren Prädikate im Imperfekt
oder Imperativ stehen.
In der deutschen Übersetzung kommen Präsens, Futur und
auch Imperativ als Äquivalente infrage (Einzelheiten
zum Tempusgebrauch in § 48, speziell § 48.3.4).

27.4.1 Die Formen des Perfekt consecutivum sind gebildet aus
Perfekt-Formen mit der proklitischen Vorsilbe ‏וְ‎: "und/
so/dann":

וְכָתַב "und erschreibt"
         "dann wird/soll er schreiben"

27.4.2 Perfekt-consecutivum-Formen der 1.s. und der 2.m.s.
sind oft auf der letzten Silbe betont. Der Vokal beim
I.Radikal ist aber nicht verflüchtigt; er ist im Kal
durch ein Meteg als langes Qames gekennzeichnet[12].

וְכָתַבְתִּי "und ich schreibe"
            "dann werde/will ich schr."

וְכָתַבְתָּ "und du schreibst"
           "dann wirst/sollst du sch."
           "und schreibe!"

----

(12) Vgl. § 1o.1.2.1 mit Anm. und auch § 27.3.3 mit Anm.1o.

| **28** | Nominalformen des Verbs |

28.1 Infinitive

Das hebräische Verb hat in allen Stämmen zwei Infinitiv-
Formen: den Infinitivus absolutus (inf.a) und den Infinitivus constructus (inf.c). Um die unhandlichen lateinischen Ausdrücke zu vermeiden, wird in dieser Grammatik der Infinitivus constructus einfach als "Infinitiv",
der Infinitivus absolutus als "absoluter Infinitiv" bezeichnet[1].

28.1.1   Der absolute Infinitiv steht im Satz isoliert (lat. absolutus : losgelöst). Er kann sich nicht mit Suffixen
und Präpositionen verbinden. Er bringt nur die Verb-
Bedeutung in den Satz ein (Einzelheiten in § 49.2 und
§ 5o.4).

28.1.1.1 Im Kal wird der absolute Infinitiv der Perfekt-Klasse
zugeordnet (§ 24.2.5).
Beim I.Radikal steht unveränderliches langes $\bar{a}$,
beim II.Radikal unveränderliches langes $\bar{o}$:

$$\text{כָּתֹב} \quad < \quad {}^{+}\text{kat}\bar{a}\text{b} \quad (\text{vgl. § 2.1.4.1})$$

28.1.2   Der Infinitiv ("infinitivus constructus") hat im Hebräischen ähnliche Funktionen wie im Deutschen und Englischen. Er kann mit Suffixen und Präpositionen verbunden werden (Einzelheiten zum Gebrauch des Infinitivs in
§ 49.3 und § 5o.5; zur Verbindung des Infinitivs mit
proklitischen Präpositionen § 12.3, mit Suffixen § 33.8).

28.1.2.1 Im Kal wird der Infinitiv der Imperfekt-Klasse zugeordnet (§ 24.2.5).

----

(1) In Tabellen wird abgekürzt: "inf.a" = absoluter Infinitiv,
    "inf" oder "inf.c" = Infinitiv.

Die Form des Infinitivs ist im allgemeinen mit der en-
dungslosen Form des Imperativs identisch:
Beim I. Radikal steht Schwa mobile, beim II.Radikal der
Imperfekt-Vokal u, in der Tonsilbe zu ō gedehnt:

$$\text{כְּתֹב} < {}^{+}\text{ktub}$$

$$\text{כְּבֹד} < {}^{+}\text{kbad}^{2)}$$

28.1.2.2 Zuweilen werden Infinitiv-Formen mit einer Feminin-
Endung gebildet:

      יִרְאָה   (fürchten) zu ירא

      אַהֲבָה   (lieben)   zu אהב

28.1.2.3 Zu Infinitiven mit der Endung ה vgl. §§ 36.2.2; 36.3.4;
36.4.3; 38.2.2; 39.2.5.

28.2 Partizipien

Partizipien können die Funktionen aller nominalen Satz-
glieder übernehmen. Sie werden meist als Prädikate in
Nominalsätzen gebraucht (Einzelheiten in § 49.1).
Im Kal kommt ein aktives und ein passives Partizip vor.
Die Partizipien des Kal werden der Perfekt-Klasse zu-
geordnet (§ 24.2.5).

28.2.1 Die Formen des Partizips (Aktiv)

28.2.1.1 Beim Verb mediae a hat das Partizip aktiv Kal
unveränderliches ō in der ersten Silbe und
veränderliches ē in der zweiten Silbe:

      כֹּתֵב < ${}^{+}$kātib   "einer, der
      (§ 2.1.4.1,   schreibt"
       § 2.1.6)   (bzw. schrieb,
                   schr. wird)

28.2.1.2 Bei Verben mediae ē und ō lauten Partizip und 3.m.s.
Perfekt im Kal gleich:

      כָּבֵד < ${}^{+}$kabid   "einer, der
                       schwer ist"

      קָטֹן < ${}^{+}$qaṭun   "einer, der
                       klein ist"

---

(2) In Analogie zu Infinitiven des Typs כָּתֹב steht auch bei Verben
mit dem Imperfekt-Vokal a meist ein ō in der Tonsilbe. Gelegentlich kommen auch Infinitiv-Formen mit a vor.

28.2.1.3 Die Bildung aller anderen Formen der Partizipien ent-
          spricht der der übrigen Nomina (§ 16).

28.2.1.4 Neben der Feminin-Endung הָ‍/ה‍ (§ 16.2) kommt bei man-
          chen Partizipien im Singular die Feminin-Endung ת vor,
          die konsonantisch angefügt ist.
          Dadurch sind Segolat-Formen entstanden (vgl. § 18):

$$\text{כֹּתֶבֶת} < {}^{+}\text{kātibt} \qquad \text{"eine, die}$$
$$\text{schreibt"}$$

28.2.2   Die Formen des Partizips (Passiv)

28.2.2.1 In der ersten Silbe steht Vorton-Qames (§ 1o),

          in der zweiten unveränderliches langes ū:

$$\text{כָּתוּב} < {}^{+}\text{katūb} \qquad \text{"einer, der auf-}$$
$$\text{geschrieben}$$
$$\text{wird/wurde/ist"}$$

28.2.2.1 Die Formenbildung entspricht der der übrigen Nomina
          (§ 16).

---

29 | Die abgeleiteten Stämme des Verbs

29.1 Funktion

          Durch formale Abwandlung des Grundstamms können dem
          hebräischen Verb bestimmte Bedeutungs-Abwandlungen ge-
          wonnen werden, ähnlich wie im Deutschen: essen - fres-
          sen, fahren - führen - erfahren - gefährden, schneiden
          - schnitzen, sitzen - setzen.
          Sieben Stämme (= abgeleitete Stämme, Stammes-Modifikati-
          onen[1]) werden am häufigsten gebraucht.
          Auf Stämme, die nur vereinzelt vorkommen, wird in die-
          ser Grammatik von Fall zu Fall hingewiesen (vgl. §§
          39.5.2; 41.8; 42.8).
          Nicht von jeder Wurzel sind alle sieben Stämme zu be-
          legen (vgl. jeweils das Lexikon).

----

(1) Hebräischer Name: "Binjanim" (hebr.: בִּנְיָן :Bau), in älteren
    Grammatiken auch "Konjugationen" genannt.

29.2 Die Namen der Stämme

Der Grundstamm heißt Kal (קַל : § 24.1.5).
Die Namen der übrigen Stämme sind von dem alten Paradigma-Verb פָּעַל "tun/machen" hergeleitet: Als Name des
Stammes dient die Form von פָּעַל in der 3.m.s. Perfekt
des betreffenden Stammes.

29.2.1 **Nif´al**

Für das Nif´al (נִפְעַל) ist das Präformativ נ (< +na) charakteristisch, das
im Perfekt mit dem I.Radikal eine geschlossene Silbe bildet: נִכְתַּב

29.2.2 Gemeinsames Merkmal der **Doppelungsstäm-**
me (sogenannte Intensivstämme - vgl.§
29.3.3) ist die Verdoppelung des mitt-
leren Radikals durch Dagesch forte[2].
Pi´el (פִּעַל)[3]
Im Perfekt steht in der geschärften
Silbe i: כִּתֵּב

29.2.3 Das **Pu´al** (פֻּעַל)
hat in der geschärften Silbe das für
Passiv-Formen charakteristische u: כֻּתַּב

29.2.4 **Hitpa´el** (הִתְפַּעַל)
Stammesmerkmal ist das Präformativ
הִת: הִתְכַּתֵּב

29.2.5 Gemeinsames Merkmal der **Kausativ-**
Stämme ist der Präformativ-Konsonant
He (ה)[4].

Hif´il (הִפְעִיל)
Im Perfekt ist der Präformativ-Vokal i
(< a). Beim II.Radikal steht (nicht in
allen Formen) langes i: הִכְתִּיב

---

(2) Vereinzelt werden Doppelungsstämme anders gebildet, z.B. als
    "Pilpel" (Wiederholung beider Konsonanten) von dem zweiradika-
    ligen Verb כוּל : כִּלְכֵּל
(3) Beim Paradigma פעל ist die Verdoppelung nicht zu erkennen
    (§ 9.2.2).
(4) Die Kausativ-Stämme werden auch "H-Stämme" genannt.

29.2.6 Hof´al (הָפְעַל)

Der Präformativvokal ist u oder å

(Passiv-Kennzeichen, s.o. 29.2.3):

הֻכְתַּב

29.3 Die Bedeutungen der Stämme

In dieser Übersicht können nur die überwiegenden Bedeutungen der einzelnen Stämme aufgeführt werden. Im Einzelfall ist das Lexikon zu vergleichen.

29.3.1 Der Grundstamm (Kal) repräsentiert das Verb in einfacher,
aktiver Bedeutung [5].

29.3.2 Das Nif´al ist Reflexivum zum Kal (etwas für/mit sich
selbst tun):

  Kal שָׁמַר : hüten   Ni   נִשְׁמַר : sich hüten

Die Nif´al-Formen haben weithin die Funktionen eines
Passivs zum Kal übernommen:

                    Ni   נִשְׁמַר : behütet sein/
                                         werden

29.3.3 Von den Doppelungsstämmen ("Intensivstämmen") bietet
das Pi´el die aktive Bedeutung.
Es wird heute bestritten, daß die intensive Bedeutung
der Pi´el-Formen (etwas in besonderer Steigerung/ mit
Affekt/ häufig tun) die vorherrschende ist, z.B.:

  Kal קָבַר : begraben   Pi   קִבֵּר : viele begraben

Sehr häufig ist die faktitive (lat. facere : machen)
Bedeutung (etwas/jemanden zu etwas machen):

  Kal גָּדַל : groß sein   Pi   גִּדֵּל : groß machen[6]

29.3.4 Das Pu´al ist das Passiv zum Pi´el:

  Pi גָּנַב : stehlen   Pu   גֻּנַב : gestohlen
                                         werden

----

(5) Reste eines Passivs des Kal haben sich in einigen Verben er-
    halten (vgl.§ 36.3, Anm.und 36.4, Anm.)
(6) In dieser Funktion berührt sich das Pi´el mit dem Hif´il (s.u.).
    Als Faustregel gilt: Bei intransitivem Kal ist Pi etwa gleich
    Hi, bei transitivem Kal ist Pi etwa gleich Kal.

29.3.5 Das <u>Hitpa̔el</u> ist vorwiegend Reflexivum zum Pi̔el:

Pi   הִלֵּל : rühmen   Hitp   הִתְהַלֵּל : sich rühmen

29.3.6 Von den Kausativ-Stämmen bietet das <u>Hif̔il</u> die aktiv-
kausative Bedeutung (jemanden zu einem Tun oder Wer-
den veranlassen):

Kal אָבַד : untergehen   Hi   הֶאֱבִיד : zugrunderichten

Kal לָבֵשׁ : anziehen   Hi   הִלְבִּישׁ : bekleiden mit
(dazu veranlas-
sen, daß jemd.
etw. anzieht)

29.3.7 Das <u>Hof̔al</u> ist das Passiv zum Hif̔il:

Hi הִשְׁלִיךְ : hinwerfen   Ho   הָשְׁלַךְ : hingeworfen sein

29.4 <u>Die Verbformen in den abgeleiteten Stämmen</u>

In den Stämmen mit aktiver Bedeutung können grundsätzlich alle im § 24.2.6 aufgeführten Verbformen vorkommen. Die Passiv-Stämme Pu̔al und Hof̔al haben keine
Imperativ-Formen.
Einzelheiten zur Formenbildung in den §§ 30 bis 32.

29.5 <u>Übersicht</u>

		Doppelungsstämme			Kausativstämme	
Kal	Nif̔al	Pi̔el	Pu̔ál	Hitpa̔el	Hif̔il	Hofál
כָּתַב	נִכְתַּב	כִּתֵּב	כֻּתַּב	הִתְכַּתֵּב	הִכְתִּיב	הָכְתַּב
יִכְתֹּב	יִכָּתֵב	יְכַתֵּב	יְכֻתַּב	יִתְכַּתֵּב	יַכְתִּיב	יָכְתַּב
akt.	refl. pass.	(intens.) faktitiv	pass. zu Pi	reflexiv zu Pi	kausativ	Passiv zu Hi

(Zeile 7))

---

(7) Imperfekt-Formen sind in dieser Liste nur der Vollständigkeit
halber aufgeführt. Im einzelnen sind §§ 3o - 33 zu vergleichen.

| **30** | Die Formen des Nif´al |

3o.1 Perfekt

Im Perfekt bildet das für den Stamm charakteristische
Präformativ נ (< na - vgl.§ 1o.4.2) mit dem I.Radikal
eine geschlossene Silbe:

3o.1.1 Das Präformativ ist in allen Perfekt-Formen unverändert.

3o.1.2 Das a beim II.Radikal ist wie im
Kal vor konsonantischem Afformativ erhalten,
vor vokalischem Afformativ verflüchtigt.

3.m.s	נִכְתַּב
2.m.s	נִכְתַּ֫בְתָּ
3.pl	נִכְתְּב֫וּ

3o.2 Imperfekt-Klasse

In der Imperfekt-Klasse ist das Nun des Präformativs dem
I.Radikal assimiliert. Der zweite Stammvokal in der
Imperfekt-Klasse ist i (> ē oder a).

3o.2.1 Imperfekt-Formen:

Vor konsonantischem Afformativ ist
wie im Kal (§ 27.3.4) e in a abgelautet.

Vor vokalischem Afformativ ist der
Vokal beim II.Radikal verflüchtigt
und das lange ā beim I.Radikal erhalten.

3.m.s	יִכָּתֵב 1)
3.f.pl	תִּכָּתַ֫בְנָה
3.m.pl	יִכָּתְב֫וּ

3o.2.2 Im Imperfekt consecutivum ist bei
einigen Verben die vorletzte Silbe
betont (§ 25.4.2.3).

| יִלָּחֵ֫ם |
| וַיִּלָּ֫חֶם |

----
(1) Durch Dehnung der Vokale in der Tonsilbe und in der Vortonsilbe
entsteht die typische Vokalfolge: i - ā - ē. Im Präformativ
der 1.sg. Imperfekt kann wie im Kal ä erscheinen: אֶכָּתֵב
(vgl. § 25.3.3.1).

30.2.3   Imperativ-Formen lauten mit He (ה)
         an[2]. Die Formenbildung entspricht
         der des Imperfekts.

$$\begin{array}{l} \text{הִכָּתֵב} \\ \text{הִכָּתְבוּ} \end{array}$$

30.3   Nominalformen

30.3.1   Das Partizip Nif´al gehört zur Perfekt-Klasse. Beim II.
         Radikal steht langes ā, das als Vorton-Qames in ent-
         sprechender Entfernung von der Haupttonsilbe verändert
         wird (§ 1o.4.2.1):

   נִכְתָּב   נִכְתָּבִים   נִכְתָּבִי

30.3.2   Der Infinitiv gehört wie überall zur Imperfekt-Klasse.
         Er ist gleich der afformativlosen Form des Imperativs:

   הִכָּתֵב

30.3.2.1 In Verbindung mit proklitischen Präpositionen kann das
          He des Präformativs ausgefallen sein (ähnlich wie beim
          Artikel - § 12.3.1.7):   לְ + הִכָּתֵב ‹ לְכָּתֵב

30.3.2.2 Gelegentlich ist die Form des Infinitivs als absoluter
          Infinitiv verwendet.

30.3.3   Vom absoluten Infinitiv kommen zwei Formen vor, eine
         nach der Perfekt-Klasse, eine nach der Imperfekt-Klasse
         gebildet. In beiden steht beim II.Radikal unveränderli-
         ches langes ō [3)]

   נִכְתּוֹב   הִכָּתוֹב

30.4   Übersicht über die Formen des Nif´al

Perfekt		Imperfekt	
3.m.s	נִכְתַּב	3.m.s	יִכָּתֵב
2.m.s	נִכְתַּבְתָּ	f.pl	תִּכָּתַבְנָה
3.pl	נִכְתְּבוּ	3.m.pl	יִכָּתְבוּ
Ptz	נִכְתָּב	Inf ⎫ Impt ⎭	הִכָּתֵב

---

(2) Wahrscheinlich lautet das Nif'al-Präfix ursprünglich הִנ. Das
    He wäre dann nach Präformativkonsonanten ausgefallen (wie im
    Hif'il-32.2.2), sonst erhalten, das Nun immer assimiliert.

(3) Analogiebildung zum Inf.a.Kal: כָּתֹב.

| **31** | Die Formen der Doppelungsstämme |

31.1 Gemeinsames Merkmal

Den Doppelungsstämmen gemeinsam ist in allen Formen die
Verdoppelung des II.Radikals durch Dagesch forte.
Die Vokale in den geschärften Silben bleiben im Zuge
der Formenbildung unverändert.

31.1.1 Die Schärfung unterbleibt, wenn der mittlere Radikal
ein Guttural oder Resch ist (§ 9; § 34.3).

31.1.2 Das Dagesch forte kann ausfallen, wenn der II.Radikal
nicht zur Gruppe der "Begadkefat" gehört und der Vokal
bei ihm verflüchtigt ist (§ 5.2.2.2).

31.2 Piʿel

Im Piʿel gehören nur die Personalformen des Perfekt zur
Perfekt-Klasse, alle anderen Formen zur Imperfekt-
Klasse.

31.2.1 Im Perfekt Piʿel steht in der
geschärften Silbe i (< a).
Das ursprüngliche a beim II.
Radikal kann als a oder ē erscheinen[1]. Es ist vor vokalischen Afformativen ver-
flüchtigt.

> +kattaba > כָּתַּב oder
>
>   כָּתֵּב
>
>   כָּתְּבָ֫ה
>
>   כָּתְּב֫וּ

31.2.2 In der Imperfekt-Klasse steht in der geschärften Silbe
a. Der zweite Stammvokal ist i (> ē). Der Vokal des
Präformativs ist verflüchtigt.

31.2.2.1 Imperativ:

> +kattib >   כַּתֵּב

----

(1) Bei drei Verben erscheint ä: דִּבֶּר , reden; כִּפֶּר , sühnen; כִּבֶּס ,
waschen.

31.2.2.2   Imperfekt (3.m.s):

Das ē beim II.Radikal ist
vor konsonantischen Af-
formativen erhalten,

vor vokalischen Afformativen
verflüchtigt.

In der 1.s. ist der Präformativ-Vokal zu Ḥatef-Pataḥ
verflüchtigt.

+jakattib	יְכַתֵּב[2]
	תְּכַתֵּבְנָה
	יְכַתְּבוּ
	אֲכַתֵּב[3]

31.2.3   Nominalformen

31.2.3.1 Die Partizipien aller Doppelungsstämme werden mit
dem Präformativ מ gebildet.

31.2.3.2 Der Infinitiv lautet gleich
der afformativlosen Form
des Imperativs.

31.2.3.3 Der absolute Infinitiv des
Pi´el lautet:

31.2.3.4 Gelegentlich ist die Form des
Infinitivs als absoluter
Infinitiv gebraucht.

Ptz.Pi	מְכַתֵּב[2]
	כַּתֵּב
	כַּתֹּב

31.3   Pu´al

Im Pu´al ist die Vokalisation der Formen in der Imperfekt-Klasse nicht von der der Perfekt-Klasse unterschiede

31.3.1   In der geschärften Silbe
steht u.
Beim II.Radikal steht a, das
(wie im Perfekt Kal) vor vokalischen Afformativen verflüchtigt ist.

31.3.2   Der Präformativvokal ist im
Imperfekt und im Partizip verflüchtigt.

כֻּתַּב
כֻּתְּבָה
כֻּתְּבוּ
יְכֻתַּב[2]
מְכֻתָּב

---
(2) Zum Narrativ וַיְדַבֵּר und Partizip mit Artikel: הַמְדַבֵּר vgl. §
    5.2.2.2 und   § 6.1.3.
(3) Narrativ. 1.s.: וָאֲכַתֵּב (§ 25.4.2.1); Imperfekt mit Waw copulati-
    vum: וַאֲכַתֵּב (§ 9.3.2: Silbenaufsprengung).

31.3.3 Das Partizip Puʿal hat beim
        II.Radikal langes ā (wie die
        Partizipien des Ni und Ho)
        als Vorton-Qames (§ 1o.4.1.1).

מְקֻטָּב
מְקֻטָּבִי מְקֻטָּבִים

Andere Nominalformen des Puʿal kommen nicht vor[4].

31.4 Hitpaʿel

Für das Hitpaʿel ist ein präformatives ה charakteristisch.

31.4.1 Im Perfekt lautet das Prä-
        formativ הִת[5].
        In der geschärften Silbe
        steht a.
        Beim II.Radikal steht ē
        oder a, das vor vokalischen
        Afformativen verflüchtigt ist.

הִתְקַטַּב oder הִתְקַטֵּב
הִתְקַטַּבְתָּ
הִתְקַטְּבוּ

31.4.2.1 Vor Dentalen (ד ט ת) als I.
          Radikal ist das ה des Präfor-
          mativs dem I.Radikal assi-
          miliert.

הִדַּבֵּר > דבר

31.4.2.2 Wenn der I.Radikal ein Zisch-
          laut ist (ז ס צ שׁ), tritt
          das ה des Präformativs hinter
          den I.Radikal (Metathesis
          oder Transpositio - gr/lat:
          Umstellung).

הִשְׁתַּמֵּר > שׁמר

          Ist der I.Radikal צ , so wird
          auch der Präformativ-Konso-
          nant zum emphatischen t-Laut
          ט .

הִצְטַדֵּק > צדק

31.4.3 In Imperfekt und Partizip
        bilden der Präformativ-Konso-
        nant und das Hitpaʿel-Präfor-
        mativ eine geschlossene Silbe.[6]

Impf.3.m.s	יִתְקַטֵּב
oder	יִתְקַטַּב

----

(4) Als einzige Infinitiv-Form ist der inf.a. Pu. von גנב belegt:
    גֻּנֹּב = gestohlen werden (Gen 4o,15).
(5) Das He dient dazu, das präformative t nach Ausfall des Vokals
    aussprechbar zu machen: [+]ta-kattaba [+]t-kattaba [+]hit-kattab
    (vgl. Impf.: [+]ja-ta-kattab [+]jat-kattab [+]jit-kattab).
(6) In der 1.s.Impf. steht ä im Präformativ: אֶתְקַטֵּב (wie im Kal:
    § 25.3.3.1)

Beim II.Radikal steht ē oder a, das vor vokalischen Afformativen verflüchtigt ist.	Impf.f.pl	תִּתְכַּתֵּבְנָה
	oder	תִּתְכַּתַּבְנָה
	3.m.pl	יִתְכַּתְּבוּ
	Partizip	מִתְכַּתֵּב

31.4.4 Imperativ und beide Infinitive lauten gleich:

| | הִתְכַּתֵּב |
| oder | הִתְכַּתֵּב |

31.5 Übersicht über die Formen der Doppelungsstämme

	Pi´el	Pu´al	Hitpaél	
Perf	כִּתֵּב	כֻּתַּב	הִתְכַּתֵּב	הִשְׁתַּמֵּר
	כִּתַּבְתָּ	כֻּתַּבְתָּ	הִתְכַּתַּבְתָּ	usw.
	כִּתְּבוּ	כֻּתְּבוּ	הִתְכַּתְּבוּ	
Impf	יְכַתֵּב	יְכֻתַּב	יִתְכַּתֵּב	יִשְׁתַּמֵּר
	תְּכַתֵּבְנָה	usw.	usw.	
	יְכַתְּבוּ			
Impt	כַּתֵּב	–	הִתְכַּתֵּב	
Inf	כַּתֵּב	–	"	
Inf.a	כַּתֹּב	–	"	
Ptz	מְכַתֵּב	מְכֻתָּב	מִתְכַּתֵּב	

32 | Die Formen der Kausativ-Stämme |

32.1 Gemeinsame Merkmale

32.1.1 Die Formen der Kausativ-Stämme sind zum großen Teil mit
dem Präformativ ה gebildet, das mit dem I.Radikal eine
geschlossene Silbe bildet (Ausnahmen s.u. 32.2.2 und
32.3.2).

32.1.2 In beiden Stämmen hat das Partizip das Präformativ מ.

32.2 Hif´il

Nur die Personalformen des Perfekts gehören zur Perfekt-Klasse. Vokalische Afformative sind überall unbetont angefügt, so daß der Vokal beim II.Radikal nicht
verflüchtigt wird.

32.2.1 Im Perfekt steht in der geschlossenen Präformativsilbe
i (< a).
Der zweite Stammvokal ist
langes Ī (< i)[1], vor konsonantischen Afformativen a.

⁺haktaba
⁺hiktiba >   הִכְתִּיב
הִכְתַּבְתְּ
הִכְתִּיבוּ

32.2.2 In allen Formen der Imperfekt-
Klasse ist im Präformativ
das a erhalten.
Zwischen zwei Vokalen ist das
ה des Präformativs in Imper-
fekt- und Partizip-Formen
ausgefallen.

⁺ja-haktib
⁺jaktib >   יַכְתִּיב
תַּכְתֵּבְנָה [2]
יַכְתִּיבוּ

32.2.3 In endungslosen Formen der 2. und 3. Person treten eigene Jussiv-Formen auf.

----

(1) Die Dehnung des i zu Ī ist unregelmäßig (vgl. § 2.1.6). Sie
ist vielleicht eine Analogiebildung zum Hi der schwachen Verben ו´י y (§ 41).
(2) Vor נָה ist regelmäßig i zu ē gedehnt.

Grundsätzlich gilt: Wenn in endungslosen Imperfekt-
Formen ī oder ū in der Tonsilbe steht, dann gibt es
daneben Jussiv-Formen mit ē bzw. ō. (s.auch § 41.4.1)

Impf.	יַכְתִּיב
Jussiv	יַכְתֵּב

32.2.4 Im Imperfekt consecutivum
erscheint ē in den gleichen
Formen, die auch im Jussiv
ein ē haben.

32.2.5 Auch im Imperativ hat die
endungslose Form ē beim II.
Radikal.

	וַיַּכְתֵּב
aber:	וַיַּכְתִּיבוּ
	הַכְתֵּב

32.2.6 Das Partizip Hif´il lautet
(ohne das präformative ה):
Vokalische Endungen sind
wie alle Nomen-Endungen betont.

מַכְתִּיב
מַכְתִּיבִים
מַכְתִּיבֵי

32.2.7 Die Infinitive sind:

inf.a:	הַכְתֵּב
inf.:	הַכְתִּיב

32.2.8 Das anlautende ה des Infinitivs kann nach prokliti-
schen Präpositionen aus-
fallen (vgl.§ 12.3.1.7;
§ 3o.3.21).

לְכַתִּיב > הַכְתִּיב + לְ

32.3 Hof´al

Die Vokalisation ist bei Formen der Perfekt-Klasse und
der Imperfekt-Klasse im Hof´al dieselbe.
Im Präformativ steht überall å (oder u - vgl. § 2.1.4.2)
Beim II.Radikal steht überall a, das wie im Kal vor
vokalischen Afformativen verflüchtigt ist.

32.3.1 Perfekt:

⁺huktaba >	הָכְתַּב
bzw.	הֻכְתַּב

32.3.2 Im Imperfekt und im Partizip
ist das ה des Präformativs
zwischen Vokalen ausgefallen
(wie im Hif´il - s.o. 32.2.2):

+ja-huktab > יָכְתַּב

bzw. יָ֫כְתַּב

32.3.3 Im Partizip Hof´al steht beim
II.Radikal langes ā (wie in
den Partizipien des Ni und Pu)
als Vorton-Qames (§ 1o.4.1.1).

מָכְתָּב

מָכְתָּבִים

מָכְתָּבִי

32.3.4 Von den Infinitiven kommt beim
starken Verb nur der absolute
vor:

הָכְתֵּב

32.4 Übersicht über die Formen der Kausativ-Stämme

	Hif´il	Hof´al
Perfekt	הִכְתִּיב	הָכְתַּב (הֻכְתַּב)
	הִכְתַּ֫בְתָּ	הָכְתַּ֫בְתָּ
	הִכְתִּ֫יבוּ	הָכְתְּ֫בוּ
Imperfekt	יַכְתִּיב	יָכְתַּב (יֻכְתַּב)
	תַּכְתֵּ֫בְנָה	usw.
	יַכְתִּ֫יבוּ	
Jussiv	יַכְתֵּב	./.
Impf.cons.	וַיַּכְתֵּב	וַיָּכְתַּב
Imperativ	הַכְתֵּב	./.
Infinitiv	הַכְתִּיב	./.
Inf.a.	הַכְתֵּב	הָכְתֵּב
Partizip	מַכְתִּיב	מָכְתָּב

33 | Suffix-Formen des Verbs

33.1 Gebrauch

33.1.1 Suffixe an Verbformen bezeichnen das pronominale Objekt.

33.1.2 Suffixe finden sich nur bei Verben, die nach hebräi-
schem Verständnis transitiv sind[1]), also auch nur in
den transitiven Stämmen Kal, Pi´el und Hif´il. [2])

33.1.3 Suffixe an Verbformen können sich (anders als Suffixe
an Präpositionen) nicht auf das Subjekt desselben
Satzes zurückbeziehen (reflexiv). Darum kommen Suffixe
der 1. Person nicht an Personalformen der 1.Person,
Suffixe der 2.Person nicht an Personalformen der 2.Per-
son vor.
Zum Ausdruck reflexiver Beziehungen stehen die refle-
xiven Verbalstämme Nif´al und Hitpa´el zur Verfügung.

33.2 Die Form der Suffixe

Suffixe haben an Verb und Nomen grundsätzlich die gleiche Form (vgl. § 11.2.1). Nur das Suffix der 1.s. lautet beim Verb anders: נִי.[3])

	1.	2.m	2.f	3.f	3.m
Singular	נִי	הֵ	ךְ	הָ	הוּ
				oder הָ	oder וֹ
					oder יו.
				(s.unten 33.6)	
Plural	נוּ	כֶם	nicht belegt	ן	ם

---
(1) Dies stimmt nicht immer mit deutschem Sprachdenken überein,
    z.B.: גְּדֵלַנִי = er ist mir aufgewachsen (Hi 31,18).
(2) Ausnahmen sind z.B.: וְהִתְנַחֲלוּם(Hitp)(Jes 14,2), וַיְלַחֲמֻנִי(Ni)
    (Ps 1o9,3).
(3) Als reduzierte Pronomina lassen die Suffixe ihre Grundform z.T.
    noch erkennen. Ähnliches finden wir im Deutschen in nachläs-
    siger Umgangssprache: "da hatterne" für: "da hat er ihn", "wir
    machense" für: "wir machen sie".

33.3   Die Betonung der Suffixformen

33.3.1   Im allgemeinen werden Verbformen mit Suffixen auf dem
Vokal vor dem Suffix betont,

33.3.1.1   also meist auf der vorletzten
Silbe:

33.3.1.2   bei den Suffixen הֶ‎ ם und ן
auf dem Bindevokal:

יִקְטְלֻנִּי
יִקְטְלֶם

33.3.2   Endbetont sind:

33.3.2.1   Formen mit dem schweren Suffix כֶם‎ :

33.3.2.2   afformativlose Formen mit
dem Suffix ךָ (i.K.):

33.3.2.3   Formen mit den kontrahierten Suffixen ‎וֹ‎ , יו‎ . und הָ
(s.unten 33.6):

יִקְטְלֶכֶם
יַקְטִילְךָ
הִקְטִילוֹ

33.3.3   Veränderliche Stammvokale werden in entsprechender Entfernung von der Haupttonsilbe verändert (§ 1o). Deshalb
kann die Vokalisation von Suffixformen von der der suf-
fixlosen Formen verschieden sein.

Am auffallendsten ist die
Vokalveränderung im Imperativ
des Kal (2.m.s): Die Suffix-
form hat wie die Form mit He
cohortativum (§ 26.2.3) ein
kurzes å beim I.Radikal:

כְּתֹב
(כָּתְבָה)   כָּתְבֵנִי

33.3.4   Bei allen anderen starken Verbformen mit Suffixen bleiben die charakteristischen Merkmale erhalten, die für
die Analyse der Form wichtig sind.

Einzelheiten:

33.3.4.1   Im Perfekt Kal ist überall
das ā beim I.Radikal ver-
flüchtigt.

33.3.4.2   Im Imperfekt Kal ist das ō
beim II.Radikal entweder
verflüchtigt

oder zu å gekürzt.

כְּתָבַתְנִי	:	כָּתְבָה
כְּתָבֻנִי	:	כָּתְבוּ
יִקְטְלֵנִי	:	יִקְטֹב
יִקְטְלְךָ	:	יִקְטֹב

33.3.4.3	Der Imperfekt-Vokal a ist in Suffix-Formen regelmäßig als langes ā erhalten.
33.3.4.4	Das ē im Piʿel ist wie das ō im Kal verflüchtigt
	oder gekürzt (ē zu ä).
33.3.4.5	Im Hifʿil steht in allen Suffix-Formen langes ī beim II. Radikal.

יִלְבָּשֵׁנִי	: יִלְבַּשׁ
יִלְבָּשׁוּנֵנִי	: יִלְבְּשׁוּ
יְכַתְּבֵנִי	: יְכַתֵּב
יְכַתֶּבְךָ	: יְכַתֵּב
וַיְכַתִּיבֵנִי	: יְכַתֵּב

33.4 Alte Formen

In Perfekt-Formen mit Suffixen haben sich einige alte Bildungsweisen erhalten.

33.4.1	In der 3.m.s. ist altes,auslautendes kurzes a vor dem Suffix נִי erhalten.	⁺kataba > כְּתָבַנִי
	Auch das a der Endung ָה ist vor נִי kurz.	כְּתָבָתַנִי
33.4.2	In der 3.f.s. erscheint die Feminin-Endung ת_, an die Suffixe direkt antreten.	⁺katabat > כְּתָבַתְנִי
33.4.2.1	Vor Suffixen, die nur aus einem Konsonanten bestehen, sind kurze Hilfsvokale eingeschoben.	כְּתָבַתְךָ
		כְּתָבַתַם
33.4.2.2	Das ה des Suffixes הוּ kann dem ת assimiliert sein.	כְּתָבַתּוּ > כְּתָבַתְהוּ
33.4.3	In der 2.f.s. erscheint die Endung תִי (statt תְ).	כְּתַבְתִּינִי
33.4.4	In der 2.m.pl. erscheint die Endung תוּ (statt תֶם).	כְּתַבְתּוּנִי

33.4.5 Suffixe an den femininen Pluralformen der Präformativ-Konjugation kommen nicht vor.

33.4.6 Übersicht   (s. nächste Seite)

33.4.6 Übersicht

statt	יָנִ֫_	:	יָנִ֫_	כְּתַבְתָּ֫נִי	>	פְּתַבְתָּ֫נִי
				כָּתַב	>	כְּתָבֵ֫נִי
statt	הָ_	:	תְ_	כְּתָבָ֫ה	>	פְּתָבַ֫תְנוּ
statt	תִ֫	:	תְּי	כְּתַבְתְּ	>	כְּתַבְתִּ֫ינוּ
statt	תֶּ֫ם	:	תֶ֫ו	כְּתַבְתֶּ֫ם	>	כְּתַבְתֶּ֫ונוּ
statt	נָה		נ	תִּכְתֹּבְנָה	>	תִּכְתְּבֹ֫ונוּ

33.5 Bindevokale

Zwischen konsonantisch auslautenden Verbformen und Suffixen sind Bindevokale eingefügt.

33.5.1 Nur vor dem schweren Suffix כֶם und vor הָ (i.K.) stehen keine Bindevokale (s.o. 33.3.2).

יְקַטֶּלְכֶם   יְקַטֶּלְךָ

יַקְטִילְכֶם   פְּתָבֹךְ

33.5.2 Die Bindevokale sind:

ā	ē (oder ă)
vor Suffixen der 1. und 3. Person im Perfekt	in allen anderen Fällen
z.B.: Perfekt	Imperativ
כְּתָבָ֫הוּ	כְּתָבֵ֫הוּ
כְּתָבַ֫נִי	כָּתְבֵ֫נִי
הִכְתִּיבָ֫נוּ	הַכְתִּיבֵ֫נוּ

33.6 Kontrahierte Formen

Die Suffixe der dritten Person Singular können durch Kontraktion mit dem voraufgehenden Vokal besondere Formen annehmen:

33.6.1   i + הֻ   wird   יו.   כְּתַבְתִּיו : כְּתַבְתִּי

33.6.2   ā + הֻ   wird   וֹ   כְּתַבְתּוֹ : כְּתַבְתָּ

33.6.3   a + הָ   wird   הָ [4)   כְּתַבְתָּהּ : כְּתַבְתָּ

<u>33.7</u>   <u>Nun energicum</u>

33.7.1   Reste eines alten Modus energicus in der Präformativ-
          Konjugation ([+]jaktuban) scheinen in Suffixformen vor-
          zuliegen, die Dagesch forte zeigen. Hier ist ein Nun
          assimiliert.

33.7.2   Solche Suffixe mit "Nun energicum" kommen nur bei af-
          formativlosen Formen des Imperfekts vor und stehen be-
          sonders häufig in Pausa. Ein Bedeutungsunterschied zu
          anderen Suffixformen ist nicht zu erkennen.

33.7.2.1 Suffix 1.s. נִי
          mit Nun energicum: נִּי.   יִכְתְּבֵנִי < [+]jaktuban-ni

33.7.2.2 Suffix 2.m.s ךָ
          mit Nun energicum: ךָּ.   יִכְתְּבֶךָּ < [+]jaktuban-ka

33.7.2.3 Suffix 3.m.s הֻ
          mit Nun energicum: נּוּ.   יִכְתְּבֶנּוּ < [+]jaktuban-hu

33.7.2.4 Suffix 3.f.s. הָ
          mit Nun energicum: נָּה.   יִכְתְּבֶנָּה < [+]jaktuban-ha

<u>33.8</u>   <u>Suffixe an Nominalformen des Verbs</u>

33.8.1   Suffixe am Partizip be-
          zeichnen das Objekt der
          Handlung.

          | שֹׁפֵט einer, der richtet |
          | שֹׁפְטוֹ der, der ihn rich-tet, |
          | sein Richter |

---

(4) Die Form: הָ kommt auch im Imperfekt vor, wo regelmäßig der
    Bindevokal e (oder ä) stehen müßte: יִכְתְּבָה oder יִכְתְּבָהּ .

33.8.2.1 Suffixe am Infinitiv be-
          zeichnen teils, wie bei

לִשְׁפֹּט	zum Richten
5) לְשָׁפְטוֹ	zu seinem Richten, um ihn zu richten

          Personalformen des Verbs,
          das Objekt der Handlung.

33.8.2.2 Teils bezeichnen sie, wie
          beim Nomen, die Zugehö-

כְּשָׁפֹט	beim Richten
5) כְּשָׁפְטוֹ	bei seinem Richten/ als er richtete

          rigkeit, also das Sub-
          jekt der Handlung.

33.8.3   Die Form der Suffixe ist bei Nominalformen des Verbs
          die gleiche wie bei allen Nomina (§ 17).

33.8.3.1 Nur beim Infinitiv kommt
          das Suffix der 1.s. in
          zwei Formen und zwei
          Funktionen vor:
          als ־ִי zur Bezeichnung des
               Subjekts und

5) לְשָׁפְטִי	damit ich richte
לְשָׁפְטֵנִי	um mich zu richten

          als ־ֵנִי zur Bezeichnung des
                Objekts

33.8.4   Bindevokale sind: vor Suffixen der 3.Person a, sonst e.

33.8.5   Kontraktionen:
          ־ָהוּ wird zu וֹ (vgl.oben 33.6.2), ־ָהָ wird zu ־ָהּ .

33.8.6.1 Der Infinitiv Kal hat vor Suffixen kurzes å beim I.Ra-
          dikal (wie der Imperativ Kal mit He cohortativum oder
          mit Suffix): כְּתֹב > כָּתְבִי כָּתְבְךָ כָּתְבָהּ

          Bisweilen steht auch kurzes å beim II.Radikal: כְּתָבָהּ

33.8.6.2 Das ē im Infinitiv Pi'el ist verflüchtigt oder gekürzt:
                              כתב > כַּתְּבֵנִי כַּתֶּבְךָ

33.8.6.3 Das lange Ī im Hif'il ist vor Suffixen unverändert:
                    הַכְתִּיב > הַכְתִּיבֵנִי הַכְתִּיבְךָ

---

(5) Zur Vokalisation s. unten § 33.8.6.1

34 | Starke Verben mit Gutturalen

34.1 Allgemeines

Wegen der Vokalisations-Besonderheiten bei Gutturalen
(vgl. § 9) weichen Verbformen, in denen Gutturale vorkom
men, zum Teil im Klang von denen des normalen starken
Verbs ab.

34.1.1   Je nachdem, ob der I., II. oder III.Radikal ein Guttural ist, klassifiziert man diese Verben in solche
primae gutturalis (I.gutt.),
mediae gutturalis (II.gutt.) und
tertiae gutturalis (III.gutt.).

34.1.2   Gemeinsam ist allen diesen Verben, daß beim Guttural
als verflüchtigter Vokal nicht Schwa mobile, sondern
ein Ḥatef-Laut steht. Dieser Ḥatef-Vokal ist meist
Ḥatef-Pataḥ; bei Alef kommt auch Ḥatef-Segol vor.(vgl.
§ 9.1).

34.1.3   Schließt der Guttural eine Silbe (§ 9.3), kann eine harte Verbindung (mit Schwa quiescens) oder eine weiche
Verbindung (mit Silbenaufsprengung) gewählt sein.

34.1.4   Sollte der Guttural eigentlich geschärft sein (§ 9.2),
tritt Ersatzdehnung oder virtuelle Verdoppelung auf.
Dies gilt auch für Resch.

34.1.5   Steht der Guttural am Ende des Wortes, so gelten besondere Auslaut-Regeln (§ 9.4.2).

34.2   Verben mit Guttural als I.Radikal (Verben primae gutturalis)

34.2.1   Tabellarische Übersicht s. nächste Seite

34.2.1.1 Wenn der I.Radikal eine Präformativsilbe schließt (s.
erste und zweite Spalte der Tabelle), stehen in der
durch den Guttural geschlossenen Silbe statt i die
kurzen Vokale ä [1] und a [2].

---

(1) Das ä im Präformativ des Kal (bei Imperfekt-Vokal a), im Perfekt Nif`al und Perfekt Hif´il ist aus i abgelautet (§ 2.1.4.2)
Ein Alef (א) im Präformativ oder am Wortanfang bewirkt Ablaut
des a zu ä.
(2) Im Imperfekt Kal mit dem Imperfekt-Vokal u ist das a im Präformativ ursprünglich (§ 25.3.2). Darüber hinaus kann a auftreten, wo eigentlich ä zu erwarten wäre, und zwar im Pf.Ni
und in einigen Formen des Pf.cons. Hif´il.

34.2.1.2 Häufiger als die harte Verbindung kommt Silbenaufsprengung vor (s. dritte Spalte der Tabelle): Der kurze Vokal der Präformativsilbe wird nach dem Guttural als
Hatef-Vokal wiederholt.

34.2.1.3 Wenn der Vokal in der Stammsilbe in entsprechender Entfernung von der Haupttonsilbe verflüchtigt ist (s.
vierte Spalte der Tabelle), entsteht bei dem Guttural
wieder ein kurzer, voller Vokal. Beim II.Radikal steht
Schwa quiescens (§ 9.1.3, § 1o.4).

34.2.1.4 Tabellarische Übersicht:

	starke Verben ohne Guttural	Verben I.gutt		
Impf.Kal				
Impf.-Vok. u	יִכְתֹּב	יַעֲבֹד	יַעֲבֹד	יַעַבְדוּ
mit Alef	אֶכְתֹּב	אֶעֱבֹד	אֶעֱבֹד	
		יֶאֱסֹר	יֶאֱסֹר	יֶאֶסְרוּ
Impf.-Vok. a	יִכְבַּד	יֶחֱפַם	יֶחֱכַם	יֶחְכְמוּ
Perf.Nif´al	נִכְתַּב	נֶעֱבַד	נֶעֱבַד	נֶעֶבְדוּ
Perf.Hif´il	הִכְתִּיב	הֶעֱבִיד	הֶעֱבִיד	
Impf.Hif´il	יַכְתִּיב	יַעֲבִיד	יַעֲבִיד	
Perf.Hof´al	הָכְתַּב	הָעֳבַד	הָעֳבַד	הָעֳבְדוּ[3]
Impf.Hof´al	יָכְתַּב	יָעֳבַד	יָעֳבַד	יָעֳבְדוּ

34.2.2 Formen mit Ersatzdehnung

In der Imperfekt-Klasse des Nif´al haben die Verben I.
gutturalis und I.Resch statt der geschärften eine offene
Präformativsilbe mit langem Vokal (Ersatzdehnung i > ē,
vgl. § 9.2).   יִפָּתַב   יֵעָבֵד

----

(3) Im Hofál ist - trotz Meteg - Qames-ḥatuf zu lesen (vgl. §
8.4, Anm 1).

        Verben mit Guttural oder Resch
34.3   als II.Radikal (Verben mediae gutturalis)

34.3.1 Zu beachten sind hier vor allem die Doppelungsstämme,
        in denen der II.Radikal eigentlich verdoppelt sein
        müßte. Stattdessen kommt Ersatzdehnung oder virtuelle
        Verdoppelung vor (§ 9.2 mit Anm. 1 und 2).

34.3.1.1 Bei א und ר ist meist Ersatzdehnung eingetreten, bei
          den anderen Gutturalen virtuelle Verdoppelung.

34.3.1.2 Übersicht:

	Ersatz-dehnung		virtuelle Verdoppelung
Perf.Pu'al כֻּתַּב	u > ō	בֹּרַךְ	נֶחַל
Perf.Pi'el כֻּתַּב	i > ē	בֵּרַךְ [4]	נֶחַל
Impf.Pi'el יְכַתֵּב	a > ā	יְבָרֵךְ	יְנַחֵל

34.3.1.3 Imperfekt-consecutivum-Formen mit Ersatzdehnung können (im Pi und Hitp) auf der vorletzten Silbe betont sein (§ 25.4.2.3).   וַיְבָרֶךְ

34.3.2 Aufgesprengte Silben be-
        gegnen im Imperativ Kal: Impt.pl: אֱכֹבוּ

        Verben mit Guttural als III.Radikal
34.4   (Verben tertiae gutturalis)

34.4.1 Zu dieser Gruppe ghören nur die Verben, deren letzter
        Konsonant 'Ajin (ע), Het (ח) oder konsonantisches He
        (ה) ist. Alef und He am Ende eines Wortes sind Vokal-
        buchstaben (§§ 39 und 40).

34.4.2 Einem Guttural am Ende des Wortes muß a voraufgehen.
        Andere Vokale sind entweder durch a verdrängt, oder
        es ist hinter ihnen Pataḥ furtivum eingeschoben.

----

(4) Bei Verben mediae gutturalis und mediae Resch steht im Pf.Pi
    oft a statt e als 2.Vokal (§ 31.2.1).

34.4.2.1 Unverdrängbar sind:

ō	Inf.Kal:	כָּתֹב	שָׁלֹחַ
ū	Ptz.Pass.Kal:	כָּתוּב	שָׁלוּחַ
ī	Perf.Hi:	הִכְתִּיב	הִשְׁלִיחַ

34.4.2.2 Voraufgehendes ē
ist erhalten in
den Pausa-Formen
des finiten Verbs
und den absolutus-
Formen der Verbal-
Nomina.

Ein ē wird verdrängt
in den Kontext-
Formen des finiten
Verbs und in den
constructus-Formen
der Verbal-Nomina.

z.B.:

שָׁלֵחַ	כָּתֵב	שָׁלֵחַ
שָׁלֵחַ = st.a.	כֹּתֵב = st.a.·Ptz / st.c.	שֹׁלֵחַ = st.c.
הִשָּׁלֵחַ = inf.a.	הִכָּתֵב = inf.a.·Ni / inf.c.	הִשָּׁלֵחַ = inf.c.

34.4.3 In der 2.f.s. der Afformativ-Konjugation aller Stämme,
bei der der III.Radikal mit der Endung תּ eine geschlossene Silbe bildet, ist bei den Verben III.gutt. der
doppelte Silbenschluß durch einen Hilfsvokal aufgehoben.

שָׁלַחַתְּ : כָּתַבְתְּ 5)

34.4.4 Auch die Feminin-Form des Partizips auf ת hat bei diesen
Verben den Hilfsvokal a:

שֹׁלַחַת : כֹּתֶבֶת

34.4.5 Vor dem konsonantischen Afformativ נָ steht in allen
Stämmen a.

----

(5) Trotz des voraufgehenden Vokals bleiben Dagesch lene und Schwa
quiescens als Kennzeichen der 2.f.s.Pf. erhalten.

35	Schwache Verben mit Alef als I.Radikal (Verben א´פ)

> אכל essen
>
> אמר sagen

35.1 Übersicht

35.1.1 Die meisten Verben mit א als I.Radikal sind starke Verben. Nur acht Verben haben schwache Formen:

אבד zugrundegehen, אכל essen,   אמר sagen

אבה wollen[1],   אפה backen[1],

אהב lieben[2],   אסף sammeln[2], אחז fassen[2].

35.1.2 Schwache Formen gibt es nur im Imperfekt Kal, bei אמר auch im Infinitiv Kal.

35.2 Imperfekt Kal

35.2.1 In den schwachen Formen hat das א seinen konsonantischen Charakter verloren. Dadurch ist die Präformativsilbe offen; in ihr steht langes $\bar{o}$ [3].

35.2.2 Der ursprüngliche **Imperfekt**-Vokal u[4] ist durch einen der anderen Imperfekt-Vokale ersetzt, um die Vokalfolge $\bar{o}$ - $\bar{o}$ zu vermeiden (Dissimilation).

Als Vokale beim II.Radikal stehen:

	a oder $\bar{e}$ (<i).
יֹאכַל	וַיֹּאכְלוּ
יֹאמַר	
וַיֹּאמֶר	וַיֹּאמֶר

---

(1) אבה und אפה sind zugleich Verben ל´ה (§ 39.6).
(2) Diese drei Verben haben sowohl starke als auch schwache Formen im Imperfekt Kal.
(3) Der ursprüngliche Präformativvokal a ist in der offenen Silbe gedehnt zu langem $\bar{a}$, das zu $\bar{o}$ gewandelt wurde (§ 2.1.4.1).
(4) Vgl. z.B. den Imperativ: אֱמֹר.

35.2.3 In entsprechender Entfernung von
        der Haupttonsilbe ist der zweite
        Vokal verflüchtigt (§ 1o.2): 5)

יֹאכְלֵ֫ג
יֹאכְלֵ֫הוּ
אֹכַל
וָ֫אֹסֵף

35.2.4 In Formen der 1.sg. ist der I.
        Radikal Alef auch in der Schrift
        immer ausgefallen.

        Bei אָסֹף kommen auch andere Formen
        ohne Alef vor.

<u>35.3</u> Der Infinitiv Kal von אמר mit לְ

        Der Infinitiv Kal von אמר hat nur in der Verbindung mit
        לְ eine schwache Form: לֵאמֹ֫ר 6)

                    neben: בֶּאֱמֹ֫ר

| 36 | Schwache Verben mit Nun
als I.Radikal (Verben פ״נ) |
|---|---|

נפל	fallen
נגשׁ	herzutreten
נגע	berühren
נתן	geben
(לקח	nehmen)

<u>36.1</u> Formen mit Assimilation

36.1.1 Am Ende einer Silbe hat sich der Konsonant נ im allge-
        meinen nicht gehalten, sondern sich dem folgenden Kon-
        sonanten assimiliert, der darum verdoppelt erscheint.

----
(5) In Suffix-Formen wird der Vokal der zweiten Silbe nicht zu
    Vorton-Qames gedehnt (§ 33.3.4.3), da es sich hier ja nicht
    um den Imperfekt-Vokal a handelt.
(6) Vgl. לֵאלֹהִים: § 12.3.1.4.

36.1.2 Darum finden sich schwache Formen überall da, wo der
        I.Radikal eine Präformativsilbe schließt.
        Merkmal der Formen mit assimiliertem Nun ist ein Da-
        gesch forte im II.Radikal[1].

36.1.3 Übersicht über die schwachen Formen mit Assimilation:

Imperfekt Kal	$^+$jin-pol	>	יִפֹּל
Perfekt Nif´al[2]	$^+$nin-pal	>	נָפַל
Perfekt Hif´il	$^+$hin-pil	>	הִפִּיל
Imperfekt Hif´il	$^+$jan-pil	>	יַפִּיל
Perfekt Hof´al	$^+$hun-pal	>	הֻפַּל
Imperfekt Hof´al	$^+$jun-pal	>	יֻפַּל

36.1.4 In Verben II.gutturalis ist in diesen Fällen das Nun
        erhalten. Verben II.gutt. mit Nun als I.Radikal bilden
        also immer starke Formen. Ausnahme: נִחַם (Ni) "bereuen"
        mit virtueller Verdoppelung.

36.2 Schwache Imperative und Infinitive

        Verben פ´נ mit dem Imperfekt-Vokal a (sofern sie nicht
        Verben II.gutturalis sind - s.oben 36.1.4) haben darü-
        ber hinaus im Kal schwache Imperativ- und Infinitiv-
        Formen. In diesen Formen ist das Nun ersatzlos ausge-
        fallen (Apheresis):

36.2.1 Die Imperative des Kal lauten: גַּשׁ

                        גְּשָׁה גְּשׁוּ גְּשִׁי גְּשָׁ גְּשֶׁנָה

36.2.2 Im Infinitiv des Kal ist an die zweiradikalige Basis
        - z.B. $^+$gaš - die Endung ת konsonantisch angefügt und

---

(1) Das Dagesch kann ausfallen, wenn der II.Radikal nicht zur Grup-
    pe der "Begadkefat" gehört und bei ihm Schwa steht (§§ 5.2.2.2;
    6.1.3).
(2) Perf.Pi und Perf.Ni stimmen bei Verben פ´נ überein: Im Nif´al
    ist Nun mit folgendem Dagesch forte Präformativ mit Assimila-
    tion des I.Radikals, im Pi´el ist das Nun I.Radikal und das
    Dagesch Stammesmerkmal des Doppelungsstammes.

der doppelte Silbenschluß durch einen Hilfsvokal aufgehoben (vgl. § 18.1).

36.2.2.1	Infinitiv: $^{+}$gaš-t >	גֶּ֫שֶׁת
36.2.2.2	Präfixe stehen davor oft mit Vorton-Qames:	לָגֶ֫שֶׁת
36.2.2.3	Suffixformen sind (vgl. § 18.2) von der Grundform aus gebildet:	גִּשְׁתּוֹ [3]
36.2.2.4	Bei Verben III.gutturalis ist der Hilfsvokal a:	גַּ֫עַת לָגַ֫עַת גָעְתּוֹ

36.3 Das Verb נתן

36.3.1   Im Perfekt Kal wird der III.Radikal folgendem נ assimiliert: $^{+}$natan-ta > נָתַ֫תָּ , $^{+}$natan-t > נָתַ֫תְּ .

36.3.2   Im Imperfekt Kal[4] steht als Imperfekt-Vokal i, in der
Tonsilbe gedehnt zu $\bar{e}$ (§ 2.1.6).
Der zugehörige Präformativ-Vokal a (§ 25.3.2) erscheint
immer als i (§ 1o.4.2).

36.3.2.1	$^{+}$jan-tin$\'a$ > $^{+}$jin-té̄n >	יִתֵּן
36.3.2.2	Der Stammvokal e ist vor vo- kalischen Afformativen und vor Suffixen verflüchtigt:	יִתְּנוּ אֶתְּנֶ֫נָּה
36.3.2.3	In unbetonter, geschlossener Silbe steht ă:	יִתְּנֶ֫הָ

Formen mit konsonantischem Afformativ sind nicht belegt.

36.3.3	Die Imperative des Kal lauten (mit Apheresis des Nun - s.o. 36.2.1):	תֵּן (תְּנָה תְּנִי תְּנוּ)

36.3.4   Der Infinitiv des Kal wird (s.o. 36.2.2) mit Apheresis
des Nun und der Endung ת gebildet. Als Stammvokal steht
der (gedehnte) Imperfekt-Vokal.

---

(3) Zum Wechsel von i und a vgl. § 1o.4.2.
(4) Von den anderen Stämmen ist nur das Perfekt Nifʿal: נִתַּן belegt.
    Die Hofʿal-Form יֻתַּן hat die Bedeutung eines Passivs zum Kal,
    ist aber in den Lexika unter Hofʿal aufgeführt.

36.3.4.1   Aus ⁺tin-t wird durch Assi-
           milation des Nun ⁺titt >

תֵּת

36.3.4.2   Präfixe stehen davor oft mit
           Vorton-Qames:

לָתֵת

36.3.4.3   Suffixformen sind von der
           Grundform ⁺titt- aus gebildet:

לְתִתִּי

36.4   Das Verb לקח

Das Verb לקח hat in der Imperfekt-Klasse des Kal schwache Formen, als ob es zur Klasse der Verben פ׳נ gehörte. Der Grund dafür ist wohl seine Bedeutung (nehmen),
durch die es zu נתן (geben) in Beziehung steht[5].

36.4.1   Imperfekt Kal mit Assimila-
         tion des ל im ק: [6]

יְקָחֻ   יִקַּח   יִקַּח

36.4.2   Imperativ Kal mit Apheresis
         des ל :

קַח

36.4.3   Infinitiv Kal mit Apheresis
         und der Endung ת , Hilfsvo-
         kal ist a,

         Präfixe mit Vorton-Qames,

         Suffix-Formen von der Grund-
         form ⁺qaht- aus.

קַחַת
לָקַחַת
לְקַחְתּוֹ

36.5   Doppelt schwache Verben

36.5.1   Das Verb נשׂא (aufheben)

36.5.1.1   Formen mit Assimilation des
           Nun und mit langem Vokal
           (vgl. § 4o) begegnen im
           Imperfekt Kal und im Perfekt
           Nif´al:

יִשָּׂא
נִשָּׂא

---

(5) Das Perfekt Nif´al hat starke Formen (נִלְקַח). Perf.-Pu´al-For-
    men wie לֻקַּח und Impf.-Hof´al-Formen wie יֻקַּח haben die Bedeutung
    eines Passivs zum Kal.
(6) Bei Formen mit verflüchtigtem Imperfekt-Vokal steht in der
    Regel kein Dagesch forte im ק : וַיִּקְחֻ (vgl. § 5.2.2.2; 6.1.3).

36.5.1.2 Besonders zu merken ist der
          Imperativ Kal:

          und der Infinitiv Kal:

שְׂאִי שָׂא	
שְׂאֵת	
aber: לָשֵׂאת	

36.5.2 Das Verb נבא (Ni und Hitp: als Prophet wirken)

Doppelt schwache Formen mit
Assimilation und mit vokalischem Alef (vgl. § 4o) begegnen im Nif'al:

נָבָּא
וַיִּבָּאֵת

36.5.3 Die Verben נכה (Hi: schlagen) und נטה (Kal: ausstrecken
        Hi: beugen) sind unter § 39 - Verben Lamed-He- behandelt

37

Schwache Verben mit Jod
als I.Radikal (Verben פ´י))

יטב gut sein

37.1 Allgemeines

37.1.1 Schwache Formen der wenigen Verben פ´י kommen nur im
        Imperfekt Kal und im Hif'il vor[1].

37.1.2 Formen des Imperativs und des Infinitivs Kal[2] sowie
        Nif'al und Hof'al-Formen sind nicht belegt.

---

(1) Neben dem häufigen Verb יטב gehören zu dieser Gruppe nur die
    (recht seltenen) Verben:
    ילל (Hi) heulen
    ימן (Hi) sich nach rechts wenden
    ינק saugen
    יקץ erwachen
    ישן schlafen

Das Verb ישׁר "gerade/recht sein" hat Hif'il-Formen wie die
Verben פ´ו (§ 38.5).
(2) Die einzig vorkommende Infinitiv-Form ist לִישֹׁן "zu schlafen".

37.2 Schwache Formen mit Ī im Präformativ (Imperfekt Kal)

37.2.1   Alle Verben פ׳׳י haben den Imperfekt-Vokal a.

37.2.2   Der zugehörige Präformativvokal i
         (§ 25.3.2) ist mit dem I.Radikal
         zu langem Ī kontrahiert (§ 2.1.5.2):   ⁺jij-ṭab > יִיטַב

37.2.3   Die offene Präformativsilbe bleibt
         auch vor betonten Endungen erhalten: יִיטְבוּ

37.3 Schwache Formen mit ē im Präformativ (Hifʿil)

37.3.1   In der Imperfekt-Klasse des Hifʿil
         ist der Präformativvokal a mit dem
         I.Radikal zu langem ē kontrahiert
         (§ 2.1.5.1)[3]:   ⁺jaj-ṭib > יֵיטִיב

37.3.2   Im Imperfekt consecutivum kann die
         vorletzte Silbe betont sein: וַיֵּיטֶב

37.3.3   Auch im Perfekt Hifʿil steht in
         der Präformativsilbe unverän-
         derliches langes ē [4]:   הֵיטִיב

---

(3) Nur an der Hifʿil-Bildung sind die Verben פ׳׳י als solche zu
    erkennen (vgl. § 38.1 und 4).

(4) Das lange ē im Präformativ des Perf.Hi. ist entweder kontra-
    hiert aus dem ursprünglichen Präformativ-Vokal a (§ 32.2) mit
    dem I.Radikal oder beruht auf Analogiebildung zur Imperfekt-
    Klasse.

| **38** | Schwache Verben mit ursprünglichem Waw als I. Radikal   (Verben פ׳ו) |

38.1   Allgemeines

38.1.1   Waw ist im Anlaut fast überall zu Jod geworden. Folg-
lich sind die Verben פ׳ו im Lexikon unter Jod (י) aufgeführt.

38.1.2   Waw erscheint als Konsonant nur in der Imperfekt-Klasse
des Nif῾al und manchmal im Hitpa῾el[1].

38.1.3   Schwache Formen gibt es

38.1.3.1   da, wo der I.Radikal eine Präformativsilbe schließt
(s.unten 38.3 und 4),

38.1.3.2   und bei Verben mit dem Imperfekt-Vokal i auch im Imperativ und Infinitiv Kal (s. unten 38.2).

38.2   Schwache Imperative und Infinitive

> יָשַׁב   sich niederlassen/
> sitzen/wohnen

Bei Verben mit dem Imperfekt-Vokal i sind Imperativ
und Infinitiv des Kal mit Apheresis des Waw gebildet
(vgl. § 36.2).

38.2.1   Der Imperativ lautet: שֵׁב   (שְׁבוּ   שְׁבִי   שֵׁבְנָה)

38.2.2   Im Infinitiv ist an die zweiradikalige Basis ⁺šib- die
Endung ת konsonantisch angefügt und der doppelte Silbenschluß durch einen Hilfsvokal
aufgehoben (§ 18 und 36.2.2)

שֶׁבֶת

---

(1) z.B. יתר Ni: übrigbleiben: יִוָּתֵר ; ידע Hitp: sich zu erkennen
geben: הִתְוַדַּע.

38.2.2.1 Präfixe sind vor dem Infinitiv meist mit Vorton-Qames
vokalisiert:

לָשֶׁבֶת
לְשִׁבְתִּי

38.2.2.2 Suffixformen sind von der
Grundform -⁺šibt - aus gebildet (§ 18.2):

38.3 Formen mit ē in der offenen Präformativsilbe (Imperfekt Kal mit Imperfekt-Vokal i)

38.3.1 Verben mit dem Imperfekt-Vokal i bilden alle Formen des
Imperfekt Kal mit Apheresis des Waw (vgl. § 36.2 und
oben, 38.2).

38.3.2 In der offenen Präformativsilbe steht überall unveränderliches langes ē [2]:

יֵשֵׁב
יֵשְׁבוּ
וַיֵּשֶׁב

38.3.3 Im Imperfekt consecutivum
kann die vorletzte Silbe
betont sein (§ 25.4.2.3):

38.4 Formen mit ī in der offenen Präformativsilbe (Imperfekt Kal mit Imperfekt-Vokal a)

יָבֵשׁ   trocken sein

Verben mit dem Imperfekt-
Vokal a haben die gleichen
Formen wie die Verben פ״י
(§ 37.2): In der offenen
Präformativsilbe steht unveränderliches langes ī,
das a beim II.Radikal ist
veränderlich:

יִיבַשׁ
יִיבְשׁוּ

38.5 Formen mit ō bzw. ū in der offenen Präformativsilbe (Perfekt Nifʿal, Hifʿil und Hofʿal)

38.5.1 Durch Kontraktion des Präformativ-Vokals mit dem I.
Radikal ist im Perfekt Nifʿal und im ganzen Hifʿil

----

(2) Das unveränderliche e ist entweder aus aj kontrahiert (§
2.1.5.4), oder der Präformativ-Vokal hat sich dem Imperfekt-
Vokal i angeglichen und wurde dann in der offenen Silbe zu
e gedehnt; dann wäre das e in Analogie zu allen anderen Prä-
formativ-Vokalen in dieser Verbklasse unveränderlich geblieben.

unveränderliches langes ō entstanden[3].

	impt.	inf.
38.5.1.1 Perfekt Nif'al: נוֹשַׁב		
38.5.1.2 Imperfekt-Klasse Hif'il: יוֹשִׁיב	הוֹשֵׁב	הוֹשִׁיב
38.5.1.3 Impf.-cons.Hif'il: וַיּוֹשֶׁב		
38.5.1.4 Perfekt Hif'il: הוֹשִׁיב		
Partizip Hif'il: מוֹשִׁיב		
38.5.2 Im Hof'al ist der Prä- formativvokal u mit dem I. Radikal Waw zu lan- gem ū kontrahiert: הוּשַׁב יוּשַׁב		

38.6   Verben mit Besonderheiten

In dieser Verbklasse gibt es viele Verben mit Besonderheiten in der Formenbildung. Es können hier nur die
wichtigsten behandelt werden. Im übrigen ist das Lexikon zu vergleichen.

	Impf.	Impf. cons.	Impt.	Inf.
38.6.1 Das Verb הלך (gehen) Im Imperfekt Kal sind al- le Formen analog zum Verb פ'ו mit dem Imperfekt-Vo- kal i gebildet:	יֵלֵךְ יֵלְכוּ תֵּלַכְנָה	וַיֵּלֶךְ	לֵךְ לְכָה לֵכְנָה	לֶכֶת לָלֶכֶת לָלֶכְתּוֹ
Auch das Hif'il ist ganz nach פ'ו gebildet:	יוֹלִיךְ	וַיּוֹלֶךְ		

---

(3) Auch im Perfekt Hif'il ist die Entstehung des unveränderlichen
Präformativ-Vokals nicht ganz deutlich: Es kann der vielleicht
ursprüngliche Präformativ-Vokal a mit Waw kontrahiert sein;
es kann sich aber auch um Analogiebildung zum Imperfekt Hif'il
handeln.

	Impf.	Impf. cons.	Impt.	Inf.

38.6.2 Das Verb יָדַע (erkennen)

Trotz des Imperfekt-Vokals a sind alle Formen der Imperfekt-Klasse des Kal mit Apheresis des Waw gebildet:

	Impf.	Impf. cons.	Impt.	Inf.
	יֵדַע	וַיֵּדַע	דַּע	דַּעַת
	יֵדְעוּ		דְּעוּ	לָדַעַת
				לְדַעְתּוֹ

38.6.3 Das Verb יָרַשׁ (in Besitz nehmen)

Neben regelmäßigen Imperfekt-Formen mit Imperfekt-Vokal a stehen schwache Imperativ- und Infinitiv-Formen mit ē (<i):

	Impf.	Impf. cons.	Impt.	Inf.
	יִירַשׁ		רֵשׁ	רֶשֶׁת
			רְשׁוּ	לְרִשְׁתָּהּ

38.6.4 Das Verb יָצָא (hinausgehen),

ein doppelt schwaches Verb, hat im Kal den Imperfekt-Vokal i und bildet wegen des quieszierenden Alef (א'ל: § 40) einige Formen besonderer Art:

	Impf.	Impf. cons.	Impt.	Inf.
	יֵצֵא	וַיֵּצֵא	צֵא	צֵאת
	יֵצְאוּ		צְאוּ	לָצֵאת
	תֵּצֶאנָה			לְצֵאתוֹ

38.6.5 Das Verb יָרֵא (sich fürchten),

ein doppelt schwaches Verb, hat regelmäßig:

	Impf.	Impf. cons.	Impt.	Inf.
	יִירָא	וַיִּירָא	יְרָא	
	יִירְאוּ			
	תִּירֶאנָה			

unregelmäßig:

	Impf.	Impf. cons.	Impt.	Inf.
			יְרָאוּ	יִרְאָה

38.6.6 Das Verb יָכֹל (können)

Nur hier kommt im Kal der Präformativvokal u vor, der mit dem I. Radikal Waw zu unveränderlichem langem ū kontrahiert ist:

	Impf.	Impf. cons.	Impt.	Inf.
	יוּכַל			
	יוּכְלוּ			

⁺Der (starke) Infinitiv jekōl hat zusätzlich die Endung ת (mit Hilfsvokal):

	Impf.	Impf. cons.	Impt.	Inf.
				יְכֹלֶת

38.7   Verbformen mit geschärfter Präformativsilbe

יָצַת brennen

Verben פ'ו mit Ṣade (צ) als II.Radikal haben schwache
Formen mit Verdopplung des II.Radikals, so daß diese
Formen von solchen der Verben פ' נ nicht zu unterschei-
den sind[4]):

יִצַּת Impf.Kal

נִצַּת Perf.Ni

הִצִּית Perf.Hi

יַצִּית Impf.Hi

----

(4) Es handelt sich nur um wenige Verben:

    יצג Hi   וַיַּצִּג (hinlegen)

    יצע Hi   יַצִּיעַ (Lager ausbreiten)

    יצק Kal יִצֹּק (gießen),   Hi יַצִּיק (ausleeren)

    יצר Kal וַיִּצְרֶהָ (bilden)

    יצת Kal, Ni, Hi - s.o. - (anzünden)

| **39** | Schwache Verben mit auslautendem Vokal
(sogenannte Verben ל״ה) |

| גלה entblößen |
| עשׂה tun/machen |

39.1 Allgemeines

39.1.1 Diese Verben sind ursprünglich Verben ל״י oder ל״ו, deren
Formen sich weitgehend aneinander angeglichen haben.
In Formen ohne Endung ist ה als Vokalbuchstabe für den
auslautenden Vokal an die Stelle des III.Radikals getreten.

39.1.2 Verben mit ursprünglichem ה als III.Radikal sind starke Verben und führen das ה als He mappiqatum (הּ vgl.§
34.4).

39.1.3 Die einzige stark gebildete Form der Verben ל״ה ist das
Partizip Passiv Kal: גְּלֻיִי Nach Auffassung der Masoreten
ist das Jod in dieser Form Konsonant (vgl. § 2.3).

39.2 Schwache Formen

39.2.1 In Formen ohne Afformativ steht ה als Vokalbuchstabe

für einen auslautenden langen Vokal, der in allen Stäm-

men jeweils gleich ist, und zwar:

		Kal	Ni[1)]	Pi	Hi
im Perfekt	ā:	גָּלָה	נִגְלָה	גִּלָּה	הִגְלָה
im Imperfekt und im st.a. des Partizips	ǣ:	יִגְלֶה גֹּלֶה	יִגָּלֶה נִגְלֶה	יְגַלֶּה מְגַלֶּה	יַגְלֶה מַגְלֶה
im st.c. des Partizips und im Imperativ	ē:	גֹּלֵה גְּלֵה	הִגָּלֵה	גַּלֵּה	הַגְלֵה
im absoluten Infinitiv	ē oder ō:	גָּלֹה			הַגְלֵה

39.2.2 Suffixe werden bei Formen ohne Afformativ an den II. Radikal angefügt. Der auslautende Vokal mit dem Vokalbuchstaben ה fällt weg.	גָּלָה + הֻ > גְּלָהֻ(2)	
	יִגְלֶה + הֻ > יִגְלָהֻ	

39.2.3 Vokalische Afformative[3] und die vokalischen Endungen der Partizipien[4] sind betont an den II. Radikal angefügt.	Kal	גָּלוּ גָּלִים	יִגְלוּ
	Ni	נִגְלוּ נִגְלִים	יִגָּלוּ
	Hi	הִגְלוּ מַגְלִים	יַגְלוּ

39.2.4 Die Form der 3.f.s.Perfekt aller Stämme ist mit zwei femininen Afformativen gebildet: ת_ und ה_ . Suffixe sind an die Endung ת_ angefügt (§ 33.4.2):	גָּלְתָה גָּלָתֻנ

39.2.5 Der Infinitiv aller Stämme hat die Endung ת . Davor steht unveränderliches ō (meist plene geschrieben):	inf.Kal גְּלוֹת
	inf.Ni הִגָּלוֹת
	inf.Hi הַגְלוֹת

39.2.6 Vor den übrigen konsonantischen Afformativen steht der ursprüngliche Radikal Jod als Vokalbuchstabe für einen homogenen langen Vokal. Dieser ist: im Perfekt ī oder ē,[5] in Imperfekt und Imperativ ā [5]:	Kal	גָּלִיתָ תִּגְלֶינָה	גְּלֶינָה
	Ni	נִגְלִיתָ תִּגָּלֶינָה	
	Hi	הִגְלִיתָ תַּגְלֶינָה	הִגְלִיתִי

(1 - von Seite 135) Formen mit Präformativ haben am Wortanfang die gleichen Merkmale wie starke Verbformen. Die in der Tabelle aufgeführten Stämme sind nur Beispiele, die sich für Pu, Hitp und Ho leicht ergänzen lassen.

(2) "ahu" wird meist nicht zu "ō" kontrahiert (vgl. § 33.6.2).

(3) He cohortativum kommt nicht vor.

(4) Feminin-Formen der Partizipien mit der Endung ת kommen nicht vor.

(5) Vgl. § 2.1.5.

39.3 Kurzformen

Bei endungslosen Formen der Imperfekt-Klasse[6] gibt es
neben den normalen Formen auf ā oder ē Kurzformen
(apokopierte Formen), bei denen der auslautende Vokal
mit dem Vokalbuchstaben ה ausgefallen und der Ton um
eine Silbe zurückgetreten ist.
Diese Kurzformen werden häufig, aber nicht ausschließlich, als Jussiv (vgl. § 26.2.1, § 51.4) und im Imperfekt consecutivum gebraucht.

39.3.1 Nif´al und Pi´el

Impf.Ni יִגָּלֶה	Kurzformen:	יִגָּל
Impt.Ni הִגָּלֵה		הִגָּל
Impf.Pi יְגַלֶּה		יְגַל
Impt.Pi גַּלֵּה		גַּל

39.3.2 Kal und Hif´il

Impf.Kal יִגְלֶה	Kurzform:	יִגֶל
	Das i der Tonsilbe kann zu e gedehnt sein:	יִגֵל
	Der doppelte Silbenschluß kann durch den Hilfsvokal ä aufge- hoben sein:	יִגֶל
	Dabei kann i in der Tonsilbe auch erhalten bleiben:	יִגֶל
Impf.Hi יַגְלֶה	Kurzform:	יַגֶל
	mit Hilfsvokal ä und Ablaut des a zu ä (§ 18.1.2):	יֶגֶל
Impt.Hi הַגְלֵה	Kurzform:	הַגֶל
	oder:	הֶגֶל

---

(6) Im Imperativ Kal sowie im Pu´al und Hof´al gibt es keine Kurzformen.

39.4 Verben mit Gutturalen

39.4.1 Bei Verben mit Guttural als I.Radikal steht in der aufgesprengten Präformativsilbe (§ 34.2) des Imperfekt Kal meist Patah. In Kurzformen ist der Hilfsvokal a.

	Impf.	Kurzf.
	יַעֲשֶׂה	יַעַשׂ
aber:	אֶעֱשֶׂה	וָאַעַשׂ

39.4.2 Da das unterscheidende Merkmal in der zweiten Silbe wegfällt, stimmen Kal- mit Hif´il-Formen überein:

Hi:	יַעֲשֶׂה	וַיַּעַשׂ

39.4.3 Bemerkenswert sind die Kurzformen zu חנה (sich lagern) und חרה (entbrennen):

	יַחֲנֶה	וַיִּחַן
	יֶחֱרֶה	וַיִּחַר

39.5 Verben mit Besonderheiten

39.5.1 רָאָה (sehen)

Von diesem Verb sind im Kal Kurzformen mit ē und mit a gebräuchlich:

	Impf.	Impf. cons.
	יֵרֶא	וַיֵּרְא [7]
	תֵּרֶא	וַתֵּרְא
	אֵרֶא	וָאֵרְא
	נֵרֶא	

39.5.2 הִשְׁתַּחֲוָה (sich niederwerfen/anbeten)

Ein reflexives Hischtaf´el begegnet in dem Verb הִשְׁתַּחֲוָה. Die Wurzel ist חוה (nicht, wie in den Lexika notiert, שחה)[8]. In Kurzformen ist der Hilfsvokal u:

יִשְׁתַּחֲוֶה	
יִשְׁתַּחֲוּ	וַיִּשְׁתַּחֲוּ
(Singular!:)	וַיִּשְׁתַּחוּ

---

(7) Auch hier ist Kal = Hif´il.
(8) Zur ausführlichen Begründung vgl. die Grammatik von Meyer, §§ 72,1 d; 82, 5 c.

39.5.3
Die Verben הָיָה (sein/werden/geschehen)
und חָיָה (leben)

Beide Verben haben die gleichen Besonderheiten.[9]

39.5.3.1 Ist der Vokal beim I.Radikal
verflüchtigt, so steht Hatef-
Segol[10].

Perf.	הֱיִיתֶם	
Impt.	הֱיֵה	הֱיִי
Inf.	הֱיוֹת	

39.5.3.2 Tritt vor eine derartige Form
ein Präfix, so steht in der
geschlossenen Silbe (§ 1o.2.2.2)
i [11].

וִהְיִיתֶם

וִיהִי

וְהְיוֹת

Das in diese Silbe gesetzte Meteg hat hier nicht die
Aufgabe, einen langen Vokal vor Schwa mobile anzuzeigen.
Es ist geradezu das Gegenteil eines Meteg und soll wohl
nur auf die Unregelmäßigkeit der Vokalisation aufmerksam machen (vgl. § 6.1.3).

39.5.3.3 Auch in der geschlossenen
Silbe des Imperfekts Kal
steht trotz des Gutturals i,
auch hier meist mit Meteg:

Ebenso im Perfekt Nif´al:

Im Hif´il von חיה kommen
regelmäßige Formen vor wie:

		12)
	יִהְיֶה	
	תֶּהֱלֶינָה	
	נִהְיָה	
Perf.	הֶחֱיָה	
Inf.	הַחֲיוֹת	

39.5.3.4 In Kurzformen ist der doppelte Silbenschluß durch
den Hilfsvokal i aufgehoben,
der mit dem folgenden ´ zu Ī
kontrahiert ist (§ 2.1.5; 18.4).
Dieses Ī ist (i.K.) betont.

וַיְּהִי	יְהִי	וִיהִי
	אֱהִי	

(יְהִי)

----

(9) Von חיה lautet die 3.m.s.Perf.Kal auch: חַי

(1o) Ausnahme: 2.f.s.Impt.Kal: הֲיִי

(11) Ausnahme: 2.m.s.Impt.Kal: וֶהְיֵה

(12) Aber: אֶהְיֶה

39.6 Doppelt schwache Verbformen

Bei doppelt schwachen Verben mit auslautendem Vokal
(ל׳ה) kommen zu den Merkmalen der Verbgruppe ל׳ה jeweils
die Merkmale einer anderen schwachen Verbgruppe (am Anfang der Verbform) hinzu.

39.6.1 Beispiele:

Verb-Gruppe	Merkmal	z.B.
פ׳נ	Assimilation	Ni נִקָּה von נקה נִקֵּיתִי
פ׳א	ō im Präformativ des Kal	יֹאבֶה von אבה
פ׳ו	ō im Präformativ des Hi	הוֹדוּ von ידה יוֹרֵנִי von ירה

39.6.2 Besonders zu merken sind Kurzformen (39.3) der Verben:
         נטה (ausstrecken, Hi beugen)
und נכה (Hi schlagen):

Kal	יֵט zu יִטֶּה וַיֵּט	
Hi	יַט zu יַטֶּה וַיֵּט	יַךְ zu יַכֶּה וַיַּךְ
Hi Impt.	הַט zu הַטֵּה	הַךְ zu הַכֶּה

| **40** | Schwache Verben mit auslautendem Vokal (Verben ל ׳א) |

| מצא finden |

40.1 Allgemeines

40.1.1 Die Verben ל ׳א sind ursprünglich starke Verben, die erst nachträglich schwache Formen entwickelt haben, wenn א am Ende des Wortes oder einer Silbe seinen konsonantischen Charakter verloren hatte. Am Silbenanfang ist א Konsonant geblieben.

40.1.2 Der Imperfekt-Vokal im Kal ist a[1].

40.2 Schwache Formen

In afformativlosen Formen ohne Suffix und in Formen mit konsonantischem Afformativ steht א als Vokalbuchstabe.

40.2.1 Afformativlose Formen ohne Suffix:
In der offenen Schlußsilbe steht ein langer Vokal. Aus a ist langes ā geworden, sonst stehen die gleichen Vokale wie bei den starken Verben:

Kal	Ni	Pi	Hi	Ho
מָצָא	נִמְצָא	מִצֵּא	הִמְצָא	הָמְצָא

40.2.2 Formen mit konsonantischem Afformativ:
In der geöffneten Silbe beim II.Radikal steht ein langer Vokal, und zwar:

40.2.2.1 im Perfekt Kal ā bzw. ē,

40.2.2.2 im Imperfekt aller Stämme ā,

40.2.2.3 überall sonst ē,

40.2.2.4 ē auch vor der femininen Partizip-Endung ת .

	מָצָאתָ	יָרֵאתָ
	תִּמְצֶאנָה	
Pf.Hi	הִמְצֵאתָ	
Kal	נִמְצֵאת Ni מֹצֵאת	

----

(1) Ausnahmen: die doppelt schwachen Verben בוא (§ 41.9.1) und יצא (§ 38.6.4).

40.2.3 Gelegentlich kommt bei Verben לֹ א wegen des Gleichklangs
        mancher Formen mit לֹ ה (vgl. z.B. תָּמְצֶאנָה mit תִּגְלֶינָה)
        Formenvermengung mit Verben לֹ ה vor.

        Zu קרה "begegnen" gibt es die Nebenform   קרא

                        mit dem Infinitiv   לִקְרַאת "ent-
                                                             gegen"

                        mit Suffix: לִקְרָאתוֹ

        Zu יָרֵא "fürchten" wird nach dem Muster von   גְּלוּ

                        der Imperativ pl.
                        gebildet (§ 38.6.5):   יְראוּ

---

41   Zweiradikalige Verben mit langem Vokal
         (sogenannte Hohle Wurzeln oder Verben עֹ וֹ י)

קוּם	sich erheben
בִּין	verstehen
בוֹא	hineingehen
בוֹשׁ	sich schämen
מוּת	sterben

41.1   Allgemeines

41.1.1 Diese ursprünglich zweiradikaligen Verben haben einen
        langen Vokal in der Stammsilbe, der oft plene (mit Waw
        oder Jod) geschrieben ist
        Es steht also scheinbar an der Stelle des mittleren Ra-
        dikals ein nicht konsonantisches Waw oder Jod (daher
        der Name "Hohle Wurzeln")[1].

41.1.2 Die "Hohlen Wurzeln" werden im Lexikon in der Form ihres
        Infinitivs Kal zitiert. In diesen Formen erscheinen die
        Imperfekt-Vokale:

	u	a	i
gedehnt zu	$\bar{u}$	$\bar{o}$ (§ 2.1.4.1)	$\bar{\imath}$
	קוּם	בּוֹשׁ	בִּין

----

(1) Starke Verben mit konsonantischem Jod oder Waw als II.Radikal

(Fortsetzung nächste Seite)

41.1.3   Schwach gebildet sind alle Formen außer den in besonde-
         rer Weise gebildeten Doppelungsstämmen.

41.2   Merkmale der schwachen Formen

41.2.1   Die Stammsilbe (d.h. die Silbe, die mit dem I.Radikal
         beginnt) hat einen langen Vokal; nur a kann hier auch
         als kurzes a auftreten (s.unten 3.1).

41.2.2   Vokalische Afformative sind unbetont angefügt.

41.2.3   Vor konsonantischen Afformativen können Trennungsvokale
         (Infix-Vokale) stehen.

41.2.4   In den offenen Präformativsilben stehen ā (aus a) und
         ē (aus i) als Vorton-Vokale (§ 1o).

41.3   Schwache Formen ohne Präformativ (Kal)

41.3.1   Im Perfekt Kal steht in der Regel[2] a
         in der Stammsilbe: | קָם
                                                             |
         Vokalische Afformative sind unbetont: | קָ֫מָה
         Vor konsonantischen Afformativen steht |
         im allgemeinen kein Trennungsvokal | קָ֫מְתֶּ
         (Infix)[3]:

41.3.2   Das Partizip Aktiv Kal[4] stimmt in en- | קָם
         dungslosen Formen mit der 3.m.s.Per- |
         fekt überein. Die Nominalendungen sind | קָ֫מָה
         - im Gegensatz zu den vokalischen Af- |
         formativen - betont. Der Vokal der | קָמָ֫י
         Stammsilbe bleibt aber unverändert.

41.3.3   Im Infinitiv Kal steht in der Stamm- | בָּ֫ין   קֹם
         silbe der Imperfekt-Vokal (s.oben 41.
         1.2)[5]:

(1 - von Seite 142) sind wohl erst spätere Bildungen: בָּצַע (Nu 2o,
     29), אָרַב (Ex 23,22), auch Pi לְקַיֵם (von קוּם :Ruth 4,9).
(2) Bei מֵת steht e (s.u.41.9.3), bei בּוּשׁ(s.u.41.9.2) und einigen
     anderen Verben steht o in der Stammsilbe.
(3) Bei einigen Verben, so z.B. bei בִּין, ist der Imperfekt-Vokal i
     ins Perfekt eingedrungen: 3.m.s.: בִּין, 3.f.s.: בִּינָה. Hier
     findet sich auch im Perf.Kal der Trennungsvokal o: רִיבוֹת neben
     רַבְתְּ.
(4) Zu Partizip-Passiv-Formen wie שָׁבִי s.das Lexikon.
(5) u und i sind die häufigsten Imperfekt-Vokale. Zum Imperfekt-
     Vokal a s.unten 41.9.2 (בּוּשׁ).

41.3.4 Ebenso steht in der Stammsilbe des Imperativs Kal der Imperfekt-Vokal:

בִּין	קוּם
צֵּינָה	קוּמָה
צֵּינָה	קוֹמְנָה

Vor dem konsonantischen Afformativ des Imperativs ist u zu o, i zu e abgelautet:

41.3.5 Der absolute Infinitiv des Kal hat bei allen Verben langes o:

קוֹם

41.4 Schwache Formen mit ā in der offenen Präformativsilbe (Imperfekt Kal und Hif´il)

Übersicht:

	Impf. Kal (u)	Impf. Kal (i)	Impf. Hi	Impt. Hi	Inf. Hi
4.1	יָקֻם	יָבִין	יָקִים [6]		הָקִים
	יָקֻמוּ	יָבִינוּ	יָקִימוּ	הָקִימוּ הָקִימִי	
4.2	תְּקוֹמְנָה	תָּבֹנָּה	תָּקֹמְנָה	הָקֵמְנָה	
4.3	תְּקָמֶינָה		תְּקָמֶינָה		
4.4 (Jussiv)	יָקֹם	יָבֵן	יָקֵם	הָקֵם	
(Impf.c. i.P.)	וַיָּקָם	וַיָּבֶן	וַיָּקֶם		
4.5 (Impf.c. i.K.)	וַיֹּקָם	וַיֹּבֶן	וַיֹּקֶם		

41.4.1 In den offenen Präformativsilben steht Vorton-Qames [7], das in entsprechender Entfernung von der Haupttonsilbe verflüchtigt ist (§ 1o.2).

In den Stammsilben stehen im Kal die Imperfekt-Vokale [8] ū oder ī, im Hif´il ī.

---

(6) Bei Verben mit dem Imperfekt-Vokal i stimmen die Formen des Imp⌐erfekts im Kal und im Hi überein.

(7) Der Präformativ-Vokal a (§ 25.3.2.1) ist in der offenen Silbe gedehnt.

(8) Zum Imperfekt-Vokal a s.unten 41.9.2 (בּושׁ).

41.4.2 Vor konsonantischen Afformativen kann u zu o bzw. å,
        i zu e bzw. ä abgelautet sein.

41.4.3 Vor konsonantischen Afformativen kann auch der Tren-
        nungsvokal (Infix) ä (ʾ◌) auftreten. Er ist betont, der
        Präformativvokal verflüchtigt.

41.4.4 Diese Verben können eigene Jussiv-Formen haben (vgl. §
        32.2.3). Die Vokale o und e des Jussivs erscheinen auch
        im Imperfekt consecutivum und im Imperativ (Hifʿil).

41.4.5 Im Imperfekt consecutivum wird in endungslosen Formen
        i.K. die vorletzte Silbe betont (§ 25.4.2.3).

        Schwache Formen mit ē in der offenen Präformativsilbe
41.5   (Perfekt Hifʿil)

41.5.1 Der Präformativ-Vokal i ist in der of- fenen Silbe zu ē gedehnt[9] (Vorton-Sere).	הֵקִים הֵקִ֫ימָה

41.5.2 Vor konsonantischen Afformativen steht
         der Infix-Vokal ō (וֹ). Er ist betont,
         der Präformativ-Vokal verflüchtigt[10].
	הֲקִימ֫וֹתָ

41.5.3 Das Partizip gehört im Hifʿil zur Per-
         fekt-Klasse. Nomen-Endungen sind be-
         tont, der Präformativvokal wird in ent-
         sprechender Entfernung von der Haupt-
         tonsilbe verflüchtigt.
	מֵקִים
	מְקִימִ֫ים

        Schwache Formen mit offener Präformativsilbe
41.6   (Nifʿal und Hofʿal)

41.6.1 Im Perfekt Nifʿal steht in der Stammsilbe
         langes ō,
         im offenen Präformativ langes ā (Vorton-
         Qames).
         Vor konsonantischen Afformativen steht
         der Trennungsvokal (Infix) ō
	נָקוֹם
	נָק֫וֹמָה
	נְקוּמ֫וֹתָ[11]

----
(9) Zu Formen mit e im Präformativ wie יֵבוֹשׁ s.unten 41.9.2.
(10) Anders bei מות : הֵמַ֫תָּה
(11) Der Stammvokal o ist vor dem Trennungsvokal o zu u dissimiliert.
     Bei נְקוּמֹתֶם ist das o in der Nebentonsilbe erhalten.

41.6.2 Im Hof´al sind alle Formen in Analogie
zu den Hof´al-Formen der Verben ו´פ mit
unveränderlichem u in der Präformativsilbe gebildet:

> הוּקַם
> הוּקְמָה

41.7 Schwache Formen mit geschärfter Präformativsilbe
(Imperfekt Nif´al und aramaisierende Formen)

41.7.1 Im Imperfekt Nifál sind geschärfte Präformativsilben regulär:

> יִקּוֹם
> הִקּוֹם

41.7.2 Auch in anderen Stämmen kommen bei einigen Verben Formen
vor, in denen nach dem Vorbild des Aramäischen statt
offener, langer Präformativsilben geschlossene, kurze
Präformativsilben mit Dagesch forte im I.Radikal gebildet sind.

41.7.2.1 Aramaisierende Formen kommen vor allem im Hif´il vor.

41.7.2.2 Manchmal haben sie eine andere Bedeutung als die normal
gebildeten Formen.

41.7.2.3 Z.B.:

> נוּחַ (Kal: ruhen)   neben Hi: הֵנִיחַ (Ruhe verschaffen)
>
>   יָנִיחַ
>
>   auch Hi: הִנִּיחַ (hinstellen/
>   zurücklassen)
>
>   יַנִּיחַ

41.8 Doppelungsstämme

Die normalen Doppelungsstämme mit Verdoppelung des mitt-
leren Radikals kommen sozusagen nicht vor (s.oben Anm.1).

41.8.1 Stattdessen werden Parallelstämme gebildet:

aktiv: Polel	passiv: Polal	reflexiv: Hitpolel
קוֹמֵם	קוֹמַם	הִתְקוֹמֵם

mit unveränderlichem o und Wiederholung des letzten
Radikals (vgl. auch § 42.8).

41.8.2 Die Formenbildung folgt im übrigen den Gesetzen, die
für die Doppelungsstämme des starken Verbs gelten.

41.8.3 Bei Polel und Polal kommen übereinstimmende Formen vor.

41.9   Verben mit Besonderheiten

41.9.1   Das Verb בוֹא (hereingehen)

Im Perfekt Kal und im Partizip steht in allen Formen
langes ā, sonst überall langes ō.

Perfekt Partz.		Impf.	Impf. cons.	Impt. = Inf.
בָּא	בָּא	יָבוֹא	וַיָּבֹא	בּוֹא
בָּאוּ	בָּאִים	יָבֹאוּ		
בָּאת		תְּבֹאנָה		
		oder		
		תְּבֹאֶינָה 12)		

Hif´il-Formen sind regelmäßig.

41.9.2   Das Verb בוֹשׁ (sich schämen)

41.9.2.1   בוֹשׁ ist eins der wenigen Verben mit dem Stammvokal ō
im Perfekt Kal13):
                                       בֹּוֹשְׁתָּ בֹּוֹשָׁה בוֹשׁ

41.9.2.2   In der Imperfekt-Klasse des Kal hat בוֹשׁ den Imperfekt-
Vokal a, gedehnt zu ō, und den Präformativvokal i
(§ 25.3.2), gedehnt zu ē:
            Inf./Impt.: בּוֹשׁ Imperf.: יֵבוֹשׁ

41.9.2.3   Von בוֹשׁ gibt es neben dem regelmäßigen Hif´il   הֵבִישׁ
noch ein analog zu dem der Verben פ ´ו gebilde-
                                         tes Hif´il   הוֹבִישׁ.
Es stimmt mit dem Hif´il von יבשׁ formal überein
und bedeutet: "beschämt werden".

41.9.3   Das Verb מוֹת (sterben)

מוֹת ist das einzige Verb mit dem Stammvokal ē im Perfekt Kal:
        Partz. und 3.m.s.: מֵת   3.f.s.: מֵתָה 2.m.s.:   מַתָּה

---

(12) Als Verb ל´א gebildet (vgl. § 40.2.2)
(13) Neben בוֹשׁ z.B. noch: אוֹר (leuchten), טוֹב (gut sein).

41.9.4 Verben mit Gutturalen

41.9.4.1 Steht als letzter Radikal ein Guttural, so ist der
Vokal ē in Formen ohne Endung durch a verdrängt (vgl.§
9.4.2; § 34.4.2), z.B. im Jussiv und Imperfekt consecutivum des Hif'il.
Auch im Kal wird das ō des Jussivs und des Imperfekts
consecutivum durch a verdrängt, so daß übereinstimmende Formen vorkommen:

נוּחַ (ruhen)

Impf.Hi: יָנִיחַ   Jussiv: יָנַח   Impf.c.: וַיָּ֫נַח

Impf.Kal: יָנוּחַ   "   יָנַח   "   וַיָּ֫נַח

41.9.4.2 Steht als I.Radikal ein Guttural, so kann im Präformati
des Hif'il in entsprechender Entfernung zur Haupton-
silbe der Präformativ-Vokal Pataḥ statt Ḥatef-Pataḥ
auftreten:

עוּד (Hi: verwarnen)

הֵעִיד   2.m.s.: הַעִידוֹתָ

vgl.   הֲקִימוֹתָ

---

42 Zweiradikalige Verben mit kurzem Vokal
(sogenannte Verben עʾע)

סבב umgeben
קלל gering sein
רעע schlecht sein

42.1 Allgemeines

42.1.1 Diese ursprünglich zweiradikaligen Verben haben einen
kurzen Vokal in der Stammsilbe bei verdoppeltem End-
Radikal (⁺sabb).

42.1.2 In einigen Formen ist der II.Radikal als III. wiederholt, so daß starke Verbformen entstanden sind.
Das ist u.a. der Fall in der 3.m.s. Perfekt Kal. Darum
sind diese Verben im Lexikon als dreiradikalige Wurzeln
zitiert (סבב)[1].

---

(1) Der Name עʾע bedeutet also nicht, daß der II.Radikal ע ist,
sondern daß er verdoppelt erscheint.

42.1.3   Stark gebildet sind immer:
         die Partizipien des Kal

סָבוּב סֹבֵב	

         und der absolute Infinitiv des
         Kal

סָבֹב

         und die Formen der Doppelungs-
         stämme.

סֵבֵב

         Starke neben schwachen Formen
         finden sich in der 3.Person des
         Perfekt Kal.

סָבְבוּ סָבְכָה סָבַב

Alle anderen Formen sind schwach gebildet.

42.2   Merkmale der schwachen Formen

42.2.1   In der Stammsilbe (d.h. der Silbe, die mit dem I.Radi-
         kal beginnt),steht grundsätzlich ein kurzer Vokal.
         Nur u (Imperfekt Kal) und i (Hif´il) sind in der Ton-
         silbe zu ō bzw. ē gedehnt.

42.2.2   In Formen mit Endung erscheint ein Dagesch forte im
         II.Radikal.

42.2.3   Vokalische Afformative sind unbetont angefügt.

42.2.4   Vor konsonantischen Afformativen stehen Trennungsvokale
         (Infix-Vokale), und zwar: im Perfekt o (וֹ), in der
         Imperfekt-Klasse ä (ֶי).

42.2.5   In den offenen Präformativsilben stehen ā (aus a) und
         ē (aus i) als Vorton-Vokale (vgl. § 1o).

         Schwache Formen ohne Präformativ
42.3   (Perfekt und Imperativ/Infinitiv Kal)

42.3.1   Im Perfekt Kal steht kurzes a,
         im Imperativ und Infinitiv lan-
         ges ō in der Stammsilbe:

42.3.2   Vor den unbetonten vokalischen
         Afformativen bleibt der Stamm-
         vokal erhalten. Im II.Radikal
         steht Dagesch forte:

42.3.3   Vor konsonantischen Afformati-
         ven mit dem betonten Trennungs-
         vokal ist der Stammvokal kurz,
         ebenso vor Suffixen:

Perf.	Impt.	Inf.
סַב	סֹב	סֹב
סַבָּה	סֹבִּי	
סַבּוּ	סֹבּוּ	
סָבּוֹתָ סַבֶּינָה		סָבֶּנִי
סַבּוּנִי		

Schwache Formen mit ā in der offenen Präformativsilbe
42.4 (Imperfekt Kal und Hif´il, Perfekt Nif´al)

Übersicht:

	Impf. Kal	Impf. Hi	Impt. Hi	Perf. Ni	Ptz. Ni
4.1	יָסֹב	יָסֵב	הָסֵב	נָסַב	נָסַב
	לָסֹבּוּ	יָסֵבּוּ	הָסֵבּוּ	נָסַבָּה	נָסַבָּה[2)
4.2	תְּסֻבֶּינָה	תְּסֻבֶּינָה	הֲסֻבֶּינָה	נָסַבּוֹת	
4.3	וַיָּסָב	וַיָּסָב			

42.4.1 Der Präformativ-Vokal a ist in der offenen Präformativsilbe zu Vorton-Qames gedehnt (vgl. §§ 2.1.6, 1o.1).

42.4.2 In entsprechender Entfernung von der Haupttonsilbe ist
der Vorton-Vokal der Präformativsilbe verflüchtigt (§
1o.2). Im Hif´il steht - wegen des Gutturals - in der
verflüchtigten Präformativsilbe Ḥatef-Pataḥ.
In den unbetonten Stammsilben stehen kurze Vokale.

42.4.3 Im Imperfekt consecutivum wird in endungslosen Formen
i.K. die vorletzte Silbe betont (§ 25.4.2.3).

Schwache Formen mit ē in der offenen Präformativsilbe
42.5 (Imperfekt Kal und Perfekt Hif´il)

42.5.1 Der Präformativ-Vokal i ist
im Hif´il und im Kal der Verben mit dem Imperfekt-Vokal
a zu ē gedehnt:

42.5.2 In entsprechender Entfernung
von der Haupttonsilbe ist der
Vorton-Vokal der Präformativsilbe verflüchtigt (s.oben
42.4.2):

Impf. Kal (a)	Perf. Hi	Ptz Hi
יֵקַל	הֵסֵב	מֵסֵב
יֵקַלּוּ	הֵסֵבָּה	מְסִבָּה[2)
תֵּקַלֶּינָה	הֲסִבּוֹת	

----

(2) Als Nomina haben die Partizipien betonte Endungen.

42.6 Schwache Formen mit ū in der offenen
         Präformativsilbe (Hofʿal)

Analogiebildungen zu Verben
l'פ sind Hofʿal-Formen mit
unveränderlichem ū in der
Präformativsilbe:

הוּסַב	יוּסַב
חוּסַבּוֹתָ	

42.7 Schwache Formen mit geschärfter Präformativsilbe
         (Imperfekt Nifʿal und aramaisierende Formen)

42.7.1 Im Imperfekt Nifʿal sind ge-
           schärfte Präformativsilben
           regulär: יִסַּב

42.7.2 Auch in anderen Stämmen sind nach dem Vorbild des Ara-
           mäischen Imperfekt-Formen gebildet worden, bei denen
           der I.Radikal verdoppelt ist (vgl. auch § 41.7.2).

neben Impf.Kal	יָסֹב z.B.	יִסֹּב	יִסְּבוּ	תְּסֹבְנָה
von	תמם	יִתֹּם	וַיִּתְּמוּ	
und			יִתַּמּוּ	
neben Hifʿil	יָסֵב	יַסֵּב	וַיַּסֵּבּוּ	
neben Hofʿal	יוּסַב	יֻסַּב		

42.8 Doppelungsstämme

42.8.1 Die normalen, stark ge-
           bildeten Doppelungsstäm-
           me sind selten:

42.8.2 Häufiger sind die Par-
           allelstämme:

ohne Verdoppelung des
II.Radikals (kein Dagesch
forte) und mit unveränderlichem ō beim I.Radikal
(vgl. § 41.8.1).

הִתְהַלֵּל	הָלַל	הִלֵּל
Hitpoʿel	Poʿal	Poʿel
[הִתְפּוֹעֵל]	[פּוֹעַל]	[פּוֹעֵל]
הִסְתּוֹבֵב	סוֹבַב	סוֹבֵב
(§ 31.4.2.2)		

42.9 Verben mit Gutturalen

42.9.1 Ist der letzte Radikal ein Guttural, muß ihm am Ende
           eines Wortes a voraufgehen (§§ 9.4.2; 34.4.2).
           Das e des Hifʿil wird meist durch a verdrängt. Sonst
           steht Pataḥ furtivum.

(42.9.1)

		Kal	Hi
רעע	Perf.	רַע	הֵרַע
	Impf.	יֵרַע	יָרַע
	Inf.	רֹעַ	הָרַע

42.9.2 In Formen mit Endungen tritt statt der Verdoppelung des II.Radikals fast immer Ersatzdehnung auf.

vgl. z.B. הֲסִבּוֹתָ תְּסִבֵּם סַבָּה

mit הֲרֵעוֹתָ תְּרֹעֵם רָעָה

42.9.3 Bei Verben mit Het (ח) als I.Radikal kann im Hifʿil in der Präformativsilbe statt Ḥatef-Pataḥ Pataḥ auftreten.

z.B.: חלל (anfangen) Pf.Hi: הַחֲלוֹתָ (vgl. הֲסִבּוֹתָ)

42.9.4 Bei Verben mit Guttural als I.Radikal kann das u des Imperfekts Kal in der Stammsilbe zu å abgelautet sein:

z.B.: חנן (gnädig sein) יְחָנֵּנִי (er ist mir gnädig)

vgl.: יִסְבְּנִי

43	Übersicht über die Merkmale für die Analyse schwacher Verbformen

43.1 Formen mit Präformativ

Wichtigstes Merkmal für die Analyse schwacher Verbformen ist die Gestalt der Präformativsilbe in den Formen des Imperfekt Kal, des Perfekt Nif´al, des Hif´il und Hof´al.
In diesen Formen ist die Präformativsilbe der starken Verbs (und der Verben ל´ה) geschlossen, die der schwachen Verben entweder geschärft (mit Dagesch forte im ersten erkennbaren Radikal) oder offen (mit langem Vokal).

43.1.1 Die wichtigsten und häufigsten Formen mit Schärfung der Präformativsilbe sind die der Verben פ´נ.

Außerdem sind neben Imperfekt-Nif´al-Formen zu beachten: die (ziemlich seltenen) Verben פ´ו mit צ als II.Radikal und die aramaisierenden Formen der zweiradikaligen Verben (ע´ע und ע´ו´י).

	st.Vb.	ל´ה	פ´נ	פ´ו mit צ	ע´ו´י ע´ו´י aram.	ע´ע ע´ע aram.
Kal Impf			יִפֹּל	יִצַּת		יָסֹב
Ni Pf			נִפַּל	נִצַּת		
Impf	יִכָּתֵב	יִגָּל			יִקּוֹם	יִסַּב
Hi Pf			הִפִּיל	הִצִּית	הֻנַּח	
Impf			יַפִּיל	יַצִּית	יֻנַּח	יָסֵב
Ho Pf			הֻפַּל			
Impf			יֻפַּל			יֻסַב

43.1.2 Langes ā in offener Präformativsilbe haben nur die zweiradikaligen Verben (ganz selten Pausa-Formen der Verben ל´ה).

(Tabelle nächste Seite)

(43.1.2) ā in offener Präformativsilbe:

	ל'ה	ע'ו'י	ע'ע
Kal		יָקֻם	יִסֹב
Ni Pf		נָקוֹם	נֵסַב
Hi Impf	וַיַּעַל	יָקִים	יָסֵב

43.1.3 Langes ē haben vor allem die Verben פ'ו mit dem Imper-
        fekt-Vokal i und Kurzformen der Verben ל'ה (Kal).

        Ferner steht ē in Imperfekt-Nif´al-Formen mit Guttural
        oder Resch sowie bei den Hif´il-Formen der Verben פ'י,
        ע'ע und ע'ו'י.

        Selten sind Kal-Formen der zweiradikaligen Verben mit
        dem Imperfekt-Vokal a.

43.1.3.1 Wichtig ist, daß die Präformativ-Vokale ā und ē bei den
          zweiradikaligen Verben veränderlich sind. Sie sind also
          nur unmittelbar vor der Haupttonsilbe erhalten, sonst
          verflüchtigt.

	st.Vb. I.gutt.	ל'ה	פ'י	פ'ו	ע'ו'י ע'ע
Kal				יֵדַע	
	לֶ֫גֶל			יֵשֵׁב	יָקֵל יֵבוֹשׁ
Ni	יֵעָבֵד	יֵרָא			
Hi			הֵיטִיב		הֵסַב הֵקִים
	(לֶ֫גֶל)		יֵיטִיב		
(unveränderlich)					(veränderlich)

43.1.4 Langes ī steht nur im Imperfekt Kal der Verben פ'י und
        פ'ו.
        Das i in der betonten Präformativsilbe von Verben ל'ה
        ist kurz.

43.1.5 Langes ō ist Merkmal für die Verben פ'א und für Verben
        פ'ו im Nif´al und Hif´il.

43.1.6 Langes ū begegnet außer bei dem unregelmäßigen Verb יכל
        nur im Hof´al.

	i	o	u	ע׳ע ע׳ו׳י יכל
	פ׳י פ׳ו ל׳ה	פ׳א פ׳ו	פ׳ו	
Kal	(לְחַר) יְבַשׁ יִיטַב	יֹאמֶר		יִגְבַּל
N1		נוֹשַׁב		
H1		הוֹשִׁיב יוֹשִׁיב		
Ho			הוּשַׁב	הוֹסַב הוּקַם

43.2 Schwache Formen ohne Präformativ

43.2.1   Schwache Imperativ- und Infinitiv-Formen kommen bei Verben פ׳נ und פ׳ו vor. Die Formen beider Verbklassen sind einander sehr ähnlich. Da es sich aber um häufig gebrauchte Verben handelt, bereitet ihre Analyse kaum Schwierigkeiten.

43.2.1.1   Merkmale sind die Stammvokale a und ē sowie die Infinitiv-Bildungen mit ת nach Art der Segolata (§ 18).

43.2.1.2   Übersicht:

		Impt.	pl	Inf.	+ ל	+Suffix
פ׳נ :	נגש	גַּשׁ	גְּשׁג	גֶּשֶׁת	לָגֶשֶׁת	לְגִשְׁתּוֹ
	נתן	תֵּן	תְּנג	תֵּת	לָתֵת	לְתִתּוֹ
	לקח	קַח	קְחג	קַחַת	לָקַחַת	לְקַחְתּוֹ
פ׳ו :	ישׁב	שֵׁב	שְׁבג	שֶׁבֶת	לָשֶׁבֶת	לְשִׁבְתּוֹ
	ידע	דַּע	דְּעג	דַּעַת		
	ירשׁ	רֵשׁ	רְשׁג	רֶשֶׁת		
	יצא	צֵא	צְאג	צֵאת		
	הלך	לֵךְ	לְכג	לֶכֶת	לָלֶכֶת	לְלֶכְתּוֹ

43.2.2   Schwache Perfekt-Formen ohne Präformativ (also vor allem Kal-Formen) sind bei den Verben ל׳ה, ע׳ע und den Hohlen Wurzeln zu unterscheiden.

43.2.2.1   Unterscheidungsmerkmal für Formen mit vokalischem Ausgang ist die Betonung, für Formen mit konsonantischem

Afformativ der Vokal vor der Endung.
Unterscheidungsmerkmal für Formen der Verben ע´ע ist
die Verdoppelung des II.Radikals.

43.2.2.2 Formen-Übereinstimmungen können nur zwischen Imperativen der Verben ל´ה und Imperativen der Verben פ´נ bzw.
פ´ו (s.oben 43.2.1) auftreten.

43.2.2.3 Übersicht:

	ל´ה	ל´ה Pi´el	ע´ו´י	ע´ע
Perf.Kal 3ms	גָּלָה	גָּלָה	בִּין קָם	סַב
3fs	גָּלְתָה		בִּינָה קָמָה	סַבָּה
2ms	גָּלִיתָ		בִּינוֹתָ קַמְתָּ	סַבּוֹתָ
3pl	גָּלוּ	גָּלוּ	קָמוּ	סַבּוּ
Imperativ s		גַּל	קוּם	סֹב
pl	גַּלוּ	גַּלּוּ	בִּינוּ קוּמוּ	סֹבּוּ
Infinitiv	גָּלוֹת	גַּלּוֹת	בִּין קוּם	סֹב

III SYNTAX

44 | Satztypen

44.1 Klassifizierung

Zur grammatischen Analyse pflegen wir Texte in kleinere
Einheiten aufzugliedern, die wir Sätze nennen.
Trotz vieler Definitionsversuche fehlt eine sprachwissen-
schaftlich befriedigende Definition dessen, was ein Satz
ist. Wir wissen aber intuitiv, was ein Satz ist, und das
genügt, um grammatisch praktikable Aussagen zu machen.

בְּרֵאשִׁית בָּרָא אֱלֹהִים אֵת הַשָּׁמַיִם	Am Anfang schuf Gott den Himmel und die Erde.
וְאֵת הָאָרֶץ: ‖ וְהָאָרֶץ הָיְתָה תֹהוּ	Die Erde aber war Ödnis und Leere.
וָבֹהוּ ‖ וְחֹשֶׁךְ עַל־פְּנֵי תְהוֹם ‖ וְרוּחַ	Und Finsternis (war) über der Tiefe.
אֱלֹהִים מְרַחֶפֶת עַל־פְּנֵי הַמָּיִם: ‖	Und der Geist Gottes (war) schwebend über dem Wasser.
וַיֹּאמֶר אֱלֹהִים ‖ יְהִי אוֹר ‖ וַיְהִי	Da sprach Gott: Es werde Licht! Da wurde Licht.
אוֹר: ‖ וַיַּרְא אֱלֹהִים אֶת־הָאוֹר ‖	Da sah Gott das Licht, daß (es) gut (war).
כִּי־טוֹב ‖ וַיַּבְדֵּל אֱלֹהִים בֵּין הָאוֹר	Da trennte Gott zwischen dem Licht und der Finsternis.
וּבֵין הַחֹשֶׁךְ: ‖ וַיִּקְרָא אֱלֹהִים לָאוֹר	Da nannte Gott das Licht Tag, während er die Finsternis Nacht nannte. Dann wurde Abend,
יוֹם ‖ וְלַחֹשֶׁךְ קָרָא לַיְלָה ‖ וַיְהִי־	
עֶרֶב ‖ וַיְהִי בֹקֶר ‖ יוֹם אֶחָד:	dann wurde Morgen, (es war) ein Tag.

(Gen 1, 1-5)

44.1.1 Im oben zitierten Text, Gen 1,1-5, sind durch ‖ die
Textteile abgetrennt, die wir intuitiv für Sätze halten.
Diese Abgrenzung entspricht nicht der Vers-Einteilung
der hebräischen Bibel. Sieht man zunächst ab von den
"Sätzen" כִּי־טוֹב (Zeile   7) und יוֹם אֶחָד (Zeile 1o), so
zeigen sich deutlich zwei Typen:

44.1.1.1 Zu einem Satz gehören alle Wörter, die sich in der Umge-

bung eines finiten Verbs diesem Verb zuordnen lassen.
Ein solcher Satz macht eine Aussage vom Typ: "A tut B".
Die Grenze zwischen zwei Sätzen ist die Grenze zwischen
dem Einzugsbereich zweier Verben.

44.1.1.2   Der andere Typ von Sätzen wird aus mindestens zwei Nomina oder Nominalgruppen gebildet, die so aufeinander bezogen sind, daß eine Aussage vom Typ: "A ist B" entsteht.
Dabei ist die Stelle, die in einem deutschen Satz durch
eine finite Form des Hilfsverbs "sein" besetzt sein muß,
im hebräischen Satz nicht besetzt: "A - B".
Zu einem solchen Satz gehören alle Wörter, die sich
einem der beiden Glieder der Aussage zuordnen lassen.

44.1.1.3   Eingliedrige Sätze wie כִּי־טוֹב "daß (es) gut (war)" oder
יוֹם אֶחָד "(es war) ein Tag" lassen sich als elliptische
Sätze beschreiben, in denen das erste, selbstverständ-
liche Glied (deutsch: "es") ausgelassen ist.

44.1.2   Diese erste, formale Abgrenzung der Satztypen ist un-
vollkommen, weil sie die Funktion der Satztypen im Text
unberücksichtigt läßt.
Für das Gewicht der Sätze im Text ist entscheidend, wie
die erste Position des Satzes besetzt ist.
Nach der Wortart, mit der ein Satz beginnt, unterscheiden wir Verbalsätze (VS) mit einer finiten Verbform in
Spitzenstellung und Nominalsätze (NS) mit einem Nomen
in Spitzenstellung.

44.1.2.1   Bei Verbalsätzen liegt der Nachdruck auf dem Verb, das
einen Vorgang schildert.

44.1.2.2   Bei Nominalsätzen liegt der Nachdruck auf dem Nomen,
über das eine Aussage gemacht wird.

44.1.2.3   Zur Klasse der Nominalsätze gehören nicht nur die Sätze
ohne Verb (s.oben 44.1.1.2), sondern auch solche, in
denen auf das Nomen an der Spitze des Satzes noch eine
finite Verbform folgt.

Z.B. liegt in dem Satz des Beispieltextes Gen 1,1-5:
וְהָאָרֶץ הָיְתָה תֹהוּ וָבֹהוּ "Die Erde aber - sie war Ödnis und
Leere" der Nachdruck auf dem ersten Nomen. Die Aussage
besteht zwar aus einem ganzen Satz, schildert aber keinen
Vorgang, sondern beschreibt das Nomen אֶרֶץ "Erde".

Nominalsätze, deren "Prädikat" aus einem ganzen Satz besteht, werden als "Zusammengesetzte Nominalsätze" (ZNS)
bezeichnet.

44.1.2.4 Man mag zögern, Sätze wie den ersten: בְּרֵאשִׁית בָּרָא אֱלֹהִים
אֵת הַשָּׁמַיִם וְאֵת הָאָרֶץ "Am Anfang: Gott hat den Himmel und
die Erde geschaffen." , in denen einem finiten Verb nur
eine Umstandsbestimmung voraufgeht, mit zu den Nominalsätzen zu rechnen, da hier kein Zustand beschrieben,
sondern nur eine Zeitbestimmung hervorgehoben wird. Im-
merhin liegt auch hier der Nachdruck auf dem ersten
Wort des Satzes, weniger auf dem Verb. Das gleiche ist
der Fall in der Gegenüberstellung לָאוֹר/לַחֹשֶׁךְ (Zeilen 8/9).

Zum Perfekt in solchen Sätzen ist § 48.2.3 zu vergleichen.

44.2 Die Funktion der Satztypen im Text

44.2.1 Verbal- und Nominalsätze in der Erzählung

An der Verteilung von NS (bzw ZNS) und VS im Text Gen 1,
1-5, fällt auf, daß sich die Nominalsätze am Anfang häu-
fen, während von Vers 3 an (Zeile 5) Verbalsätze über-
wiegen. Die Verbalsätze beherrschen die ganze Schöp-
fungserzählung, nur gelegentlich von Nominalsatz-Ein-
schüben unterbrochen, bis die Erzählung in Gen 2, 4a mit
einem Nominalsatz abschließt. Darin ist die Schöpfungs-
erzählung Gen 1 typisch für viele andere Erzähltexte.

44.2.1.1 In einer Erzählung bilden die Verbalsätze mit der Betonung des Vorgangs den Vordergrund des Erzählens.

44.2.1.2 Nominalsätze (NS und ZNS) enthalten Voraussetzungen,
Beschreibungen, Zustände und geben damit den Hintergrund
des Erzählens ab. Ihr Ort ist vor allem der Erzähl-Anfang.
(vgl. § 54.2.2)

44.2.1.3 Diese Unterscheidung von Nominalsätzen und Verbalsätzen
ist vor allem wichtig für die deutsche Wiedergabe der
Partikel וְ (Waw copulativum), weil "und" im Deutschen
nur Gleichartiges verbinden kann (vgl. oben die Übersetzung von Zeile 2 und 8/9, s. auch § 53.1).

44.2.2 Nominalsätze in anderen Gattungen

וַיֹּאמֶר אֲלֵיהֶם (יוֹסֵף) מְרַגְּלִים (a)	Da sprach (Joseph) zu ihnen: Späher (seid) ihr!
אַתֶּם לִרְאוֹת אֶת־עֶרְוַת הָאָרֶץ בָּאתֶם:	Um die Blöße des Landes auszu- kundschaften, seid ihr gekom- men.

וַיֹּאמְרוּ אֵלָיו לֹא אֲדֹנִי וַעֲבָדֶיךָ

בָּאוּ לִשְׁבָּר־אֹכֶל: כֻּלָּנוּ בְּנֵי אִישׁ

אֶחָד נָחְנוּ כֵּנִים אֲנַחְנוּ לֹא־הָיוּ

עֲבָדֶיךָ מְרַגְּלִים: וַיֹּאמֶר אֲלֵהֶם

לֹא כִּי־עֶרְוַת הָאָרֶץ בָּאתֶם לִרְאוֹת:

וַיֹּאמְרוּ שְׁנֵים עָשָׂר עֲבָדֶיךָ אַחִים

אֲנַחְנוּ בְּנֵי אִישׁ־אֶחָד בְּאֶרֶץ כְּנָעַן

וְהִנֵּה הַקָּטֹן אֶת־אָבִינוּ הַיּוֹם

וְהָאֶחָד אֵינֶנּוּ: וַיֹּאמֶר אֲלֵהֶם

יוֹסֵף הוּא אֲשֶׁר דִּבַּרְתִּי אֲלֵכֶם

לֵאמֹר מְרַגְּלִים אַתֶּם:

(Gen 42, 9b-14)

Da sprachen sie zu ihm: Nein,
Herr! Vielmehr: Deine Knechte
sind gekommen, Nahrung zu
kaufen. Wir alle: Söhne eines
Mannes (sind) wir! Unschuldig
(sind) wir! Keineswegs sind
deine Knechte Späher!
Da sprach er zu ihnen: Nein,
sondern die Blöße des Landes
kommt ihr zu erkunden.
Da sagten sie: Zwölf (sind)
deine Knechte; Brüder (sind)
wir; Söhne eines Mannes im
Land Kanaan.
Allerdings: der Jüngste (ist)
zur Zeit bei unserem Vater,
und der eine (ist) nicht mehr
da. Da sagte Joseph zu ihnen:
Das (ist es ja), was ich euch
gesagt habe,
nämlich: Späher (seid) ihr!

שִׁמְעוּ שָׁמַיִם וְהַאֲזִינִי אֶרֶץ כִּי יְהוָה דִּבֵּר

בָּנִים גִּדַּלְתִּי וְרוֹמַמְתִּי וְהֵם פָּשְׁעוּ בִי:

יָדַע שׁוֹר קֹנֵהוּ וַחֲמוֹר אֵבוּס בְּעָלָיו

יִשְׂרָאֵל לֹא יָדַע עַמִּי לֹא הִתְבּוֹנָן:

(Jes 1,2f)

(b) Höre, Himmel! Merke auf,Erde!
denn Jahwe (ist es, der)
redet:

Söhne - ich habe sie aufgezo-
gen und großgezogen, doch
sie - sie brachen mit mir.

Es kennt ein Rind seinen Be-
sitzer und ein Esel die Krip-
pe seines Herrn. Israel: es
erkennt nicht, mein Volk: es
zeigt keine Einsicht.

הִנֵּה הָאָדוֹן יְהוָה צְבָאוֹת

מֵסִיר מִירוּשָׁלַם וּמִיהוּדָה

מַשְׁעֵן וּמַשְׁעֵנָה

(Jes 3,1)

(c) Siehe, der Herr Jahwe Zebaoth:
(er ist einer, der)
entfernt aus Jerusalem und
aus Juda
Stütze und Stab.

כִּי אֵל גָּדוֹל יְהוָה

וּמֶלֶךְ גָּדוֹל עַל־כָּל־אֱלֹהִים:

אֲשֶׁר בְּיָדוֹ מֶחְקְרֵי־אָרֶץ

וְתוֹעֲפֹת הָרִים לוֹ:

אֲשֶׁר־לוֹ הַיָּם וְהוּא עָשָׂהוּ

וְיַבֶּשֶׁת יָדָיו יָצָרוּ:

(Ps 95,3-5)

(d) Ja, ein großer Gott (ist)
Jahwe
und Großkönig über alle Götter!

In dessen Hand die Fernen der
Erde (sind),
auch die Gipfel der Berge
(sind) sein;
dem das Meer (gehört), Er
(ist es), er hat es gemacht,
und das Festland, seine Hände
haben es gebildet.

44.2.2   In anderen Redeformen als der Erzählung sind Nominal-
          sätze häufiger. Zwar gilt auch hier, daß im NS kein Vor-
          gang berichtet, sondern eine Aussage über ein Nomen ge-
          macht wird, doch kann man außerhalb der Erzählung VS
          und NS nicht generell dem Vordergrund bzw. Hintergrund
          der Rede zuweisen.

44.2.2.1 Vor allem in einem Dialog (a), in dem wechselnde Spre-
          cher ihre Standpunkte gegeneinander abheben, beherrscht
          der NS die Rede [1].

44.2.2.2 Auch in prophetischer Rede ist der NS häufiger, und zwar
          nicht nur bei der Schilderung der Situation im sogenann-
          ten Scheltwort (b), auch in der eigentlichen Ankündigung
          des Unheils, im Drohwort (c) können Nominalsätze die
          Haupt-Aussagen enthalten.

44.2.2.3 Schließlich ist der NS für einige Psalmen-Gattungen
          typisch, vor allem für den Hymnus (d).

44.2.2.4 Im Einzelfall muß jeweils das Verhältnis von NS und VS
          geklärt und interpretiert werden (vgl. z.B. b).

44.2.2.5 Vor allem in der Poesie ist auch mit der stilistischen
          Figur des Chiasmus zu rechnen (b: יִשְׂרָאֵל לֹא יָדַע שׁוֹר - יָדַע.)

44.3   Der Satzbau im Nominalsatz (NS)

          Zur Bezeichnung der beiden Glieder des hebräischen No-
          minalsatzes sind unsere grammatischen Kategorien "Sub-
          jekt" und "Prädikat" nur bedingt brauchbar. Man könnte
          sich auf die rein formale Definition festlegen, daß
          "Subjekt" jeweils die satzeinleitende Nominalgruppe
          meint.
          Günstiger ist es, - der arabischen Grammatik folgend -
          das Subjekt als "das Bekannte" und das Prädikat als
          "das Neue" zu definieren. In diesem Sinn sind die bei-
          den Begriffe im Folgenden verwendet.
          Damit ist etwa dasselbe gemeint wie mit den linguisti-
          schen Termini "Thema" (= das Bekannte) und "Rhema" (=
          das Neue).

----

(1) Auffallend häufig begegnet in Dialogen die Formel: אַתָּה יָדַעְתָּ
    "Du (bist es, der) weiß(t)": Die Formulierung als ZNS statt
    des (genausogut möglichen) VS zeigt, wie die Orientierung der
    Sprecher im Sprechakt Vorrang hat (vgl. auch § 48.3, 52.4,
    54.1.5).

וְרוּחַ אֱלֹהִים מְרַחֶפֶת עַל־פְּנֵי (a) Und der Geist Gottes: (er war)
etwas Schwebendes über dem
(Gen 1, 2b)   המָּיִם: Wasser

(Gen 3,19)   כִּי־עָפָר אַתָּה (b) Ja, Staub: (das bist) du!

וַיֹּאמַר עֶבֶד אַבְרָהָם אָנֹכִי: (c) Er sprach: Der Knecht Abrahams
- (das bin) ich.
(Gen 24, 34)

יְהוָה הָאֹמֵר אֵלַי שׁוּב לְאַרְצֶךָ (d) Jahwe (ist es), der hat zu mir
gesprochen: Kehre in dein Land
(Gen 32, 1ob)   zurück!

וְהִנֵּה רֶכֶב־אֵשׁ וְסוּסֵי אֵשׁ (e) Siehe, da (waren) ein Feuerwa-
gen und Feuerpferde.
(2 Kö 2,11)

וַיהוָה אֱלֹהִים אֱמֶת הוּא־אֱלֹהִים (f) Jahwe aber (ist) Gott (in)
Wahrheit; er (ist) lebendiger
(Jer 1o, 1oa)   חַיִּים וּמֶלֶךְ עוֹלָם   Gott und ewiger König.

אָרוּר מַקְלֶה אָבִיו וְאִמּוֹ (g) Verflucht (ist) einer, der
seinen Vater oder seine Mutter
(Dt 27,16)   verächtlich behandelt.

44.3.1   Die Bedeutung der Satzstellung

44.3.1.1 Das Subjekt kann voranstehen (a): Über etwas Bekanntes
          wird eine neue Information gegeben.

44.3.1.2 Das Prädikat kann voranstehen (b): Der Nachdruck liegt
          auf einer neuen Information, die dann durch die Nen-
          nung des Subjekts auf Bekanntes bezogen wird.

44.3.1.3 In der Regel steht in beiden Fällen das Prädikat ohne
          Artikel oder sonstige Determination (vgl. § 51.5).

44.3.1.4 Sind Subjekt und Prädikat durch Artikel oder sonstige
          Determination als bekannt ausgewiesen (c, d), so be-
          steht die neue Information des Satzes in der Identifi-
          kation zweier bekannter Elemente.

44.3.2   Als Subjekt und Prädikat von Nominalsätzen können Nomi-
          na und Nominalgruppen im weitesten Sinn fungieren, al-
          so auch Pronomina, Partizipien (g), Infinitive, Adver-
          bien (e) und Präpositionalausdrücke.

44.3.3   Neben allen nominalen Erweiterungen (Nominal-Gruppen -
         vgl. §§ 45 bis 47, אֲשֶׁר‎-Sätze - vgl. § 53.4) können beim
         nominalen Prädikat auch Umstandsbestimmungen stehen (a),
         (f)[2].

         Partizipien als Subjekt wie als Prädikat können Objekte
         bei sich haben (g) (vgl. dazu ausführlich § 49.1.2).

44.4   <u>Der Satzbau im Zusammengesetzten Nominalsatz (ZNS)</u>

יְהוָה בְּהֵיכַל קָדְשׁוֹ יְהוָה בַּשָּׁמַיִם כִּסְאוֹ (a)	Jahwe (ist) in seinem heili- gen Tempel. Jahwe: im Himmel (ist) sein Thron.
עֵינָיו יֶחֱזוּ עַפְעַפָּיו יִבְחֲנוּ (Ps 11,4) בְּנֵי אָדָם:	Seine Augen: sie schauen. Seine Lider: sie prüfen die Menschenkinder.
אָנֹכִי אָנֹכִי הוּא מֹחֶה פְשָׁעֶיךָ (Jes 43,25) (b)	Ich, ich (bin es,) der deine Sünden tilgt (= Ich selbst tilge ...).
וַיֹּאמֶר לוֹ אַמְנוֹן אֶת־תָּמָר אֲחוֹת אַבְשָׁלֹם אָחִי אֲנִי אֹהֵב: (2 Sa 13,4b) (c)	Da sprach Amnon zu ihm: Tha- mar, die Schwester Absaloms, meines Bruders, (auf die kommt folgendes zu:)- ich liebe (sie).

         Die Aussage über ein vorangestelltes Nomen wird beim
         ZNS durch einen ganzen Satz gemacht. Prädikat des ZNS
         ist also ein Satz: NS (a, erste Hälfte) oder VS (a,
         zweite Hälfte).

44.4.1   Auf das voranstehende Über-Subjekt wird im Prädikat-
         satz häufig zurückverwiesen durch ein Suffix (a) oder
         ein selbständiges Pronomen (b).

44.4.2   Ein solcher Rückverweis geschieht besonders dann, wenn
         das Subjekt des Prädikatsatzes nicht mit dem Über-Sub-
         jekt identisch ist (a).

44.4.3   Wenn das Subjekt eines ZNS und das auf dasselbe zurück-
         verweisende pronominale Subjekt des Prädikatsatzes

----

(2) Zum Beispiel (f) ist auch § 5o.2.4 zu vergleichen.

unmittelbar zusammentreffen (b), bewirkt das einen starken Nachdruck für das Subjekt, den wir im Deutschen
durch "selbst" wiedergeben können.

44.4.4 Auch wenn ein Nomen durch die Partikel אֵת als Ziel der
Handlung gekennzeichnet ist (c) und wir es nach unseren
Kategorien als Akkusativ-Objekt auffassen würden: An
der Spitze eines Satzes ist ein solches Nomen als Subjekt eines ZNS aufzufassen.

44.5 <u>Der Satzbau im Verbalsatz (VS)</u>

(a) וַיֹּאכַל וַיֵּשְׁתְּ וַיָּקָם וַיֵּלַךְ וַיִּבֶז
    עֵשָׂו אֶת־הַבְּכֹרָה׃
    (Gen 25,34)

(a) Da aß er. Da trank er. Da erhob er sich. Da ging er. Da
verachtete er - nämlich Esau
- das Erstgeburtsrecht.

(b) וַיֹּאמֶר אֵלָיו הָאֱלֹהִים בַּחֲלֹם גַּם
    אָנֹכִי יָדַעְתִּי כִּי בְתָם־לְבָבְךָ עָשִׂיתָ
    זֹּאת וָאֶחְשֹׂךְ גַּם־אָנֹכִי אוֹתְךָ
    מֵחֲטוֹא־לִי
    (Gen 20,6)

(b) Da sprach Gott zu ihm im
Traum: Auch ich: ich weiß
(ZNS), daß du dies in der Unschuld deines Herzens getan
hast. Also bewahrte auch ich
(VS), ich selbst, dich davor,
gegen mich zu sündigen.

(c) כִּי־יֶלֶד יֻלַּד־לָנוּ בֵּן נִתַּן־לָנוּ
    וַתְּהִי הַמִּשְׂרָה עַל־שִׁכְמוֹ וַיִּקְרָא שְׁמוֹ
    פֶּלֶא יוֹעֵץ אֵל גִּבּוֹר אֲבִי־עַד
    שַׂר־שָׁלוֹם׃
    (Jes 9,5)

(c) Ja, ein Kind ist uns geboren,
ein Sohn ist uns gegeben!
Es kam die Herrschaft auf
seine Schulter, und man nannte ihn: Wunder-Planer, Mächtiger Gott, Ewig Vater,
Friedefürst.

(d) שָׁמָּה קָבְרוּ אֶת־אַבְרָהָם וְאֵת שָׂרָה
    אִשְׁתּוֹ שָׁמָּה קָבְרוּ אֶת־יִצְחָק וְאֵת
    רִבְקָה אִשְׁתּוֹ וְשָׁמָּה קָבַרְתִּי אֶת־לֵאָה׃
    (Gen 49,31)

(d) Dort haben sie (hat man) Abraham begraben und Sara, seine Frau; dort haben sie (hat
man) Isaak begraben und Re-
bekka, seine Frau; und dort
habe ich Lea begraben.

44.5.1 Eine finite Verbform enthält in ihrem Person-Morphem
bereits das Subjekt eines Satzes (a: fünf Sätze).
Darum braucht dem Prädikat eines Verbalsatzes kein Subjekt zu folgen.

44.5.2 Wird das Subjekt noch ausdrücklich genannt, so folgt es
dem Verb wie eine Apposition (a, fünfter Satz - vgl.
die Übersetzung).

44.5.3 Folgt der finiten Verbform ein - an sich überflüssiges
- Pronomen als Subjekt (b), so dient es zur Hervorhebung, wo Voranstellung und damit ein ZNS nicht möglich
oder nicht beabsichtigt ist.

44.5.4 Das unbestimmte Subjekt "man" kann - soweit keine Passiv-Formen gewählt sind - durch eine Verbform der 3.
Person maskulinum, Singular (c) oder Plural (d) ausgedrückt werden.

44.6   Kongruenz

44.6.1 Im allgemeinen gilt auch im Hebräischen der Grundsatz
der Kongruenz: Subjekt und Prädikat, Nomen und Attribut
(§ 47.1), Verweisform und Element, auf das verwiesen
wird (§ 52), stimmen in Person, Numerus und Genus überein.

44.6.1.1 Auch der Gebrauch des Plurals bei mehreren Subjekten
sowie der Gebrauch von pluralischen Attributen, Pronomina und Verbformen bei Nomina im Dual entspricht dieser Grundregel.

44.6.2 Abweichungen von der Kongruenz-Regel

וְיֵדְעוּ כָּל־הָאָרֶץ כִּי יֵשׁ אֱלֹהִים	(a) (Daß sie wissen: alle Welt)
לְיִשְׂרָאֵל: וְיֵדְעוּ כָּל־הַקָּהָל הַזֶּה	Daß alle Welt weiß, daß es einen Gott Israels gibt, und
כִּי־לֹא בְּחֶרֶב וּבַחֲנִית יְהוֹשִׁיעַ	daß (sie wissen:) diese ganze Versammlung diese ganze Ver-
(1 Sa 17,46 b f.) יְהֹוָה:	sammlung weiß, daß Jahwe nicht mit Schwert und Lanze rettet!
וַיִּקַּח אַבְרָם וְנָחוֹר לָהֶם נָשִׁים:	(b) Da nahm(en) sich Abram und Nahor Frauen:
שֵׁם אֵשֶׁת־אַבְרָם שָׂרָי וְשֵׁם אֵשֶׁת־	Die Frau Abrams hieß Sarai, und die Frau Nahors hieß
נָחוֹר מִלְכָּה: (Gen 11,29)	Milkah.
וַיַּרְא מֶלֶךְ מוֹאָב כִּי־חָזַק מִמֶּנּוּ	(c) Da sah der König von Moab, daß (stärker war -m- als er der
הַמִּלְחָמָה (2 Kö 3,26 a)	Kampf -f-) er dem Angriff nicht gewachsen war.

וּלְאַבְרָם הֵיטִיב בַּעֲבוּרָהּ וַיְהִי־ (d) Dem Abram aber tat er Gutes um
ihretwillen: So(wurde -m- ihm)
לוֹ צֹאן־וּבָקָר וַחֲמֹרִים וַעֲבָדִים bekam er Kleinvieh und Groß-
vieh, Esel, Sklaven, Sklavin-
וּשְׁפָחֹת וַאֲתֹנֹת וּגְמַלִּים: nen, Eselinnen und Kamele.
(Gen 12,16)

קֶשֶׁת גִּבֹּרִים חַתִּים (e) Der Bogen der Starken (ist)
zerbrochen.
(1 Sa 2,4)

44.6.2.1   Bei kollektiv gebrauchten Singularen, die eine Menge
von Individuen bezeichnen, kann das verbale Prädikat im
Plural stehen (a).
Umgekehrt steht bei dem "Plural" אֱלֹהִים, wenn das Wort
den (einen) Gott Israels bezeichnet, im allgemeinen der
Singular.

44.6.2.2   Wenn sich ein Prädikat auf jedes einzelne von mehreren
Subjekten bezieht (b), kann es auch im Singular stehen.

44.6.2.3   Oft steht die einfachere maskuline Verb- oder Nomenform
ohne Rücksicht auf Kongruenz vor femininen Nomina (c)
oder einer Reihe von Nomina verschiedenen Genus und
verschiedenen Numerus (d).

44.6.2.4   Gelegentlich kongruiert ein Prädikat mit dem letzten
Wort einer Constructus-Verbindung (e), obwohl es sich
eigentlich auf das erste Wort bezieht.

44.6.2.5   Zur fehlenden Kongruenz bei Nominalgruppen mit Zahl-
wörtern ist § 47.3 zu vergleichen.

Fortsetzung der Anm. 3 von S.169

Nach dieser Definition gehören zur Klasse der determinierten
Nomina: 1. Nomina mit Artikel
           2. Nomina mit Suffix
           3. Eigennamen
           4. Nomina im status constructus vor 1. bis 3.
Zur syntaktischen Funktion der Determination siehe unten § 52.5,
vor allem 52.5.5. und 52.5.6.

45 | Nominalgruppen: Constructus-Verbindung

45.1 Sinn

Die enge Zusammengehörigkeit von zwei (oder mehreren)
Nomina wird durch eine Constructus-Verbindung ausgedrückt.

> רוּחַ   (irgendein) Geist
>
> רוּחַ אֱלֹהִים   der Geist <u>Gottes</u>

45.1.1 Die zusammengehörigen Wörter bilden eine Sprech- und
Sinn-Einheit.

45.1.2 Das letzte Wort, im <u>status absolutus</u>[1], trägt allein
die volle Betonung und macht die entscheidende Aussage:
Es begrenzt des Geltungsbereich des voraufgehenden Wortes - im <u>status constructus</u>[2].

45.1.3 Für die Übersetzung haben wir im Deutschen Genetiv-At-
tribute (das letzte Wort wird im Genetiv an das voraf-
gehende angeschlossen) oder Verbindungen mit der Präposition "von" zur Verfügung. (Ausführliches über verschiedene Übersetzungsmöglichkeiten s.unten § 45.4.)

45.2 Determination[3]

Die Constructus-Verbindung ist so eng, daß das letzte
Wort auch über die Determination des (oder der) voraufgehenden mit entscheidet.

----

(1) hebräisch: נִפְרָד "nifrad" = alleinstehend

(2) hebräisch: נִסְמַךְ "nismak" = angelehnt

(3) Der Ausdruck "Determination" suggeriert, es gehe darum, ob ein
Nomen bestimmt oder unbestimmt sei. Das ist aber nicht der Fall.
Man kann formal so definieren: Determinierte Nomina sind solche,
denen die Objekt-Partikel אֵת voraufgehen oder ein Adjektiv mit
Artikel folgen kann (vgl.§§ 50.1.1.1 und 47.1.3).

- Fortsetzung links, S. 168

דְּבַר הַמֶּלֶךְ	(a) <u>das</u> Wort <u>des</u> Königs
דְּבַר אֲדֹנִי	(b) <u>das</u> Wort <u>meines</u> Herrn
דְּבַר דָּוִד	(c) <u>das</u> Wort <u>Davids</u>
דְּבַר מֶלֶךְ	(d) <u>das</u> Wort <u>eines</u> Königs / <u>ein</u> Königswort

45.2.1   Wenn das Nomen im status absolutus einen Artikel hat (a)
         oder sonst - durch ein Suffix (b) oder als Eigenname (c)
         - determiniert ist, dann ist hiermit auch das Nomen im
         status constructus determiniert.

45.2.2   Vor einem nicht determinierten status absolutus steht
         auch ein nicht determinierter status constructus (d).
         Allerdings erfordert die <u>deutsche Grammatik</u> in einer
         Verbindung wie (d) an erster Stelle immer den bestimm-
         ten Artikel.

45.2.3   Innerhalb einer Constructus-Verbindung wird nicht dop-
         pelt determiniert. Darum kann ein Nomen im status con-
         structus weder Artikel noch Suffix bei sich haben.

45.2.3.1 Die verhältnismäßig wenigen Ausnahmen von dieser Regel
         müssen je an ihrem Ort im Text interpretiert werden.

45.2.3.2 Zur Verbindung von determiniertem mit indeterminiertem
         Nomen (wie z.B. deutsch: <u>ein</u> Psalm Davids) vgl. § 47.2.2.

45.3   Erweiterungen

וַיִּוָּתֵר יוֹתָם בֶּן־יְרֻבַּעַל הַקָּטֹן	(a) Dabei blieb Jotham, der Sohn Je- rubbaals, nämlich der Jüngste, übrig.
(Ri 9,5b)	= der jüngste Sohn Jerubbaals
רָאשֵׁי בְנֵי־יִשְׂרָאֵל הֵמָּה:	(b) Häupter der Söhne Israels (= Führer der Israeliten) waren sie.
(Nu 13,3b)	
מְעַט וְרָעִים הָיוּ יְמֵי שְׁנֵי חַיַּי וְלֹא הִשִּׂיגוּ אֶת־יְמֵי שְׁנֵי חַיֵּי אֲבֹתַי	(c) Kurz und schlimm waren die Tage der Jahre meines Lebens (= die Zeit meiner Lebensjahre) und erreichten nicht die Tage der Jahre des Lebens meiner Väter.
(Gen 47,9b)	

וְיֶ֫תֶר דִּבְרֵי יָרָבְעָם אֲשֶׁר נִלְחַם (d) Der Rest der Angelegenheiten
Jerobeams, wie er gekämpft und
וַאֲשֶׁר מָלָךְ הֵם כְּתוּבִים עַל־ wie er geherrscht hat, das ist
doch aufgezeichnet im Buch der
סֵ֫פֶר דִּבְרֵי הַיָּמִים Angelegenheiten der Tage (= im
Buch der Annalen)
לְמַלְכֵי יִשְׂרָאֵל: von den Königen Israels
(= der Könige Israels).

(1 Kö 14,19)

45.3.1 Die enge Verbindung der Glieder einer Constructus-Verbindung kann durch kein anderes Satzglied unterbrochen
werden. Nähere Bestimmungen stehen hinter dem status
absolutus, auch wenn sie sich auf das Nomen im status
constructus beziehen (a).

45.3.2 Einem Nomen im status constructus können weitere Nomina
im status construcuts vorangestellt sein (b und c), so
daß ganze Ketten voneinander abhängiger Nomina entstehen (c). Das letzte Nomen bestimmt den Sinn der ganzen
Kette.

45.3.3 Allzu lange Nominalketten sind dadurch vermieden, daß
an einer Stelle die Constructus-Verbindung durch eine
präpositionale Fügung - mit לְ - ersetzt ist (d) - vgl.
auch § 47.2.2).

בָּרוּךְ אַבְרָם לְאֵל עֶלְיוֹן (a) Gesegnet sei Abram
dem höchsten Gott,
קֹנֵה שָׁמַיִם וָאָרֶץ: dem Schöpfer von
Himmel und Erde!
(Gen 14,19b)

וְאַשְׁבִּיעֲךָ בַּיהוָה אֱלֹהֵי הַשָּׁמַיִם (b) daß ich dich schwören lasse
bei Jahwe, dem Gott
וֵאלֹהֵי הָאָרֶץ. des Himmels und (dem Gott)
der Erde, ...
(Gen 24,3)

45.3.4 Daß auf einen status constructus zwei durch וְ koordi-
nierte Nomina folgen (a), kommt selten vor.
Sonst wird der status constructus jedem status absolutus beigefügt (b), und die ganzen Nominalgruppen werden durch וְ koordiniert.

Im Deutschen steht das regierende Nomen in jedem Fall
nur einmal.

45.4   Übersetzungs-Möglichkeiten

רוּחַ אֱלֹהִים   (a) der Geist Gottes

וַיֹּאמֶר יְהוָה זַעֲקַת סְדֹם וַעֲמֹרָה   (b) Da sprach Jahwe: Das Geschrei
(Gen 18,20)   כִּי־רָבָּה   (von) über Sodom und Gomorrha:
                                                  fürwahr, es ist groß!

רַק הַבְּהֵמָה בָּזַזְנוּ לָנוּ וּשְׁלַל   (c) Nur das Vieh haben wir uns als
הֶעָרִים אֲשֶׁר לָכָדְנוּ:   Beute genommen und die Beute
(Dt 2,35)   aus den Städten, die wir einge-
                                                  nommen hatten.

וַיְדַבֵּר יְהוָה אֶל־מֹשֶׁה   (d) Da redete Jahwe zu Mose in der
(Nu 3,14)   בְּמִדְבַּר סִינַי   Wüste Sinai.

45.4.1   Allgemein wird durch eine Constructus-Verbindung der
         Bereich angegeben, in dem das im status constructus ste-
         hende Nomen gilt, zu dem es gehört.
         Zur Übersetzung stehen im Deutschen Genetiv-Attribute
         (a) oder Verbindungen mit der Präposition "von" zur
         Verfügung.

45.4.2   Oft geht aber der Gebrauch der Constructus-Verbindung
         über solche Fälle hinaus.
         Wird der Bereich angegeben, auf den das Nomen zielt
         (b) oder aus dem es herkommt (c), müssen im Deutschen
         andere Präpositionen gewählt werden.

45.4.3   Der Name einer Person oder Sache, der in der Construc-
         tus-Verbindung den Geltungsbereich des voraufgehenden
         Begriffs fixiert, wird im Deutschen als Apposition (d)
         angeschlossen.

וַתֵּרֶב חָכְמַת שְׁלֹמֹה מֵחָכְמַת כָּל־   (a) So wurde die Weisheit Salomos
בְּנֵי־קֶדֶם   größer als die Weisheit aller
(1 Kö 5,10)   (Söhne oder Angehörigen des
                                                  Ostens) Orientalen.

כִּי אִישׁ דָּמִים אָתָּה: (b) Ja, ein (Mann von Blutschul-
(2 Sa 16,8b/β)   den) Blut-Mensch / mit Blut
                                                  befleckter Mensch bist du!

הִנֵּה בַּעַל הַחֲלֹמוֹת הַלָּזֶה בָּא: (c) Seht, der (Herr der Träume)
(Gen 37,19b)   Träumer, da kommt er!

וְאַבְרָם בֶּן־חָמֵשׁ שָׁנִים וְשִׁבְעִים שָׁנָה בְּצֵאתוֹ מֵחָרָן׃ (Gen 12,4b)	(d) Abram aber war (ein Sohn der 75 Jahre / ein den 75 Jahren zuzuzählender) fünfundsiebzig Jahre alt, als er aus Haran aufbrach.

45.4.4 Durch Verbindungen mit dem status constructus von בֶּן,
        אִישׁ oder בַּעַל kann die Zugehörigkeit zu einer Gruppe
        (a,d) oder die Teilhabe an einer Eigenschaft (b,c) aus-
        gedrückt werden. Vor allem Altersangaben (d) werden so
        ausgedrückt.
        Für die Übersetzung müssen zusammengesetzte Substantive
        oder Umschreibungen gewählt werden.

וְדֶרֶךְ חַיִּים תּוֹכְחוֹת מוּסָר׃ לְשָׁמָרְךָ מֵאֵשֶׁת רָע מֵחֶלְקַת לָשׁוֹן נָכְרִיָּה׃ (Spr 6,23b-24)	(a) Und ein Weg zum Leben sind Vorhaltungen und Zucht, daß sie dich bewahren vor einem (Weib von Bosheit) bösen Weib, vor der (Glätte einer fremden Zunge) glatten, fremden Zunge.
וַתִּתֵּן לָהֶם מִשְׁפָּטִים יְשָׁרִים וְתוֹרוֹת אֱמֶת (Neh 9,13b)	(b) Da gabst du ihnen rechte Satzungen und (Weisungen von Zuverlässigkeit) zuverlässige Weisungen.
וּבְלֵב כָּל־חֲכַם־לֵב נָתַתִּי חָכְמָה (Ex 31,6 aβ)	(c) Und ins Herz (eines jeden Weisen von Herzen) eines jeden, der sachverständigen Sinn hat, habe ich Sachverstand gegeben.

45.4.5 Nomina, die eine Eigenschaft bezeichnen, können in
        einer Constructus-Verbindung als status absolutus (a,b)
        und als status construcuts auftreten (c).

        Für die Übersetzung können wir sie zunächst als sub-
        stantivierte Adjektive ansehen, um sie dann als Adjek-
        tive (a,b) oder durch Umschreibungen (c) wiederzugeben.

45.5 Erweiterter Gebrauch der Constructus-Verbindung

        Der Gebrauch der Constructus-Verbindung ist ausgeweitet
        auf Fälle, in denen auf ein Nomen im status constructus
        nicht ein weiteres Nomen, sondern ein anderes Satzglied
        folgt.

שָׂמְחוּ לְפָנֶיךָ כְּשִׂמְחַת בַּקָּצִיר (Jes 9,2b)	(a) Sie freuen sich vor dir wie (Freude in der Ernte) man sich bei der Ernte freut.

רֹכְבֵי אֲתֹנוֹת צְחֹרוֹת   (b) Die ihr reitet auf rötlichen
Eselinnen,
יֹשְׁבֵי עַל־מִדִּין   die ihr sitzt auf Teppichen
und die ihr auf dem Wege
וְהֹלְכֵי עַל־דֶּרֶךְ שִׂיחוּ:   geht - singt!

(Ri 5,10)

כֹּה אָמַר יְהוָה בִּמְקוֹם אֲשֶׁר   (c) So spricht Jahwe: An der Stelle, wo die Hunde das Blut
לָקְקוּ הַכְּלָבִים אֶת־דַּם נָבוֹת   Naboths geleckt haben,
sollen die Hunde auch dein
יָלֹקּוּ הַכְּלָבִים אֶת־דָּמְךָ גַּם־אָתָּה: Blut lecken.

(1 Kö 21,19b β)

תְּחִלַּת דִּבֶּר־יְהוָה בְּהוֹשֵׁעַ   (d) Der Anfang (dessen), daß
Jahwe durch Hosea geredet hat.

(Hos 1,2)

45.5.1   Anstelle des Nomens im status absolutus kann dem status
constructus eine präpositionale Fügung folgen (a,b)
oder ein ganzer Satz mit אֲשֶׁר (c) oder ohne אֲשֶׁר (d).

In der deutschen Übersetzung erscheinen präpositionale
Attribute oder Umschreibungen durch Nebensätze.

46   Nominalgruppen: Apposition

46.1   Funktion

46.1.1   Eine Apposition ist die Näherbestimmung eines Nomens
durch ein anderes, das ihm in der Regel folgt und weder durch eine Präposition noch in der Art einer Constructus-Verbindung mit ihm verbunden ist.

כִּי־אַתֶּם בָּאִים אֶל־הָאָרֶץ כְּנַעַן   (a) Wenn ihr in das Land kommt,
(nämlich) nach Kanaan, - dies
זֹאת הָאָרֶץ אֲשֶׁר תִּפֹּל לָכֶם   ist das Land, das euch als
Erbteil zufällt.
בְּנַחֲלָה

(Nu 34,2aβ,bα)

(b) וַיִּקְרָא גַּם־פַּרְעֹה לַחֲכָמִים
וְלַמְכַשְּׁפִים וַיַּעֲשׂוּ גַם־הֵם חַרְטֻמֵּי
מִצְרַיִם בְּלַהֲטֵיהֶם כֵּן:
(Ex 7,11)

Da rief auch Pharao die Weisen und die Zauberer, und auch sie, (nämlich) die Gelehrten Ägyptens, machten dasselbe mit ihren Zauberkünsten.

(c) ... הָאָרֶץ אֲשֶׁר אָנֹכִי נֹתֵן לָכֶם
לִבְנֵי יִשְׂרָאֵל
(Jos 1,2bß)

... das Land, das ich euch, (nämlich) den Israeliten, gebe

(d) וַתֹּסֶף לָלֶדֶת אֶת־אָחִיו אֶת־הֶבֶל
(Gen 4,2)

Dann gebar sie noch einmal, seinen Bruder, (nämlich) den Abel.

46.1.2 Appositionen spezifizieren einen Nominalbegriff (a-d).

46.1.3 Sie dienen oft dazu, pronominale Satzglieder, Personal-
        pronomina (b) oder Suffixe (c) zu verdeutlichen.

46.1.4 Präpositionen (c) oder das Akkusativ-Zeichen אֵת (d)
        können vor der Apposition wiederholt sein.

46.1.5 Zum Subjekt eines Verbalsatzes als Apposition vgl. §
        44.5.1 und 2.

46.2 Zur Übersetzung

(a) וַיִּשְׁמַע דָּוִד וַיִּשְׁלַח אֶת־יוֹאָב
וְאֵת כָּל־הַצָּבָא הַגִּבֹּרִים:
(2 Sa 1o,7)

Als David das erfuhr, sandte er Joab und die ganze (Heerschar, nämlich die Krieger) Kriegerschar.

(b) וַיֹּאמְרוּ לוֹ עֲבָדָיו יְבַקְשׁוּ לַאדֹנִי
הַמֶּלֶךְ נַעֲרָה בְתוּלָה
(1 Kö 1,2)

Da sprachen seine Diener zu ihm: Man suche für meinen Herrn, den König, (ein Mädchen, und zwar eine Jungfrau) ein jungfräuliches Mädchen!

46.2.1 Der Gebrauch der Apposition ist verbreiteter als im
        Deutschen. Wo im Deutschen eine Apposition nicht mög-
        lich ist, kann über die Hilfsübersetzung "nämlich/und
        zwar" die angemessene Wiedergabe durch ein einziges
        Substantiv (a), ein Adjektiv (b) oder eine Umschreibung
        gefunden werden.

46.2.2   Zum sogenannten adverbialen Akkusativ, einer nominalen
         Erweiterung zum Prädikat, vgl. §§ 44.3.3, 5o.2.4.

---

47 | Andere Nominalgruppen

47.1   Adjektivische Attribute

47.1.o.1   Nomina, die Eigenschaften bezeichnen und im Deutschen
           unter anderem mit Adjektiven wiedergegeben werden kön-
           nen (z.B. טוֹב : "Güte/Guter/gut") fügen sich im Satz als
           Subjekt und Prädikat (§ 44.3), als Ergänzung des verba-
           len (§ 5o) und des nominalen Satzglieds (§ 44.3.3) in
           gleicher Weise ein wie die anderen Nomina.

47.1.o.2   Ihre einzige Besonderheit ist, daß sie maskuline und
           feminine Formen nebeneinander haben[1].
           Die Zahl solcher Adjektive ist im Hebräischen nicht
           groß.

47.1.o.3   Was - in Analogie zur deutschen und lateinischen Gram-
           matik - als "adjektivisches Attribut" bezeichnet wird,
           ist nur eine Sonderform der Apposition (§ 46).

אִישׁ טוֹב (a)	ein Mann: und zwar ein guter	= ein guter Mann
אֲנָשִׁים טוֹבִים (b)	Männer: nämlich gute	= gute Männer
תּוֹרָה טוֹבָה (c)	Weisung(en): und zwar (eine) gute	
תּוֹרוֹת טוֹבוֹת		= gute Weisung(en)
אִישׁ אֱלֹהִים קָדוֹשׁ (d)	ein Mann Gottes, und zwar ein heiliger	
(2 Kö 4,9)		= ein heiliger Gottesmann

47.1.1   Wie alle Appositionen folgt das adjektivische Attribut
         in der Regel dem Nomen, das es näher bestimmt (Bezie-
         hungswort). Das Attribut stimmt mit dem Beziehungswort

---

(1) Diese Besonderheit haben sie gemeinsam mit Substantiven wie
    מֶלֶךְ / מַלְכָּה oder סוּס / סוּסָה . Es besteht also keine Veranlassung
    eine eigene Formklasse "Adjektiv" aus der Klasse der Nomina
    auszugrenzen.

in Genus und Numerus überein (a-c), es ist mit ihm kongruent[2].

47.1.2   Steht das Beziehungswort innerhalb einer Constructus-
         Verbindung (d), so steht das "Adjektiv" hinter dem letz-
         ten Nomen (status absolutus) (§ 45.3.1).

הִיא הָעִיר הַגְּדֹלָה (a) (Gen 1o,12b)	Das ist(die Stadt, und zwar die große) = die große Stadt.
כִּי עֵינֵיכֶם הָרֹאֹת אֶת־כָּל־מַעֲשֵׂה (b) יְהוָה הַגָּדֹל אֲשֶׁר עָשָׂה: (Dt 11,7)	Ja, eure Augen sind es, die gesehen haben: das ganze (Werk Jahwes, und zwar das große) große Werk Jahwes, das er getan hat.
וַיְדַבֵּר (אֲבִימֶלֶךְ) אֶת־כָּל־הַדְּבָרִים (c) הָאֵלֶּה בְּאָזְנֵיהֶם (Gen 20,8aß)	Da redete Abimelech alle (Worte, und zwar hier die) diese Worte vor ihren Ohren.
וַיֹּאמֶר מֹשֶׁה אָסֻרָה־נָּא וְאֶרְאֶה (d) אֶת־הַמַּרְאֶה הַגָּדֹל הַזֶּה (Ex 3,3)	Da dachte Mose: Ich will hinübergehen und (die Erschei- nung, und zwar die große, und zwar diese) diese wunderbare Erscheinung ansehen.

47.1.3   Ist das Beziehungswort determiniert (durch Artikel oder
         Suffix, als Eigenname oder in einer determinierten Con-
         structus-Verbindung - s.§ 45.2, Anm.3), so erhält das
         adjektivische Attribut den Artikel (a,b).

47.1.4   Demonstrativ-Pronomina (הִיא - הוּא - אֵלֶּה - זֹאת - זֶה -
         הֵמָּה) sind als Appositionen wie die Adjektive behandelt.
         Tritt zu einem adjektivischen Attribut noch ein prono-
         minales, so nimmt das Pronomen die letzte Stelle ein(d).

וַיְהִי־עֶרֶב וַיְהִי־בֹקֶר יוֹם (a) (Gen 1,31b) הַשִּׁשִּׁי:	Da wurde es Abend, da wurde es Morgen: ein Tag, und zwar der sechste

---

(2) Ausnahmen von der Kongruenz-Regel s.§ 44.6.2.
    Ausnahmen von der Stellungs-Regel sind selten und als Ausdruck
    besonderer Betonung zu erklären. Das Nomen רַבִּים "viele" kann
    wie ein Zahlwort voranstehen (§ 47.3).

> (b) וַיֹּאמֶר (יְהוָה) לוֹ לֵךְ בְּכֹחֲךָ זֶה   Da sprach Jahwe: Geh in dieser
> deiner Kraft (in deiner Kraft
> (Ri 6,14aß)   hier).

47.1.5   Tritt ausnahmsweise ein Adjektiv mit Artikel zu einem
         nicht determinierten Nomen (a), so kann diese Verbin-
         dung als Apposition erklärt und in ihrem jeweiligen
         Kontext interpretiert werden.

47.1.6   Oft steht ein Demonstrativpronomen, das ja selbst, wie
         der Artikel, verweisende Funktion hat (§ 52.4.2), auch
         nach einem determinierten Nomen ohne Artikel.(b).

47.2   Präpositionale Attribute

         Wie im Deutschen können auch im Hebräischen Nomina durch

         eine präpositionale Fügung erweitert werden.

> (a) וַיַּעַשׂ שְׁלֹמֹה הָרַע בְּעֵינֵי יְהוָה   So tat Salomo das Böse (und
> zwar das, was) in Jahwes Au-
> gen (Böses war)
> (1 Kö 11,6)   = was Jahwe als Böses ansah.
>
> (Ps 3,1 u.ö.)   מִזְמוֹר לְדָוִד   (b) Ein Psalm - von David
> = ein Psalm Davids
>
> (c) וַיַּרְא מִיכָה כִּי־חֲזָקִים הֵמָּה מִמֶּנּוּ   Da sah Micha, daß sie (stark
> waren - mehr als er)
> (Ri 18,26b)   stärker als er waren.
>
> (d) וַתֵּרֶב חָכְמַת שְׁלֹמֹה מֵחָכְמַת כָּל־   So wurde die Weisheit Salomos
> (groß - mehr als) größer als
> (1 Kö 5,10)   בְּנֵי־קֶדֶם   die Weisheit aller Orientalen.

47.2.1   Es ist darauf zu achten, daß präpositionale Erweiterun-
         gen eines Nomens auch in der Übersetzung nicht auf das
         Verb bezogen werden (a).

47.2.2   Das präpositionale Attribut mit לְ (b) kann als Aus-
         druck der Zugehörigkeit vor allem dann gebraucht wer-
         den, wenn eine Constructus-Verbindung aus Gründen der
         Determination nicht möglich ist (§ 45.2).

47.2.3   Innerhalb eines Vergleichs kann ein Adjektiv, auch ein
         Zustandsverb (d), durch einen präpositionalen Ausdruck
         mit מִן erweitert sein. Eine solche Konstruktion wird im
         Deutschen mit Hilfe des Komparativs wiedergegeben (c.d).

47.3   Nominalgruppen mit Zahlwörtern

וַיָּבֹאוּ שְׁנֵי הַמַּלְאָכִים סְדֹמָה (a)   Da kamen die zwei Boten am
                                         Abend nach Sodom.
(Gen 19,1)   בָּעֶרֶב

וַיַּעֲבֵר יִשַׁי שִׁבְעַת בָּנָיו לִפְנֵי (b)   Da ließ Isai seine sieben Söh-
                                           ne vor Samuel vorbeigehen.
              שְׁמוּאֵל

(1 Sa 16,1o)

47.3.1   Die Zahlen von 1 bis 1o können im status constructus
         vor dem gezählten Nomen stehen (a). Das gezählte Nomen
         steht auch bei der Zahl 2 im Plural.

47.3.2   Die Zahlen von 3 bis 1o haben immer das entgegengesetzte
         Genus wie das gezählte Nomen (b)[3].

47.3.3   Appositionen

וַיּוֹלֶד נֹחַ שְׁלֹשָׁה בָנִים אֶת־שֵׁם (a)   Und Noah zeugte drei Söhne:
                                           Sem, Ham und Japhet.
(Gen 6.1o)   אֶת־חָם וְאֶת־יָפֶת:

וַיִּתֵּן הָאֱלֹהִים לְהֵמָן בָּנִים (b)   Und Gott gab Heman vierzehn
                                      Söhne und drei Töchter.
אַרְבָּעָה עָשָׂר וּבָנוֹת שָׁלוֹשׁ:

(1 Chr 25,5b)

וְדָוִד הוּא הַקָּטָן וּשְׁלֹשָׁה הַגְּדֹלִים (c)   David aber war der Jüngste,
                                               während die drei Ältesten Ge-
         הָלְכוּ אַחֲרֵי שָׁאוּל: folgsleute Sauls waren.

(1 Sa 17,14)

         Alle Zahlwörter können auch als Apposition zu den ge-
         zählten Nomina treten. Auch in appositioneller Stellung

---

(3) Hier zeigt sich noch die ursprüngliche Funktion der Endung ā/t,
    ein Nomen als Einzel-Ding gegenüber einem Kollektiv zu unter-
    scheiden (vgl. § 16.2,Anm.1); bei maskulinem Nomen wurde sie
    dem Zahlwort angefügt: "sieben-einzelne : Söhne", bei "femini-
    nem" Nomen, das die Endung schon hatte, blieb das Zahlwort
    ohne die Endung: "Töchter-einzelne : drei".

haben die Zahlen von 3 bis 1o das entgegengesetzte Genus
wie das gezählte Nomen (a,b).

47.3.3.1   In appositioneller Stellung ist die Reihenfolge belie-
big: Es kann das gezählte Nomen Apposition zum Zahlwort
sein (a) oder das Zahlwort Apposition zum gezählten Nomen (b).

47.3.3.2   Zahlwörter in appositioneller Stellung müssen nicht in
der Determination mit dem gezählten Nomen übereinstim-
men (c).

47.3.4   Zusammengesetzte Zahlen

כָּל־הַפְּקֻדִים לְמַחֲנֵה רְאוּבֵן (a)	Alle Gemusterten im Heerlager Rubens sind (hundert tausend und eins und fünfzig tausend und vier hundert und fünfzig) 151 45o nach ihren Heerscharen; sie brechen an zweiter Stelle auf.
מְאַת אֶלֶף וְאֶחָד וַחֲמִשִּׁים אֶלֶף	
וְאַרְבַּע־מֵאוֹת וַחֲמִשִּׁים לְצִבְאֹתָם	
(Nu 2,16) וּשְׁנִיִם יִסָּעוּ׃	
וַיְהִי כָל־בְּכוֹר זָכָר בְּמִסְפַּר שֵׁמוֹת (b)	Es belief sich die Zahl aller männlichen Erstgeborenen nach der Zahl der Namen - 1 Monat und älter - bei ihrer Muste- rung auf (zwei und zwanzig tausend drei und siebzig und zweihundert) 22 273.
מִבֶּן־חֹדֶשׁ וָמַעְלָה לִפְקֻדֵיהֶם שְׁנַיִם	
וְעֶשְׂרִים אֶלֶף שְׁלֹשָׁה וְשִׁבְעִים	
(Nu 3,43) וּמָאתָיִם׃	
לְבַד מִשָּׂרֵי הַנִּצָּבִים לִשְׁלֹמֹה אֲשֶׁר (c)	... außerdem die Aufseher Sa- lomos, die die Arbeiten zu leiten hatten: (drei tausend und drei hundert) 3 3oo.
עַל־הַמְּלָאכָה שְׁלֹשֶׁת אֲלָפִים וּשְׁלֹשׁ	
(1 Kö 5,3o) מֵאוֹת	
וַיִּהְיוּ חַיֵּי שָׂרָה מֵאָה שָׁנָה וְעֶשְׂרִים (d)	Es dauerte das Leben Saras (hundert Jahr und zwanzig Jahr und sieben Jahre) 127 Jahre.
(Gen 23,1) שָׁנָה וְשֶׁבַע שָׁנִים	

47.3.4.1   Für die Reihenfolge der einzelnen Glieder in zusammengesetzten Zahlen besteht kein Stellungszwang (vgl. a
mit b). Auch die Verbindung mit וְ ist nicht obligato-
risch (b). Meist steht - wie im Deutschen - die größere Zahl voran (a).

47.3.4.2   Die Zahlwörter אֶלֶף (1ooo) und מֵאָה (1oo) können mit den
sie zählenden Einer-Zahlen (drei tausend, drei hundert
usw.) eine Constructus-Verbindung bilden (c).

47.3.4.3 Es kann auch das gezählte Nomen innerhalb einer zusam-
          mengesetzten Zahl wiederholt sein (d).
          Zum Beispiel d vgl. auch unten 47.3.5.1.

47.3.4.4 Zu Altersangaben (b) vgl. § 45.4.4.

47.3.5   Besonderheiten

וַיְהִי מֹשֶׁה בָּהָר אַרְבָּעִים יוֹם (Ex 24,18b) וְאַרְבָּעִים לָיְלָה׃	(a) Und Mose war auf dem Berg 4o Tage und 4o Nächte.
וּלְשָׂרָה אָמַר הִנֵּה נָתַתִּי אֶלֶף כֶּסֶף (Gen 2o,16) לְאָחִיךְ	(b) Zu Sara aber sagte er: Hier gebe ich deinem Bruder 1ooo (Schekel) Silber.
וְעַתָּה קְחוּ לָכֶם שְׁנֵי עָשָׂר אִישׁ מִשִּׁבְטֵי יִשְׂרָאֵל אִישׁ־אֶחָד אִישׁ־ (Jos 3,12) אֶחָד לַשָּׁבֶט׃	(c) Und nun nehmt euch 12 Mann von den Stämmen Israels: je einen Mann pro Stamm.
וַיְהִי בִּשְׁנַת אַרְבַּע לְדָרְיָוֶשׁ הַמֶּלֶךְ הָיָה דְבַר־יְהוָה אֶל־זְכַרְיָהּ בְּאַרְבָּעָה לַחֹדֶשׁ הַתְּשִׁיעִי בְּכִסְלֵו׃ (Sach 7,1)	(d) Im (Jahr vier) vierten Jahr des Königs Darius geschah das Wort Jahwes zu Sacharja: am vier(ten Tag) des neunten Monats, im Kislew.

47.3.5.1 Oft gezählte Nomina wie יוֹם, לָיְלָה (a), אִישׁ (c),
          (s.o.47.3.4 -d), auch אֶלֶף (s.o.47.3.4 -b) stehen
          bei Zahlwörtern häufig im Singular.

47.3.5.2 Geläufige Maßeinheiten wie "Schekel" oder "Epha" sind
          bei Wert- und Maßangaben oft ausgelassen (b).

47.3.5.3 Wiederholung von Zahl und Gezähltem, zusammen mit der
          Präposition לְ, bedeutet Distribution (c).

47.3.5.4 Eigene Ordnungszahlen gibt es nur von 1 bis 1o (§ 22.3).
          Ansonsten wird deren Stelle durch die Grundzahlen ver-
          treten. Grundzahlen unter 1o stehen anstelle der ent-
          sprechenden Ordnungszahlen besonders häufig in Datums-
          angaben (d).

48 | Das verbale Satzglied - Tempora

48.1   Bestand und Distribution

48.1.1   Nach der Bildungsweise der Tempusformen des Verbs stehen einander gegenüber: Formen der Präformativ-Konjugation (ti-ktob) und der Afformativ-Konjugation (katab-ta)
(vgl. §§ 24 - 27).

48.1.1.1   Darum werden meist die Tempora "Imperfekt" und "Imperfekt consecutivum" (תִּכְתֹּב und וַיִּכְתֹּב) auf der einen
Seite und die Tempora "Perfekt" und "Perfekt consecutivum" auf der anderen Seite (כָּתַבְתָּ und וְכָתַבְתָּ) zusammen
betrachtet.

48.1.1.2   Das Vorkommen der Tempusformen in Texten zeigt, daß diese formale Gruppierung für die Syntax nicht relevant
ist.

48.1.2   Eine Zählung der Verbformen in Texten verschiedener Gattung ergibt:

48.1.2.1   In Erzählungen überwiegt eindeutig das Imperfekt consecutivum (ic) mit ca. 75 % aller Tempusformen[1].
Dem entspricht ein geringes Vorkommen des Imperfekt (i)
und des Perfekt consecutivum (pc) von je 2 %.

48.1.2.2   In Texten und Textteilen, die nicht erzählen (z.B. Ge-
setze, Predigten, Prophetensprüche, Psalmen), einschließ-
lich der Dialog-Partien aus den Erzählungen, überwiegt
nicht ganz so eindeutig, aber doch deutlich das Imperfekt (i) mit ca. 5o % aller Tempusformen.
Dem entspricht ein geringes Vorkommen des Imperfekt consecutivum (ic) mit ca. 5 %.

48.1.2.3   Das Perfekt (p) dagegen ist in Texten aller Gattungen
ziemlich gleichmäßig vertreten, und zwar in den Erzählungen mit ca. 22 %, in anderen Gattungen mit ca. 28 %.

48.1.2.4   Das Perfekt consecutivum (pc) kommt überwiegend in solchen Texten vor, in denen das Imperfekt vorherrscht
(ca. 2o %).

48.1.3   Imperfekt (i) und Imperfekt consecutivum (ic) sind die
Haupt-Tempora. Sie stehen zueinander in Opposition[2].

----
(1) Bei dieser Zählung sind die Dialog-Partien in den Erzählungen,
in denen ja selbst nicht erzählt wird, nicht mit berücksichtigt. Zählt man sie mit, ergibt sich immer noch ein deutliches
Übergewicht der ic-Formen (ca. 5o%).
(2) "Opposition" nennt die Sprachwissenschaft das Verhältnis zweier sprachlicher Einheiten, die sich durch

(Forts. S. 183)

48.1.3.1 Das Vorherrschen von Imperfekt auf der einen und Imper-
          fekt consecutivum auf der anderen Seite charakterisiert
          die Sprechhaltung eines Textes als erzählend (ic) oder
          besprechend (i).
          Erzählende Rede läßt dem Hörer Freiheit zur Distanzie-
          rung.
          Besprechende Rede engagiert ihn: Sprecher und Hörer
          haben zu agieren und zu reagieren[3].

48.1.3.2 Die anderen Tempora (p und pc) sowie die übrigen Verb-
          formen (Imperative, Partizipien, Infinitive) ordnen sich
          den Haupt-Tempora als Neben-Tempora zu.

  48.1.4 Zur Terminologie

48.1.4.1 Für die Bezeichnungen der Tempora gilt, wie grundsätz-
          lich für alle grammatischen Termini, daß man den Namen
          keine Hinweise auf die Funktion des grammatischen Phä-
          nomens entnehmen darf.

48.1.4.2 Es bleibt aber vor allem die Bezeichnung "Imperfekt"
          ärgerlich, da wir damit falsche Assoziationen aus der
          französischen und lateinischen Grammatik verbinden kön-
          nen. Vorzuschlagen wäre evtl. neben dem bereits einge-
          führten Namen "Narrativ" für das Erzähl-Tempus "Imper-
          fekt consecutivum" der Name "Discursiv" für das Rede-
          Tempus "Imperfekt".

48.1.4.3 Trotzdem wird in dieser Grammatik aus praktischen Grün-
          den an dem überlieferten Namen "Imperfekt" unter der
          oben gemachten Einschränkung festgehalten.

  48.2 Die Tempora in erzählenden Texten

וַיֵּרָא אֵלָיו יְהֹוָה בְּאֵלֹנֵי מַמְרֵא	Da erschien ihm Jahwe im Hain Mamre -
וְהוּא יֹשֵׁב פֶּתַח־הָאֹהֶל כְּחֹם הַיּוֹם׃	er aber saß gerade am Zelt- eingang in der Mittagshitze,
וַיִּשָּׂא עֵינָיו	Da erhob er seine Augen,

----

(2) - von S.182 - mindestens ein distinktives Merkmal voneinander
    unterscheiden, in ein und demselben sprachlichen Kontext auf-
    treten können und sich - zumindest in diesem Kontext - wech-
    selseitig ausschließen.

(3) Diese Funktionsbestimmung der Tempora beruht auf der Tempus-
    Theorie von Harald Weinrich, der in seinem Buch "Tempus -
    Besprochene und erzählte Welt" (2.Aufl.Stuttgart 1971) für die
    europäischen Sprachen nachgewiesen hat, daß die Tempusformen
    des Verbs weder Zeitstufen noch Aspekte von Handlungen be-
    zeichnen.
    Zur Theorie der hebräischen Tempora als Aspekte s.unten § 48.7.

וַיַּרְא	Da sah er:
וְהִנֵּה שְׁלֹשָׁה אֲנָשִׁים נִצָּבִים עָלָיו	(und) siehe da: drei Männer standen vor ihm.
וַיַּרְא	Da sah er,
וַיָּרָץ לִקְרָאתָם מִפֶּתַח הָאֹהֶל	da lief er ihnen entgegen vom Zelteingang,
וַיִּשְׁתַּחוּ אָרְצָה:	da warf er sich ehrfurchtsvoll zu Boden,
(Gen 18,1 ff) וַיֹּאמֶר ···	da sprach er ...

48.2.1   In den Verbalsätzen, die den Vordergrund der Erzählung bilden (vgl. § 44.2), stehen die Prädikate im Narrativ (ic).

48.2.1.1   Die für die Erzählung konstitutive Kategorie der Erzählfolge ist durch das Tempus-Morphem "wa" (Waw mit Pataḥ und folgendem Dagesch forte) signalisiert.

48.2.1.2   Für die Übersetzung steht das deutsche Erzähl-Tempus Präteritum zur Verfügung. Das folgernde Element kann durch die Partikeln "da", "dann", "und" wiedergegeben werden[4].

48.2.2   Das Perfekt als Nebentempus

וַיִּמְצָא הֲדַד חֵן בְּעֵינֵי פַרְעֹה מְאֹד	(a) Da fand Hadad große Gunst in den Augen Pharaos,
וַיִּתֶּן־לוֹ אִשָּׁה אֶת־אֲחוֹת אִשְׁתּוֹ	da gab er ihm eine Frau, und zwar die Schwester seiner
אֲחוֹת תַּחְפְּנֵיס הַגְּבִירָה:	Frau, die Schwester der Herrscherin Tachpenes,
וַתֵּלֶד לוֹ אֲחוֹת תַּחְפְּנֵיס אֵת גְּנֻבַת בְּנוֹ	da gebar ihm die Schwester der Tachpenes seinen Sohn Genubat,
וַתִּגְמְלֵהוּ תַחְפְּנֵס בְּתוֹךְ בֵּית פַּרְעֹה	da entwöhnte ihn Tachpenes im Haus des Pharao,
וַיְהִי גְנֻבַת בֵּית פַּרְעֹה בְּתוֹךְ בְּנֵי פַרְעֹה:	da war Genubat im Haus des Pharao inmitten der Söhne Pharaos.

---

(4) Für die Übersetzung der Beispieltexte ist - wenn auch etwas schematisch - beim ic. die deutsche Partikel "da", beim pc. (§ 48.3.4) die deutsche Partikel "so" gewählt, um die hebräischen Tempus-Verhältnisse möglichst erkennbar im deutschen Text widerzuspiegeln.

וַהֲדַד שָׁמַע בְּמִצְרָיִם	Hadad aber: Er hatte gehört in Ägypten (= Als aber Hadad in Ägypten hörte),
כִּי־שָׁכַב דָּוִד עִם־אֲבֹתָיו	daß David sich zu seinen Vätern gelegt hatte
וְכִי־מֵת יוֹאָב שַׂר־הַצָּבָא	und daß der Heerbannführer Joab gestorben war,
וַיֹּאמֶר הֲדַד אֶל־פַּרְעֹה ...	da sprach Hadad zu Pharao:...

(1 Kö 11,19 ff)

וַיִּשְׁמְעוּ יֹשְׁבֵי יָבֵישׁ גִּלְעָד	(b) Da hörten die Bewohner von Jabesch in Gilead,
אֵת אֲשֶׁר־עָשׂוּ פְלִשְׁתִּים לְשָׁאוּל:	was die Philister Saul angetan hatten;
וַיָּקוּמוּ כָּל־אִישׁ חַיִל	da machten sich alle Krieger auf,
וַיֵּלְכוּ ...	da gingen sie ...

(1 Sa 31,11 ff)

In den Sätzen, deren Prädikat im Perfekt steht, schreitet die Erzählung nicht fort.

48.2.2.1   Das Perfekt tritt in solchen Sätzen auf, deren Prädikat nicht an der Spitze des Satzes steht, vor allem in zusammengesetzten Nominalsätzen (ZNS) (vgl. § 44.1.2.3), nach Partikeln wie כִּי und אֲשֶׁר (a- Zeile 1o, b) sowie in der Regel nach der Negation לֹא.

48.2.2.2   Als Nebentempus gehört das Perfekt zum Hintergrund der Erzählung (vgl. § 44.2).

48.2.2.3   Als perspektivisches Tempus gibt das Perfekt an, daß in der Erzählung zurückgeschaut wird (zeitlicher Hintergrund)[5] (a - Zeile 1o f).

48.2.2.4   Für die deutsche Übersetzung steht das perspektivische Tempus Plusquamperfekt zur Verfügung.
Wenn in der deutschen Übersetzung der Hintergrund-Charakter eines Textstückes durch das syntaktische Mittel des Nebensatzes ausgedrückt wird, kann auch Präteritum stehen.

----

(5) Nur insofern kommt die Kategorie "Zeit" im Tempussystem vor. "Die meßbare, physikalische Zeit ist in der Sprache zugleich mit der realen Welt überhaupt vorausgesetzt. Das ist nichts Besonderes, schließlich setzt das Wort "Uhr" auch Zeit voraus." (H.Weinrich, a.a.O.,S.73) - Wichtig ist, daß sich der Erzähler distanziert (eben erzählend) zur Vergangenheit verhält.

48.2.3   Perfekte als Strukturelemente

וַיְהִי אַחַר הַדְּבָרִים הָאֵלֶּה   (a) (Da geschah es) nach diesen
                                        Begebenheiten,
וְהָאֱלֹהִים נִסָּה אֶת־אַבְרָהָם   daß Gott Abraham versucht
                                        hat.
וַיֹּאמֶר אֵלָיו אַבְרָהָם   Da sprach er zu ihm: "Abraham!"

וַיֹּאמֶר הִנֵּנִי: Da sprach er: "Hier bin ich!"

(Gen 22,1)   ... וַיֹּאמֶר   Da sprach er: ...

וּמְפִבֹשֶׁת בֶּן־שָׁאוּל יָרַד לִקְרַאת   (b) Mephiboschet aber, der Sohn
הַמֶּלֶךְ   Sauls, war herabgekommen, dem
                                        König entgegen;

וְלֹא־עָשָׂה רַגְלָיו   und nicht hatte er seine Füße
                                        gewaschen,
וְלֹא־עָשָׂה שְׂפָמוֹ   auch nicht hatte er seinen
                                        Bart gepflegt,
וְאֶת־בְּגָדָיו לֹא כִבֵּס לְמִן־הַיּוֹם   auch seine Kleider hatte er
                                        nicht gewaschen seit dem Tag
לֶכֶת הַמֶּלֶךְ עַד־הַיּוֹם   der Flucht des Königs
                                        bis zu dem Tag,
אֲשֶׁר־בָּא בְשָׁלוֹם: an dem er glücklich heimge-
                                        kommen war.
וַיְהִי   (Da geschah es),

כִּי־בָא מִירוּשָׁלַם לִקְרַאת הַמֶּלֶךְ   als er von Jerusalem her dem
                                        König entgegen kam,

וַיֹּאמֶר לוֹ הַמֶּלֶךְ ...   da sprach der König zu ihm:
                                        ...
(2 Sa 19,25 f)

וַיְקַנְאוּ־בוֹ אֶחָיו   (c) Da wurden sie eifersüchtig
                                        auf ihn, seine Brüder;
וְאָבִיו שָׁמַר אֶת־הַדָּבָר: aber sein Vater: Er hat sich
                                        die Sache gemerkt.
(Gen 37,11)

Als Neben- und Hintergrundtempus steht das Perfekt im
Dienst der Gliederung von Erzähltexten. Es hat makro-
syntaktisch[6] eine Rahmen-Funktion.

48.2.3.1 Vor allem im Erzählungs-Anfang sind Perfekte anzutreffen,
wo sie - oft in zusammengesetzten Nominalsätzen - Elemente der Erzähl-Einleitung bezeichnen (a) (vgl. Gen 1,
1-5 in § 44.1 und 2). Dabei sind sie begleitet von

----
(6) Zur Makro-Syntax der Gliederungssignale s. besonders § 54.

Erzähl-Signalen wie וַיְהִי oder unbestimmten Zeitangaben
(a).

48.2.3.2 Solche einleitenden Partien können ziemlich großen Um-
          fang annehmen (b). Der Übergang zum Hauptteil der Er-
          zählung wird meist durch besondere Signale markiert
          (z.B. וַיְהִי in b, 8.Zeile).

48.2.3.3 Das Beispiel c) stammt aus dem ersten Kapitel der Jo-
          seph-Erzählung (Gen 37-5o) und steht dort am Ende eines
          längeren einleitenden Abschnitts.
          Die beiden Sätze sind chiastisch gebaut. Der zusammen-
          gesetzte Nominalsatz mit Perfekt hat nach dem Verbal-
          satz mit Narrativ abschließende Funktion.

48.3 Die Tempora in besprechenden Texten

וַיַּעֲנוּ אֶת־יְהוֹשֻׁעַ לֵאמֹר	(a) Da antworteten sie Josua fol- gendes:
כֹּל אֲשֶׁר־צִוִּיתָנוּ	Alles, was du uns befohlen hast,
נַעֲשֶׂה	tun wir;
וְאֶל־כָּל־אֲשֶׁר תִּשְׁלָחֵנוּ	und wohin du uns schickst,
נֵלֵךְ:	gehen wir;
כְּכֹל אֲשֶׁר־שָׁמַעְנוּ אֶל־מֹשֶׁה	ganz wie wir Mose gehorcht haben,
כֵּן נִשְׁמַע אֵלֶיךָ	so gehorchen wir dir.
רַק יִהְיֶה יְהוָה אֱלֹהֶיךָ עִמָּךְ	Nur sei Jahwe, dein Gott, mit dir,
כַּאֲשֶׁר הָיָה עִם־מֹשֶׁה:	wie er mit Mose gewesen ist.
כָּל־אִישׁ אֲשֶׁר־יַמְרֶה אֶת־פִּיךָ	Jeder, der sich deinem Wort widersetzt
וְלֹא־יִשְׁמַע אֶת־דְּבָרֶיךָ	und deinen Anordnungen nicht gehorcht,
לְכֹל אֲשֶׁר־תְּצַוֶּנּוּ	bei allem, was du ihm be- fiehlst,
יוּמָת	wird getötet.
רַק חֲזַק וֶאֱמָץ:	Sei nur stark und entschlossen!

(Jos 1,16 ff)

וַיְדַבֵּר אֵלָיו	(b) Da sprach er zu ihm:
כֹּה־אָמַר יְהוָה	So hat Jahwe gesprochen:
יַעַן אֲשֶׁר שָׁלַחְתָּ מַלְאָכִים לִדְרֹשׁ	Weil du Boten geschickt hast, zu befragen

בְּבַעַל זְבוּב אֱלֹהֵי עֶקְרוֹן
הֲמִבְּלִי אֵין־אֱלֹהִים בְּיִשְׂרָאֵל
לִדְרֹשׁ בִּדְבָרוֹ
לָכֵן הַמִּטָּה אֲשֶׁר עָלִיתָ שָּׁם
לֹא־תֵרֵד מִמֶּנָּה
כִּי־מוֹת תָּמוּת:
(2 Kö 1,16)

Baal-Sebub, den Gott von Ekron
- (ist) denn kein Gott in Israel,
dessen Wort zu erfragen (wäre)? -
Darum: Das Lager, auf das du dich gelegt hast,
verläßt du nicht mehr.
Ja: du stirbst bestimmt!

In Texten, die nicht erzählen, sondern die Welt und das Verhalten der Menschen in ihr besprechen, ist das Imperfekt Haupttempus, das Perfekt Nebentempus.

48.3.1 Das Imperfekt hat allein die Funktion, die Rede in ihrer Sprechhaltung zu charakterisieren als auf die Sprechsituation bezogen, den Hörer betreffend.

48.3.1.1 Imperfekt-Formen sind - anders als Narrativ-Formen - nicht auf den Satzanfang beschränkt. Vordergrund und Hintergrund der Rede werden - anders als in der Erzählung - nicht durch die Tempora, sondern durch andere Zeichen (Satzstellung, Partikeln, Hinweise auf die Sprechsituation) bezeichnet.

48.3.2 Das Perfekt hat im besprechenden Kontext allein perspektivische Funktion.

48.3.2.1 Mit dem Gebrauch des Perfekts bezieht sich der Sprecher zurück auf Fakten der Vergangenheit, um sie in die Sprechsituation einzubeziehen (a - Zeilen 2,6,9)[7].

48.3.2.2 Entsprechend steht das Perfekt oft in einleitenden, begründenden und relativisch erläuternden Sätzen (b).

48.3.2.3 Für die Übersetzung des Imperfekts steht im Deutschen das Präsens als Haupttempus der besprechenden Rede zur Verfügung.

Zeigen zusätzliche Zeichen im Kontext eine besondere modale oder zeitliche Ausrichtung an (vgl. § 51), kön-

(7) In der Dichtung, vor allem in einigen Psalmen, ist diese Verteilung der Funktionen von Imperfekt und Perfekt zwar grundsätzlich gültig, aber nicht in allen Einzelfällen deutlich. Hier scheinen oft stilistische oder metrische Gründe für die Tempuswahl maßgebend gewesen zu sein.

nen auch deutsche Konjunktive, Modalverben oder Futur-
formen angebracht sein.

48.3.2.4 Für die Übersetzung des Perfekts steht im Deutschen das
perspektivische Tempus Perfekt zur Verfügung[8].

48.3.3 Verankerung der Perfekte im besprechenden Kontext

אֶת־יְהוָה אֱלֹהֶיךָ תִּירָא	Jahwe, deinen Gott, fürchtest du,
וְאֹתוֹ תַעֲבֹד	und ihm dienst du,
וּבוֹ תִדְבָּק	und ihm hängst du an,
וּבִשְׁמוֹ תִּשָּׁבֵעַ:	und bei seinem Namen schwörst du.
הוּא תְהִלָּתְךָ וְהוּא אֱלֹהֶיךָ	Er (ist) dein Loblied und er (ist) dein Gott,
אֲשֶׁר־עָשָׂה אִתְּךָ אֶת־הַגְּדֹלֹת	der getan hat bei dir diese großen und furchtbaren Dinge,
וְאֶת־הַנּוֹרָאֹת הָאֵלֶּה	
אֲשֶׁר רָאוּ עֵינֶיךָ:	die deine Augen gesehen haben.
בְּשִׁבְעִים נֶפֶשׁ יָרְדוּ אֲבֹתֶיךָ	Mit siebzig Leuten sind sie hinabgezogen, deine Väter,
מִצְרָיְמָה	nach Ägypten;
וְעַתָּה	und jetzt –
שָׂמְךָ יְהוָה אֱלֹהֶיךָ כְּכוֹכְבֵי	hat dich Jahwe, dein Gott, gemacht wie die Sterne des
הַשָּׁמַיִם לָרֹב:	Himmels, so zahlreich.
וְאָהַבְתָּ אֵת יְהוָה אֱלֹהֶיךָ	So liebst du Jahwe, deinen Gott,
וְשָׁמַרְתָּ מִשְׁמַרְתּוֹ: ...	So hältst du seine Anordnung ...

(Dt 10,20 ff)

Da das Perfekt grundsätzlich nicht einseitig auf die
erzählende oder besprechende Sprechhaltung festgelegt
ist[9], wird es im jeweiligen Kontext so verankert, daß
ein Irrtum über die Sprechhaltung ausgeschlossen ist.

48.3.3.1 Der oben zitierte Textabschnitt aus einer Predigt des
Deuteronomiums zeigt in der Umgebung der Perfekte eine

----

(8) Zu Perfekt-Formen, die mit Präsens zu übersetzen sind, sowie
zum sogenannten perfectum propheticum vgl. § 48.6.
(9) Das Perfekt ist also eigentlich gar kein Tempus, weil es gegenüber der grundlegenden Opposition: Erzählen/Besprechen indif-
ferent ist.

hohe Zahl von sprachlichen Zeichen, die die Rede immer
wieder - auch bei Abwesenheit eines eindeutig besprechenden Tempus - auf die Sprechsituation beziehen.

Es sind dies die deiktischen (= auf die Sprechsituation
verweisenden, s.§ 52.4) Elemente, nämlich: Suffixe der
2. Person, das Pronomen אֵלֶּה (Zeile 7) und das Gliede-
rungszeichen וְעַתָּה (vgl. § 54.1).

48.3.4   Die Kategorie der Folge in besprechenden Texten
         - Perfekt consecutivum

Relativ häufig begegnen in besprechendem Kontext an
Satzanfängen Formen der Afformativ-Konjugation mit proklitischem Waw (וְכָתַבְתָּ etc. vgl. § 27.4).
Da eine perspektivisch rückschauende Funktion nicht er-
sichtlich ist, werden solche Verbformen im allgemeinen
als eigenes Tempus betrachtet.
Da das einleitende Morphem "we" eine folgernde Funktion
hat. bezeichnet man das Tempus als "Perfekt consecutivum" (pc).

וְעַתָּה	Nun aber:
כְּבֹאִי אֶל־עַבְדְּךָ אָבִי	wenn ich zu deinem Knecht, meinem Vater, komme (inf)
וְהַנַּעַר אֵינֶנּוּ אִתָּנוּ	ohne daß der Junge bei uns (ist),
וְנַפְשׁוֹ קְשׁוּרָה בְנַפְשׁוֹ:	wo doch sein Leben an dessen Leben hängt (ptz),
וְהָיָה	So geschieht es:
כִּרְאוֹתוֹ כִּי־אֵין הַנַּעַר אִתָּנוּ	Wenn er sieht (inf), daß der Junge nicht bei uns (ist),
וָמֵת	So stirbt er.
וְהוֹרִידוּ עֲבָדֶיךָ אֶת־שֵׂיבַת	So bringen deine Knechte die grauen Haare deines Knechtes,
עַבְדְּךָ אָבִינוּ בְּיָגוֹן שְׁאֹלָה:	unseres Vaters, mit Kummer ins Totenreich hinab.
כִּי עַבְדְּךָ עָרַב אֶת־הַנַּעַר	Denn dein Knecht hat gebürgt für den Jungen
מֵעִם אָבִי לֵאמֹר	bei meinem Vater mit den Worten:
אִם־לֹא אֲבִיאֶנּוּ אֵלֶיךָ	Wenn ich ihn dir nicht wieder-bringe,
וְחָטָאתִי לְאָבִי כָּל־הַיָּמִים:	So trage ich Schuld vor meinem Vater allezeit.
וְעַתָּה	Also nun:
יֵשֶׁב־נָא עַבְדְּךָ תַּחַת הַנַּעַר עֶבֶד לַאדֹנִי	will dein Knecht anstelle des Jungen meinem Herrn als Sklave gehören,
וְהַנַּעַר יַעַל עִם־אֶחָיו:	doch der Junge soll hinauf-ziehen mit seinen Brüdern!
(Gen 44,30 ff)	

48.3.4.1 Die Verwendung des Perfekt consecutivum in Dialogen[1o]
          zeigt, daß sein eigentlicher Anwendungsbereich das Kon-
          ditionalgefüge ist[11]: Nach einem Bedingungssatz be-
          ginnt der Folgesatz mit einem folgernden Waw und dem
          Nebentempus Perfekt.

48.3.4.11 Der besprechende Charakter des Textes ist durch das
          Haupttempus Imperfekt sowie durch zusätzliche, auf die
          Situation verweisende Zeichen gesichert (וְעַתָּה, Parti-
          keln der 1. und 2. Person - s. oben 48.3.3).

48.3.4.12 Das folgernde Element "w^e" vor dem temporal indifferen-
          ten und nur perspektivisch wirksamen Perfekt (s.oben
          48.3.3 mit Anm.9) richtet dessen perspektivische Funk-
          tion nach vorn aus.

48.3.4.13 Fehlt das folgernde Element "w^e" (s.oben in dem Beispiel
          aus Gen 44: עָרַב, Zeile 1o), so behält das Perfekt seine
          rückschauende Perspektive.

48.3.4.14 Eine Opposition zwischen Perfekt und Perfekt consecuti-
          vum besteht also nur innerhalb besprechender Rede und
          bezieht sich allein auf die Blickrichtung der Perspek-
          tive.

וְנֶפֶשׁ	(a) Jeder aber,
כִּי־תַקְרִיב קָרְבַּן מִנְחָה לַיהוָה	wenn er Jahwe ein Speisopfer als Opfergabe darbringt,
סֹלֶת יִהְיֶה קָרְבָּנוֹ	aus Feinmehl besteht (dann) seine Gabe:
וְיָצַק עָלֶיהָ שֶׁמֶן	So gießt er Öl darauf,
וְנָתַן עָלֶיהָ לְבֹנָה:	so fügt er Weihrauch dazu,
וֶהֱבִיאָהּ אֶל־בְּנֵי אַהֲרֹן הַכֹּהֲנִים	so bringt er es den Aaroniten, den Priestern,
וְקָמַץ מִשָּׁם מְלֹא קֻמְצוֹ מִסָּלְתָּהּ	so nimmt man davon eine Hand- voll, nämlich von dem Fein- mehl und dem ganzen dazugehö- rigen Weihrauch,
וּמִשַּׁמְנָהּ עַל כָּל־לְבֹנָתָהּ	
וְהִקְטִיר הַכֹּהֵן אֶת־אַזְכָּרָתָהּ	so räuchert der Priester die- sen Duftteil auf dem Altar...
הַמִּזְבֵּחָה ...	
(Lev 2,1 f)	

(1o) In literarischen Texten steht der Dialog der gesprochenen
     Sprache am nächsten. Er spiegelt vermutlich am ehesten die
     ursprüngliche Verwendungsweise wider.

(11) Eine Diskussion darüber, ob es sich hier um konditionale oder
     temporale "wenn"-Sätze handelt, erscheint mir müßig. Ob die
     Bedingung, die der Vorsatz stellt, eine zeitliche Komponente
     hat, hängt von der Bedeutung der einzelnen Wörter ab.

שְׁמַע יִשְׂרָאֵל   (b) Höre, Israel!

יְהוָה אֱלֹהֵינוּ יְהוָה אֶחָד: Jahwe, unser Gott, Jahwe (ist) einer:

וְאָהַבְתָּ אֵת יְהוָה אֱלֹהֶיךָ ...   So liebst du Jahwe, deinen Gott ...

וְהָיוּ הַדְּבָרִים הָאֵלֶּה   So sind diese Worte,

אֲשֶׁר אָנֹכִי מְצַוְּךָ הַיּוֹם   die ich dir heute befehle,

עַל־לְבָבֶךָ:   auf deinem Herzen,

וְשִׁנַּנְתָּם לְבָנֶיךָ   so schärfst du sie deinen Söhnen ein,

וְדִבַּרְתָּ בָּם ...   so redest du von ihnen,...

וּקְשַׁרְתָּם לְאוֹת עַל־יָדֶךָ   so bindest du sie als Zeichen auf deine Hand,

וְהָיוּ לְטֹטָפֹת בֵּין עֵינֶיךָ:   so sind sie als Merkzeichen auf deiner Stirn,

וּכְתַבְתָּם עַל־מְזוּזֹת בֵּיתֶךָ   so schreibst du sie auf die Pfosten deines Hauses und an deine Tore!

וּבִשְׁעָרֶיךָ:

(Dt 6, 4 ff)

48.3.4.2   Einen weiten Anwendungsbereich hat das Perfekt consecutivum in Texten des kasuistischen Rechts (a), in denen Sätze mit Perfekt consecutivum das Verhalten beschreiben, das sich aus einem bestimmten, zu Anfang (meist mit Imperfekt) aufgeführten Rechtsfall ergibt.

48.3.4.3   Im Predigtstil des Deuteronomiums und der von ihm abhängigen Literatur werden häufig nach einem Einleitungssatz grundsätzlichen Inhalts (b) Sätze mit Perfekt consecutivum gereiht, die die Mahnungen und Forderungen enthalten, die sich aus dem Anfangssatz ergeben.

הַדָּבָר אֲשֶׁר הָיָה אֶל־יִרְמְיָהוּ   (a) Das Wort, das ergangen ist an Jeremia

מֵאֵת יְהוָה לֵאמֹר: von Jahwe:

עֲמֹד בְּשַׁעַר בֵּית יְהוָה   Tritt in das Tor des Hauses Jahwes!

וְקָרָאתָ שָּׁם אֶת־הַדָּבָר הַזֶּה   (So rufst du) und rufe dort dieses Wort

וְאָמַרְתָּ   (so sagst du) und sage:

שִׁמְעוּ דְּבַר־יְהוָה ...   "Hört das Wort Jahwes...!"

(Jer 7,1 f)

וְהָיָה בַּיּוֹם הַהוּא (b) (So geschieht es) an jenem
                                    Tag:
יִשְׁרֹק יְהוָה לַזְּבוּב   Es pfeift Jahwe der Fliege

אֲשֶׁר בִּקְצֵה יְאֹרֵי מִצְרָיִם   (die) am Ende der Ströme
                                    Ägyptens (ist)
וְלַדְּבוֹרָה אֲשֶׁר בְּאֶרֶץ אַשּׁוּר: und der Biene (die) im Land
                                    Assur (ist).
וּבָאוּ   So kommen sie,

וְנָחוּ כֻלָּם בְּנַחֲלֵי הַבַּתּוֹת ···   so lassen sie sich nieder al-
                                    lesamt in den Talschluchten.
(Jes 7,18 f)

48.3.4.4   Ist die besprechende Situation geklärt (a - Zeile 1 f)
           und beginnt die Rede mit einem Imperativ (a - Zeile 3),
           so können Folgesätze mit Perfekt consecutivum angereiht
           sein, die die erste Aufforderung entfalten und fortfüh-
           ren.

           In der deutschen Übersetzung können Imperative mit "und"
           gereiht werden.

48.3.4.5   Die Pc-Form וְהָיָה wird formelhaft als Tempuszeichen und
           Gliederungssignal (§ 54.1) verwendet, um besprechende
           Abschnitte mit vorausschauender Perspektive im Vorhin-
           ein als solche zu charakterisieren (b).

48.3.4.6   Zur Übersetzung des Perfekt consecutivum verwenden wir
           im Deutschen je nach dem voraufgehenden Tempus eine
           folgernde Partikel ("so", "dann", "und") mit einer Prä-
           sens-, Futur- oder Imperativ-Form des Verbs.

48.3.4.7   Zu Imperfekt- und Imperativ-Formen mit folgerndem Waw
           vgl. § 53.1.

   48.4   Tempus-Übergänge

   48.4.1   Da die Tempora zur Orientierung des Hörers in der
           Sprechsituation dienen, können sie innerhalb eines zu-
           sammenhängenden Textes nicht beliebig miteinander wech-
           seln.

48.4.1.1   Die Rede hat die Tendenz, beim gleichen Tempus zu be-
           harren (ic - ic - ic - ic...), höchstens zum Nebentem-
           pus überzugehen (ic - p - p - ic - ic...), doch mög-
           lichst nur Tempora derselben Sprechhaltung zu kombinie-
           ren (i - pc - i - ipt - pc - i ...).

48.4.1.2   Ausnahmen von dieser Tendenz stören die Hörer-Erwartung
           und haben deshalb einen besonders hohen Aufmerksamkeits-
           wert.

48.4.1.3 Ein Wechsel der Haupttempora (ic / i) hat innerhalb
          eines und desselben Textes besondere Bedeutung, weil er
          einen Wechsel der Sprechhaltung signalisiert.

48.4.2 Übergänge zwischen Erzählung und Dialog

וַיָּקוּמוּ בַבֹּקֶר	Dann erhoben sie sich am Morgen.
וַיֹּאמֶר	Dann sagte er:
שַׁלְּחֻנִי לַאדֹנִי׃	Entlaßt mich zu meinem Herrn!
וַיֹּאמֶר אָחִיהָ וְאִמָּהּ	Dann sagten ihr Bruder und ihre Mutter:
תֵּשֵׁב הַנַּעֲרָה אִתָּנוּ יָמִים אוֹ	Es bleibt das Mädchen bei uns ein paar Tage, etwa
עָשׂוֹר אַחַר	zehn. Danach
תֵּלֵךְ׃	geht sie (mit).
וַיֹּאמֶר אֲלֵיהֶם	Dann sagte er zu ihnen:
אַל־תְּאַחֲרוּ אֹתִי וַיהוָה	Haltet mich nicht auf, denn Jahwe
הִצְלִיחַ דַּרְכִּי	hat meiner Reise Erfolg beschert.
שַׁלְּחֻנִי	Entlaßt mich,
וְאֵלְכָה לַאדֹנִי׃	daß ich zu meinem Herrn gehe.
וַיֹּאמְרוּ	Dann sagten sie:
נִקְרָא לַנַּעֲרָה	Wir rufen das Mädchen,
וְנִשְׁאֲלָה אֶת־פִּיהָ׃	damit wir sie nach ihrer Meinung fragen.
וַיִּקְרְאוּ לְרִבְקָה	Dann riefen sie Rebekka,
וַיֹּאמְרוּ אֵלֶיהָ	dann sprachen sie zu ihr:
הֲתֵלְכִי עִם־הָאִישׁ הַזֶּה	Gehst du mit diesem Mann?
וַתֹּאמֶר	Dann sagte sie:
אֵלֵךְ׃	Ja (ich gehe).
··· וַיְשַׁלְּחוּ אֶת־רִבְקָה אֲחֹתָם	Dann entließen sie ihre Schwester Rebekka.
(Gen 24, 54b ff)	

48.4.2.1 Wird innerhalb einer Erzählung Dialog in direkter Rede
          mitgeteilt, so reden die Figuren der Erzählung in diesen
          Partien in den Tempora der besprechenden Rede.

48.4.2.2 Der Übergang von der Erzählung zum Dialog ist markiert:
durch Tempuswechsel,
durch Personwechsel (1. und 2. statt 3. Person) und
durch ein Verb, das "reden" oder "sagen" bedeutet
(meist וַיֹּאמֶר oder לֵאמֹר), das auch in schnell wechselnder
Rede und Gegenrede fast nie fehlt und die Erzählhaltung
des Erzählers auch in längeren Dialogen gegenwärtig hält.

48.4.2.3 Beim Übergang vom Dialog zur Erzählung genügt der Tem-
pus- und Personwechsel, um das Ende der wörtlichen Rede
anzuzeigen.

48.4.3 Imperfekt in erzählendem Kontext

וַיֹּאמֶר שִׂימוּ לָחֶם׃	Da sprach er: tragt Speise auf!
וַיָּשִׂימוּ לוֹ לְבַדּוֹ וְלָהֶם לְבַדָּם	Da trugen sie ihm allein auf und ihnen allein
וְלַמִּצְרִים הָאֹכְלִים אִתּוֹ לְבַדָּם	und den Ägyptern, die mit ihm aßen, allein;
כִּי לֹא יוּכְלוּן הַמִּצְרִים לֶאֱכֹל	denn die Ägypter können nicht mit den Hebräern Speise
אֶת־הָעִבְרִים לָחֶם	zu sich nehmen,
כִּי־תוֹעֵבָה הִוא לְמִצְרָיִם׃	denn das (ist) ein Greuel für Ägypten;
וַיֵּשְׁבוּ לְפָנָיו ...	da ließen sie sich vor ihm nieder ...

(Gen 43,31b ff)

48.4.3.1 Der Übergang vom Narrativ zum Imperfekt innerhalb eines
erzählenden Kontexts kann anzeigen, daß der Autor aus
seiner Sprechhaltung als Erzähler heraustritt und mit
seinen Hörern etwas bespricht, eine Anmerkung macht,
die sie auch außerhalb der erzählten Welt interessie-
ren soll.

בִּשְׁנַת־מוֹת הַמֶּלֶךְ עֻזִּיָּהוּ	Im Todesjahr der Königs Ussia
וָאֶרְאֶה אֶת־אֲדֹנָי	da sah ich den Herrn,
יֹשֵׁב עַל־כִּסֵּא רָם וְנִשָּׂא	sitzend auf einem hohen und erhabenen Thron,
וְשׁוּלָיו מְלֵאִים אֶת־הַהֵיכָל׃	und seine Säume: erfüllend den Tempel.
שְׂרָפִים עֹמְדִים מִמַּעַל לוֹ	Sarafen: stehend über ihm,
שֵׁשׁ כְּנָפַיִם שֵׁשׁ כְּנָפַיִם לְאֶחָד׃	je sechs Flügel (hatte) jeder:

בְּשְׁתַּיִם יְכַסֶּה פָנָיו	Mit zweien bedeckt er sein Gesicht,
וּבְשְׁתַּיִם יְכַסֶּה רַגְלָיו	und mit zweien bedeckt er seine Füße,
וּבְשְׁתַּיִם יְעוֹפֵף:	und mit zweien fliegt er -
וְקָרָא זֶה אֶל־זֶה	So ruft einer dem andern zu,
וְאָמַר	so sagt er:
קָדוֹשׁ קָדוֹשׁ קָדוֹשׁ יְהוָה צְבָאוֹת	Heilig, heilig, heilig Jahwe, der Umscharte!
מְלֹא כָל־הָאָרֶץ כְּבוֹדוֹ:	Fülle der ganzen Erde: seine Herrlichkeit!
וַיָּנֻעוּ אַמּוֹת הַסִּפִּים מִקּוֹל הַקּוֹרֵא	Da schwankten die Türzapfen in den Angelsteinen von dem lauten Ruf
וְהַבַּיִת יִמָּלֵא עָשָׁן:	und das Haus füllt sich mit Rauch -
(Jes 6,1-4) וָאֹמַר ...	Da sprach ich ...

48.4.3.2   Bei engagiertem Erzählen - vor allem in der 1. Person - geht der Erzähler gelegentlich an Höhepunkten seiner Erzählung zu den Tempora der besprechenden Rede über. Damit gibt er seiner Erzählung höhere Eindringlichkeit und Erlebnisnähe.
Dieser Gebrauch des Imperfekts (und des Perfekt consecutivum - s.oben Zeile 1o f) entspricht dem des deutschen und lateinischen "praesens historicum".

וַיְהִי	(Da geschah es) -
אַחֲרֵי בוֹא אֲמַצְיָהוּ מֵהַכּוֹת אֶת־אֲדוֹמִים	nachdem Amazjahu vom Sieg über die Edomiter zurückgekommen war (inf),
וַיָּבֵא אֶת־אֱלֹהֵי בְּנֵי שֵׂעִיר	da brachte er die Götter der Seiriten
וַיַּעֲמִידֵם לוֹ לֵאלֹהִים	und stellte sie auf als seine Götter,
וְלִפְנֵיהֶם יִשְׁתַּחֲוֶה	und vor ihnen neigt er sich,
וְלָהֶם יְקַטֵּר:	und ihnen räuchert er.
וַיִּחַר־אַף יְהוָה בַּאֲמַצְיָהוּ	Da entbrannte Jahwes Zorn über Amazjahu,
וַיִּשְׁלַח אֵלָיו נָבִיא	da schickte er ihm einen Propheten,
וַיֹּאמֶר לוֹ ...	und er sagte zu ihm ...
(2 Ch 25,14 f)	

48.4.3.3 In einem Text, der sonst konsequent in Narrativen erzählt ist, können einzelne Sätze durch den Übergang zum
Imperfekt besonders herausgehoben sein.

48.4.3.31 Im oben zitierten Textbeispiel (Zeilen 6 und 7) ließe
die Satzstellung kein Imperfekt consecutivum zu. Durch
Perfekt wäre die Aussage aber in den Hintergrund der
Erzählung gerückt (48.2.2.2). Die überraschenden Imperfekte dagegen heben das (für einen König Israels uner-
hörte) Tun Amazjahus gebührend hervor.

48.4.3.32 Einzelne biblische Autoren[12] verwenden solche überraschenden Tempus-Übergänge besonders gern in der Einleitung oder im Schluß einer Erzähl-Einheit und stellen
sie so in den Dienst der Gliederung (Rahmung) eines
Textes.

48.4.3.33 Eine stilistische Eigentümlichkeit scheint die Häufung
von i- und pc-Formen auch in chronikartigen Berichten
zu sein (z.B. 2.Kö 18, 2.Kö 23), die wohl ursprünglich
als amtliche Dokumente in den Tempora der besprechenden Rede abgefaßt waren und erst sekundär in die großen Erzählwerke eingegliedert wurden, ohne daß ihr ur-
sprünglicher Charakter ganz getilgt wurde[13].

אָז תָּבֹאנָה שְׁתַּיִם נָשִׁים זֹנוֹת	(a) Da kamen (einmal) zwei Huren
אֶל־הַמֶּלֶךְ	zum König,
וַתַּעֲמֹדְנָה לְפָנָיו:	da traten sie vor ihn hin,
וַתֹּאמֶר הָאִשָּׁה הָאַחַת ...	da sprach die eine Frau ...

(1 Kö 3,16)

48.4.3.4 Nach der Partikel אָז "da/dann/damals" steht häufig auch
in erzählendem Kontext das Imperfekt.

אָז am Satzanfang ersetzt das Tempus-Zeichen "wa". Es
findet sich oft in einleitenden Sätzen einer Erzählung
oder eines Erzählungs-Abschnitts.

----

(12) Auffallend ist dieses Stilmittel beim Jahwisten (z.B. Gen 2)
und in den Erzählungen von der Thronnachfolge Davids (2 Sa 9
bis 1 Kö 2), hier vor allem 2 Sa 15.
(13) Solche Partien, die eine deutliche Häufung der besprechenden
Tempora erkennen lassen, berichten fast alle von Ereignissen,
die mit dem Gottesdienst und seinen Geräten zu tun haben (dazu paßt auch Ex 33; s. auch Ex 34,34f). Nu 9,15ff und 1o,11ff
bedürfen in diesem Zusammenhang noch einer Deutung.

48.4.3.5 Einen Nachtrag zu § 48.4.3, betreffend Imperfekte in
          erzählendem Kontext, finden Sie auf Seite 2o7
          (vor § 48.8).

48.4.4 Perfekt consecutivum in erzählendem Kontext

48,4.4.1 In Begleitung von Imperfekten hat das Perfekt consecu-
          tivum an den oben (48.4.3) besprochenen Funktionen teil.

48.4.4.2 Wenn Perfekte mit proklitischem Waw in der Erzählung
          isoliert stehen, haben sie keine Tempus-Funktion, denn
          erst der (erzählende oder besprechende) Kontext legt
          die temporale Geltung des Perfekts wie des Perfekt con-
          secutivum fest.

וַיִּקֶן יוֹסֵף אֶת־כָּל־אַדְמַת מִצְרַיִם לְפַרְעֹה	Da kaufte Joseph das ganze ägyptische Ackerland für Pharao;
כִּי־מָכְרוּ מִצְרַיִם אִישׁ שָׂדֵהוּ	denn die Ägypter hatten jeder sein Feld verkauft,
כִּי־חָזַק עֲלֵיהֶם הָרָעָב	weil die Hungersnot schwer auf ihnen lastete.
וַתְּהִי הָאָרֶץ לְפַרְעֹה:	Da wurde das Land (Eigentum) Pharaos.
וְאֶת־הָעָם הֶעֱבִיד אֹתוֹ לַעֲבָדִים...	Die Bevölkerung aber: die ver- sklavte er zu Leibeigenen...
רַק אַדְמַת הַכֹּהֲנִים לֹא קָנָה	Nur das Ackerland der Priester hat er nicht gekauft,
כִּי חֹק לַכֹּהֲנִים מֵאֵת פַּרְעֹה	weil die Priester ein festes Einkommen von Pharao hatten,
וְאָכְלוּ אֶת־חֻקָּם	so daß sie von dem Einkommen lebten,
אֲשֶׁר נָתַן לָהֶם פַּרְעֹה	das ihnen Pharao angewiesen hatte.
עַל־כֵּן לֹא מָכְרוּ אֶת־אַדְמָתָם:	Darum haben sie ihr Ackerland nicht verkauft.
וַיֹּאמֶר יוֹסֵף אֶל־הָעָם ...	Da sagte Joseph zum Volk: ...

(Gen 47,2o ff)

48.4.4.21 Der Gebrauch des Perfekts mit Waw (Zeile 9) zeigt nur an

daß eine Inversion (ZNS) nicht möglich oder nicht beabsichtigt ist, anderseits aber gleichzeitig der Hintergrund des Erzählens (Perfekt) festgehalten und ein Fol-
ge-Zusammenhang ("wᵉ") hergestellt ist.

48.4.4.22 In jüngerer Erzähl-Literatur (z.B. am Anfang des Hiob-
Buches) hat dieser Gebrauch des Perfekts mit "wᵉ" in
erzählendem Kontext breiteren Raum eingenommen.

48.4.5 Narrativ in besprechendem Kontext

וַיֹּאמֶר (שְׁלֹמֹה) (a)	Da sprach (Salomo):
יְהוָה אֱלֹהֵי יִשְׂרָאֵל אֵין־כָּמוֹךָ אֱלֹהִים ...	Jahwe, Gott Israels, es ist kein Gott wie du ...,
אֲשֶׁר שָׁמַרְתָּ לְעַבְדְּךָ דָוִד אָבִי אֵת אֲשֶׁר דִּבַּרְתָּ לוֹ	der du deinem Knecht David, meinem Vater, gehalten hast, was du ihm versprochen hast.
וַתְּדַבֵּר בְּפִיךָ וּבְיָדְךָ מִלֵּאתָ	Da redetest du mit deinem Munde, und mit deiner Hand hast du es erfüllt,
(1 Kö 8,23 f) כַּיּוֹם הַזֶּה׃	wie (es) heute am Tage (ist).
כִּי־יִשְׁאָלְךָ בִנְךָ מָחָר לֵאמֹר (b)	Wenn dich in Zukunft dein Sohn fragt mit den Worten:
מָה הָעֵדֹת וְהַחֻקִּים וְהַמִּשְׁפָּטִים	Was (bedeuten) die Zeugnisse, Anordnungen und Gesetze,
אֲשֶׁר צִוָּה יְהוָה אֱלֹהֵינוּ אֶתְכֶם׃	die Jahwe, unser Gott, euch befohlen hat?
וְאָמַרְתָּ לְבִנְךָ	so sprichst du zu deinem Sohn:
עֲבָדִים הָיִינוּ לְפַרְעֹה בְּמִצְרָיִם	Sklaven sind wir gewesen für Pharao in Ägypten.
וַיּוֹצִיאֵנוּ יְהוָה מִמִּצְרַיִם בְּיָד חֲזָקָה׃	Da führte uns Jahwe heraus aus Ägypten mit starker Hand;
וַיִּתֵּן יְהוָה אוֹתֹת וּמֹפְתִים גְּדֹלִים וְרָעִים בְּמִצְרַיִם בְּפַרְעֹה וּבְכָל־בֵּיתוֹ לְעֵינֵינוּ׃	da tat Jahwe große und unheilvolle Zeichen und Wunder in Ägypten, an Pharao und seinem ganzen Haus, vor unsern Augen.
וְאוֹתָנוּ הוֹצִיא מִשָּׁם	Uns aber hat er hinausgeführt von dort,
לְמַעַן הָבִיא אֹתָנוּ	um uns herzubringen,
לָתֶת לָנוּ אֶת־הָאָרֶץ	um uns das Land zu geben,
אֲשֶׁר נִשְׁבַּע לַאֲבֹתֵינוּ׃	das er unsern Vätern geschworen hatte.

וַיְצַוֵּנוּ יְהוָה | Da gebot uns Jahwe,
לַעֲשׂוֹת אֶת־כָּל־הַחֻקִּים הָאֵלֶּה | alle diese Anordnungen zu befolgen,
לְיִרְאָה אֶת־יְהוָה אֱלֹהֵינוּ | Jahwe, unsern Gott, zu fürchten,
לְטוֹב לָנוּ כָּל־הַיָּמִים | uns zum Besten für alle Zeit,
לְחַיֹּתֵנוּ | uns am Leben zu erhalten,
(Dt 6,2o ff)   כְּהַיּוֹם הַזֶּה׃ | wie (es) heute am Tage (ist).

48.4.5.1 Im besprechenden Kontext können sich an das Perfekt (rückschauende Perspektive) weitere Verbalsätze mit Narrativ anschließen, so daß sich aus der Rückschau sekundär eine Erzählung zu entwickeln beginnt.

48.4.5.2 Solche Sproß-Erzählungen sind meist nur kurz (a - Zeile 6). Ehe sich die distanzierende Erzählhaltung bestätigen kann, geht die Rede wieder zum Perfekt oder zu den besprechenden Tempora über oder wird durch deiktische (= auf die Sprechsituation verweisende) Signale (z.B. die Suffixe ךָ und נוּ, הַיּוֹם הַזֶּה) als besprechende Rede bestätigt[14].

48.4.5.3 Wenn in einem besprechenden Kontext eine längere sekundäre Erzähl-Partie auftritt (b), sind die Situationsverweise besonders zahlreich und auffallend.

48.5 Der Imperativ als Tempus

Obwohl der Imperativ an sich keine Tempus-Form ist (er ist z.B. formal meist mit dem tempus-indifferenten Infinitiv identisch), ist er doch deutlich auf besprechende Kontexte beschränkt und gehört darum mit zu den syntaktischen Mitteln, die die temporale Struktur von Texten bestimmen.

וָאֹמַר הִנְנִי שְׁלָחֵנִי׃ | (a) Da sagte ich:
Hier! Ich! Sende mich!
וַיֹּאמֶר לֵךְ וְאָמַרְתָּ לָעָם הַזֶּה | Da sagte er:
Geh, (so sagst du) und sage diesem Volk ...
(Jes 6,8b-9a)

(14) Vgl. auch oben, 48.3.3 und zum Phänomen der Deixis allgemein: § 52.4

וַיְהִי דְבַר־יְהוָה אֵלַי לֵאמֹר:	(b) Da geschah das Wort Jahwes zu mir, nämlich:
הָלֹךְ	Geh!
וְקָרָאתָ בְאָזְנֵי יְרוּשָׁלַם לֵאמֹר ··	(so rufst du) und rufe in die Ohren Jerusalems folgendes:..

(Jer 2,1 f)

נַחֲמוּ נַחֲמוּ עַמִּי יֹאמַר אֱלֹהֵיכֶם:	(c) Tröstet, tröstet mein Volk, spricht euer Gott,
דַּבְּרוּ עַל־לֵב יְרוּשָׁלַם	Redet zum Herzen Jerusalems
וְקִרְאוּ אֵלֶיהָ	und ruft ihr zu,
כִּי מָלְאָה צְבָאָהּ	daß ihr Frondienst vollendet ist,
כִּי נִרְצָה עֲוֹנָהּ	daß ihre Schuld abgezahlt ist,
כִּי לָקְחָה מִיַּד יְהוָה	daß sie empfangen hat aus Jahwes Hand
כִּפְלַיִם בְּכָל־חַטֹּאתֶיהָ:	Zwiefaches für alle ihre Sünden!

(Jes 40,1 f)

וַיְדַבֵּר יְהוָה אֶל־מֹשֶׁה לֶךְ־רֵד	(d) Da sagte Jahwe zu Mose:(Geh, geh hinab) Auf! Geh hinab!
כִּי שִׁחֵת עַמְּךָ ···	Ja, dein Volk hat verderblich gehandelt ...

(Ex 32,7)

48.5.1 Der Imperativ steht in eindeutiger Sprechsituation, meist nach einer אמר-Einleitung (a), und engagiert den Hörer am intensivsten mit den vom Sprecher gemeinten Konsequenzen, indem er ihn direkt auffordert[15]. Der Imperativ steht nur in bejahenden, nie in verneinenden Sätzen.

48.5.2 In solch eindeutigen Kontexten kann der Imperativ auch durch den absoluten Infinitiv vertreten werden (vgl. § 49.2.2) (b).

48.5.3 Umgekehrt bezeichnet der Imperativ in einem literarischen Text die Sprechsituation, die in der gesprochenen Sprache eindeutig vorgegeben wäre. Der Anfang des Buches Deuterojesaja (c) ist charakterisiert durch eine Kette von Imperativen. Die in diesem Kontext auftretenden Perfekte (Zeile 4 ff) sind damit deutlich der besprechenden Rede zugeordnet.

----

(15) Zu anderen Zeichen für auffordernde Rede vgl. § 51.

48.5.4 Formelhaft und als eine Art Tempuszeichen eingesetzt
sind die Imperative von geläufigen Verben der Bewegung
wie בּוֹא, קוּם und לֵךְ vor einem zweiten, oft unverbunde-
nen Imperativ oder Kohortativ (d). Solche doppelten Imperative dienen meist nur zur Hervorhebung der Aufforderung.

48.5.5 Zur Fortführung des Aufforderungssatzes mit Perfekt
consecutivum (a,b) vgl. § 48.3.4.4.

48.6 Besprechendes Erzählen und performatives Sprechen

48.6.1 Nicht alles Erzählen geschieht distanziert und in ent-
spannter Sprechhaltung.
Im Gegenteil wird gerade im Alten Testament vielfach
durch Erzählen die Welt besprochen und die Situation
gedeutet.

48.6.1.1 Die syntaktischen Mittel, mit denen Erzählung auf die
aktuelle Sprechsituation bezogen und somit "besprechendes Erzählen" signalisiert werden kann, sind oben (§
48.4.3.2 und 48.4.5) besprochen worden.

וַיַּחֲלֹם יוֹסֵף חֲלוֹם וַיַּגֵּד לְאֶחָיו···	Da träumte Joseph einen Traum und erzählte ihn seinen Brü-
וַיֹּאמֶר אֲלֵיהֶם	dern... Da sagte er zu ihnen:
שִׁמְעוּ־נָא הַחֲלוֹם הַזֶּה אֲשֶׁר חָלָמְתִּי:	Hört nur: was für einen (wich- tigen) Traum ich geträumt habe:
וְהִנֵּה אֲנַחְנוּ מְאַלְּמִים אֲלֻמִּים בְּתוֹךְ הַשָּׂדֶה	Stellt euch vor! Wir(waren) beim Garbenbinden auf dem Feld,
וְהִנֵּה קָמָה אֲלֻמָּתִי וְגַם נִצָּבָה	und denkt nur! Es erhob sich meine Garbe, blieb auch auf-
וְהִנֵּה	recht stehen, aber was meint ihr wohl!
תְּסֻבֶּינָה אֲלֻמֹּתֵיכֶם	Es stellen sich eure Garben
וַתִּשְׁתַּחֲוֶיןָ לַאֲלֻמָּתִי:	rings umher, und sie neigten sich vor meiner Garbe.

(Gen 37,5 ff)

48.6.1.2 In dem kurzen Textausschnitt aus der Joseph-Erzählung,
in dem Joseph seinen Brüdern den Traum scheinbar "erzählt", in Wirklichkeit aber seine Position im Kreis
der Brüder deutet und die Brüder herausfordert, sind
die besprechenden Signale bis zur Übertreibung gehäuft:
Aufforderung zum Hören שִׁמְעוּ־נָא, dreimal das Aufmerk-
samkeits- und Bedeutsamkeits-Signal וְהִנֵּה, Imperfekt als
Zeichen für engagiertes Erzählen und Mittel zur Hervorhebung. So widerspricht die Syntax der Semantik ("er erzählte" - Zeile 1).

48.6.1.3   In anderen "besprechenden" Erzählungen (z.B. den bekennt-
           nismäßigen Zusammenfassungen der Heilsgeschichte - s.
           oben unter 48.4.5.3, vgl. auch Dt 26,1-11) sind die si-
           tuationsbezogenen Signale sparsamer gesetzt und schei-
           nen in den großen Erzählwerken des Alten Testaments
           streckenweise völlig zu fehlen.

וַתִּשְׁקֹט הָאָרֶץ אַרְבָּעִים שָׁנָה (a)	Dann hatte das Land 4o Jahre Ruhe.
וַיַּעֲשׂוּ בְנֵי־יִשְׂרָאֵל הָרַע בְּעֵינֵי יְהוָה:	Dann taten die Israeliten das in Jahwes Augen Böse.
וַיִּתְּנֵם יְהוָה בְּיַד־מִדְיָן שֶׁבַע שָׁנִים:	Dann gab er sie in die Hand Midians - sieben Jahre.
וַתָּעָז יַד־מִדְיָן עַל־יִשְׂרָאֵל ...	Da lag die Hand Midians schwer auf Israel ...
(Ri 5,31b-6,2a)	
וְכָמֹהוּ לֹא־הָיָה לְפָנָיו מֶלֶךְ אֲשֶׁר־ (b)	Und wie er (Josia) ist kein König vor ihm gewesen, der
שָׁב אֶל־יְהוָה בְּכָל־לְבָבוֹ וּבְכָל־נַפְשׁוֹ	sich bekehrte zu Jahwe mit seinem ganzen Herzen, ganzen
וּבְכָל־מְאֹדוֹ כְּכֹל תּוֹרַת מֹשֶׁה	Leben und aller Kraft, ganz nach der Weisung Moses,
וְאַחֲרָיו לֹא־קָם כָּמֹהוּ:	und auch nachher ist keiner wie er aufgetreten.
אַךְ לֹא־שָׁב יְהוָה מֵחֲרוֹן אַפּוֹ הַגָּדֹל	Doch Jahwe ließ nicht ab von der Glut seines großen Zorns..
(2 Kö 23,25) ...	
וַיְהִי אַחַר הַדְּבָרִים הָאֵלֶּה (c)	Nach diesen Ereignissen
וְהָאֱלֹהִים נִסָּה אֶת־אַבְרָהָם	(war es) Gott, (der) Abraham versucht hat -
(Gen 22,1) ... וַיֹּאמֶר אֵלָיו	Da sprach er zu ihm ...

48.6.1.4   Gelegentliche oder stereotype semantische (= auf der
           Bedeutungsebene des Textes wirksame) Signale können
           statt der syntaktischen Signale eingesetzt sein, um
           das Erzählte auf Situation und Alltagsentscheidung der
           Hörer zu beziehen.

48.6.1.41 Hierzu gehören theologische Beurteilungen, die der Au-
           tor zu dem erzählten Geschehen gibt und die oft naht-
           los mit erzählenden Tempora in die Erzählung eingebet-
           tet sind (a)[16].

48.6.1.42 Deutende Kraft haben auch bestimmte theologische Stich-
           worte (b), wie z.B. שׁוּב "umkehren/sich bekehren" in der

---

(16) Solche stereotypen Einreden finden sich besonders in der deu-
     teronomistischen Darstellung der Richterzeit und in den Kö-
     nigsbüchern bei der Beurteilung der einzelnen Könige.

deuteronomistischen Literatur.

48.6.1.43 In einzelnen Erzählungen kann durch ein deutendes Stich-
wort in der Einleitung dem Hörer ein Hinweis gegeben
werden, wie er die Erzählung auf seine Gegenwart zu beziehen hat (c).
Im Anfang von Gen 22 gibt וְהָאֱלֹהִים נִסָּה die Anweisung:
"Fasse diese Erzählung auf als eine Gottesgeschichte
von der Versuchung des Glaubenden!"

48.6.2 Eine Sonderform besprechender Rede ist die performative
Äußerung.
"Performativ" bedeutet, daß mit der sprachlichen Äußerung zugleich eine außersprachliche Handlung vollzogen
wird. Oder: Performative Äußerungen sind solche, die
selbst den Sprechakt beschreiben, den sie darstellen.[17]

Kennzeichen performativer Äußerungen sind im Deutschen
(und anderen westeuropäischen Sprachen): 1. der Sprecher
ist Subjekt, 2. das Verb steht im Präsens, 3. die 2.
Person kann als indirektes Objekt vorkommen, 4. es kann
"hiermit" eingefügt werden, 5. der Satz ist nicht nega-
tiv.
Z.B.: "Ich taufe dich." "Hiermit eröffne ich die Ver-
sammlung." "Ich sage mich von dir los."

בָּרוּךְ הַבָּא בְּשֵׁם יְהוָה	(a)	Gesegnet (sei), der kommt im Namen Jahwes!
בֵּרַכְנוּכֶם מִבֵּית יְהוָה׃ (Ps 118,26)		Wir segnen euch vom Haus Jahwes!
וַיֹּאמֶר יְהוָה יְהוּדָה יַעֲלֶה	(b)	Da sprach Jahwe: Juda geht hinauf.
הִנֵּה		(siehe) Hiermit
נָתַתִּי אֶת־הָאָרֶץ בְּיָדוֹ׃ (Ri 1,2)		gebe ich das Land in seine Hand.

48.6.2.1 In performativen Äußerungen steht im Hebräischen das
Perfekt. In der deutschen Übersetzung steht Präsens.

48.6.2.2 Auf die Sprechsituation kann durch ein deiktisches Element (§ 52.4) wie הִנֵּה , הַיּוֹם oder וְעַתָּה verwiesen
werden.

48.6.2.3 Das sonst als Nebentempus gebrauchte Perfekt kann in ·
performativen Äußerungen stehen, weil das Haupttempus
hier entbehrlich ist. Es wird sozusagen durch die Situation vertreten. Die dem Perfekt sonst eigene Perspektive ist auf Null verkürzt.

----

(17) nach dem englischen Sprachphilosophen John L.Austin: "How to
do things with Words" (1962), deutsch unter dem Titel: "Zur
Theorie der Sprechakte", Stuttgart (Reclam) 1972

48.6.3   In früheren Auflagen dieser Grammatik habe ich die Mei-
          nung vertreten, man könne das sogenannte "perfectum
          propheticum" als einen Sonderfall performativen Spre-
          chens erklären. Diese Meinung ist nicht haltbar.

48.6.3.1 Auch in prophetischen und anderen poetischen Texten
          ist das Perfekt als perspektivisches Tempus aufzufas-
          sen: Rückschau auf eine Situation vor der aktuellen
          Kommunikationssituation. Ob man dann zum Teil hebräi-
          sche Perfekte mit deutschen Präsensformen übersetzen
          kann oder muß, kann dann Ergebnis einer nachfolgenden
          literarischen, rhetorischen oder theologischen Analyse
          sein; und die darf man nicht mit der vorausgehenden
          syntaktischen Analyse vermischen.

48.6.3.2 So ist z.B. auch der Botenspruch (כֹּה אָמַר יהוה) nicht
          performativ. Er verstößt gegen die Regel, daß der Spre-
          cher Subjekt sein muß. Wer hier das Perfekt אָמַר durch
          das deutsche Präsens "spricht" wiedergibt, folgt einer
          speziellen Interpretation der Sprechsituation: Wenn der
          Bote spricht, ist das so, als ob der Sendende gegenwär-
          tig wäre.

48.7   Die Aspekt-Theorie

          Im Gegensatz zu der oben entwickelten Tempus-Theorie
          steht die verbreitete Auffassung, die hebräischen Tem-
          pora seien subjektive Aspekte, durch deren Wahl der
          Sprecher ausdrückt, wie er die geschilderte Handlung
          betrachtet wissen will.
          Da die Aspekt-Theorie neuere Grammatiken und die theo-
          logische Literatur zum Alten Testament weitgehend be-
          herrscht[18], soll sie hier kurz dargestellt werden.

48.7.1   Die formale Opposition zwischen Afformativ-Konjugation
          (Perfekt) und Präformativ-Konjugation (Imperfekt) wird
          auch für die Syntax als grundlegend angesehen.

48.7.1.1 Durch Perfekt
          drückt der Sprecher aus, daß er die geschilderte Hand-
          lung als abgeschlossen, selbstgewichtig oder als er-
          reichten Zustand konstatiert.

----

(18) Z.B. bei Ludwig Köhler, Deuterojesaja stilkitisch unter-
     sucht, 1923; Henrik Samuel Nyberg, Hebreisk Grammatik, 1952;
     Carl Brockelmann, Hebräische Syntax, 1956, August Bertsch,
     Hebräische Sprachlehre, 1956; Diethelm Michel, Tempora und
     Satzstellung in den Psalmen, 1960.
     Als grammatische Theorie hat die Aspekt-Lehre ein ehrwürdi-
     ges Alter. Sie wurde zuerst von den Stoikern entwickelt. Die
     Behauptung: "Ohne Zweifel hat hier die Stoa semitisches
     Sprachempfinden in die Auffassung des griechischen Sprach-
     baus hineingetragen" wird seit M.Pohlenz (Die Begründung der
     abendländischen Sprachlehre durch die Stoa, Göttingen 1939)
     ständig wiederholt, ist aber nie bewiesen worden. Zur Ge-
     schichte der Aspekt-Lehre ausführlich: Wolfgang Pollak, Stu-
     dien zum Verbalaspekt im Französischen, Wien 1960.

"Das Perfektum wird da angewendet, wo etwas einmalig,
ein für alle Male, faktisch geschieht, geschah, geschehen wird. ... der Klang des Endgültigen (liegt) in der
Form des Perfektums" (Köhler).

48.7.1.2 Durch Imperfekt
drückt der Sprecher aus, daß er eine Handlung als unabgeschlossen, abhängig von anderen Aussagen, modal bestimmt, in ihrem Verlauf begriffen, kursiv betrachtet.
"Das Imperfektum wird da angewendet, wo etwas anhaltend,
immer wieder, als Begleithandlung einer anderen Handlung
geschieht, geschah, geschehen wird ... der Klang des in
seinen einzelnen Phasen sich Abwickelnden (liegt) schon
in der Form des Imperfektums" (Köhler).

48.7.1.3 Bei dieser Betrachtungsweise werden die Tempora weniger
als syntaktische Zeichen verstanden (also als Anweisungen zur Verknüpfung der Sprachzeichen miteinander und
mit der Sprechsituation), sondern werden mehr als semantische Informationen angesehen (also als Hinweise auf
die Bedeutung von Verb-Ausdrücken und das Verhältnis zur
außersprachlichen Wirklichkeit, das der Verfasser zu
nuancieren versucht).

48.7.2 Die Beurteilung der Konsekutiv-Tempora (Imperfekt consecutivum und Perfekt consecutivum) ist bei den Vertretern der Aspekt-Theorie nicht einheitlich.

48.7.2.1 Für Brockelmann und Michel z.B. ist grundsätzlich ein
Perfekt consecutivum ein Perfekt und ein Imperfekt consecutivum ein Imperfekt. Die einleitenden Waw-Morpheme
drücken nach ihrer Ansicht nur eine besonders enge Verbindung zum vorhergehenden Satz aus.

48.7.2.2 Andere Autoren[19] sehen in der Opposition: Imperfekt/
Imperfekt consecutivum eine Opposition der Aktionsart:
Imperfekt = durativ-iterativ, Imperfekt consecutivum =
punktuell. Sie erklären so die Verwendung des Imperfekt
consecutivum als Erzähl-Tempus und das vereinzelte Vorkommen von Imperfekt-Formen in erzählendem Kontext.

48.7.3 Grundsätzlich stimmen auch die Vertreter der Aspekt-Theorie darin überein, daß die hebräischen Tempora
keine Angaben über die absolute Zeitstufe eines Vorgangs (Vergangenheit/Gegenwart/Zukunft) enthalten.

---

(19) So z.B. Suitbert H. Siedl, Gedanken zum Tempussystem im Hebräischen und Akkadischen, Wiesbaden 1971, S.23f.

Nachtrag zu § 48.4.3

Imperfekt in erzählendem Kontext

וֶאֱלִישָׁע חָלָה אֶת־חָלְיוֹ	(a)	Als Elischa von seiner Krank-heit befallen war,
אֲשֶׁר יָמוּת בּוֹ		an der er (später) sterben sollte,
וַיֵּרֶד אֵלָיו יוֹאָשׁ מֶלֶךְ יִשְׂרָאֵל		kam Joasch, der König von Isra-el, zu ihm herab.
(2 Kö 13,14)		
וַיִּרְאוּ אֹתוֹ מֵרָחֹק	(b)	Da sahen sie ihn von ferne,
וּבְטֶרֶם יִקְרַב אֲלֵיהֶם		und bevor er nahe heran war,
וַיִּתְנַכְּלוּ אֹתוֹ לַהֲמִיתוֹ׃		faßten sie den bösen Plan, ihn zu töten.
(Gen 37,18)		
וַיֵּשֶׁב ··· בַּצֵּל	(c)	Und er setzte sich in den Schatten,
עַד אֲשֶׁר יִרְאֶה		bis daß er sähe,
(Jona 4,5)	מַה־יִּהְיֶה בָּעִיר׃	was in der Stadt geschähe.

48.4.3.5 Imperfekt kann in erzählendem Kontext als perspektivi-
sches Tempus erscheinen.
Nach אֲשֶׁר (a), nach עַד אֲשֶׁר (c), fast immer nach בְּטֶרֶם
(b) und in abhängigen Fragesätzen (c) werden durch
Imperfekt Ereignisse ausgedrückt, die von der Ebene der
Erzählung aus gesehen zukünftig sind.

48.8 Übersicht über das Tempus-System

48.8.1 Vereinfachtes Schema

	Kontext besprechend		Kontext erzählend	
Haupttempus	יִכְתֹּב	"er schreibt" (Imperfekt)	וַיִּכְתֹּב	"und er schrieb" (Narrativ)
Perspektive: Rückschau	כָּתַב	"er hat geschr." (Perfekt)	כָּתַב	"er schrieb" "er hatte geschr." (Perfekt)
Perspektive: Vorausschau	וְכָתַב	"und er wird/ dann soll er schreiben" (Perfekt con-secutivum)	יִכְתֹּב	"er würde/sollte schreiben" (Imperfekt)

48.8.2 Vollständige Übersicht

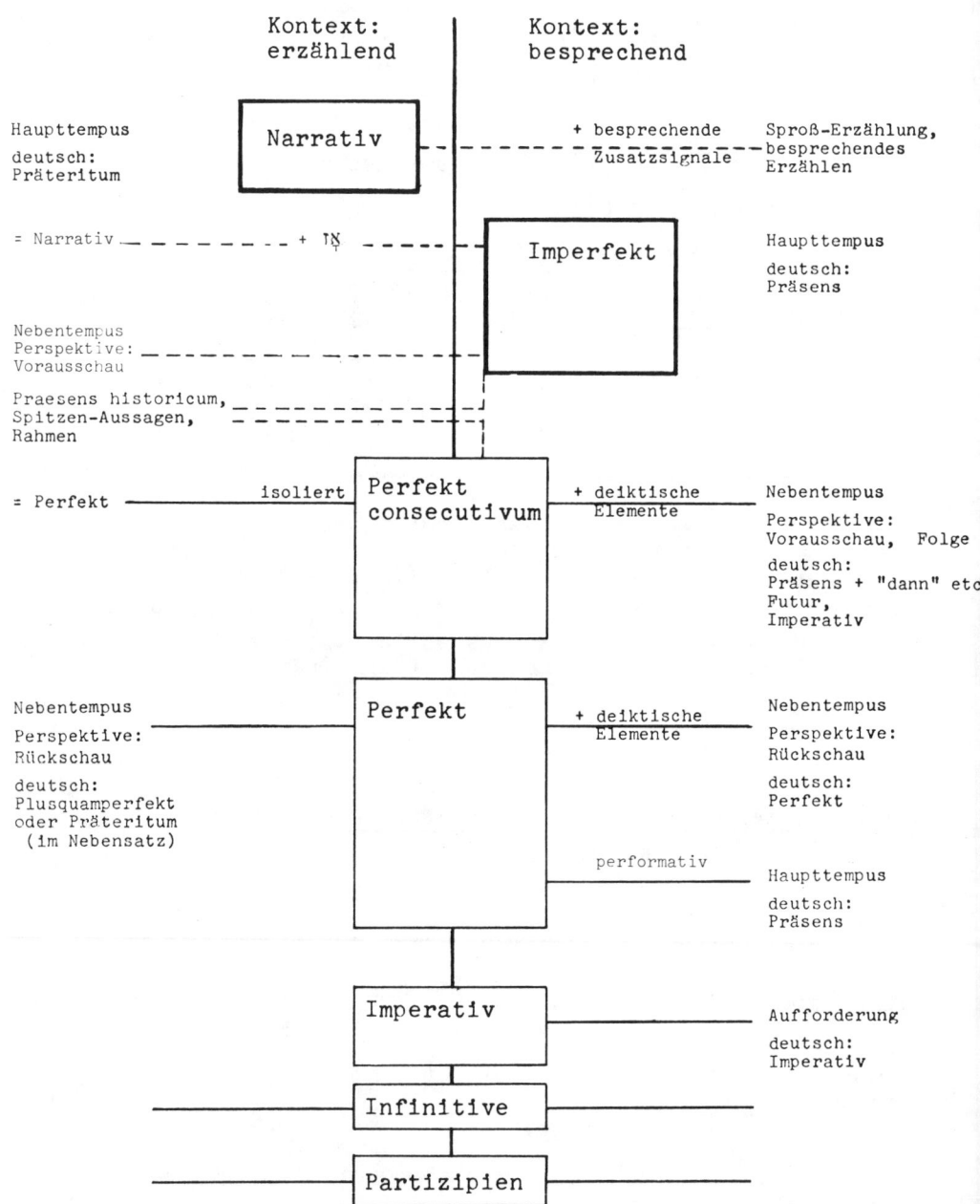

	Kontext: erzählend	Kontext: besprechend	

Haupttempus
deutsch:
Präteritum

Narrativ

+ besprechende
Zusatzsignale

Sproß-Erzählung,
besprechendes
Erzählen

= Narrativ ———————— + IN —————

Imperfekt

Haupttempus
deutsch:
Präsens

Nebentempus
Perspektive:
Vorausschau

Praesens historicum,
Spitzen-Aussagen,
Rahmen

= Perfekt ———————— isoliert

Perfekt consecutivum

+ deiktische
Elemente

Nebentempus
Perspektive:
Vorausschau, Folge
deutsch:
Präsens + "dann" etc
Futur,
Imperativ

Nebentempus
Perspektive:
Rückschau
deutsch:
Plusquamperfekt
oder Präteritum
(im Nebensatz)

Perfekt

+ deiktische
Elemente

Nebentempus
Perspektive:
Rückschau
deutsch:
Perfekt

performativ

Haupttempus
deutsch:
Präsens

Imperativ

Aufforderung
deutsch:
Imperativ

Infinitive

Partizipien

———————— bezeichnet die Verankerung in einem (erzählenden oder besprechenden) Kontext
- - - - - - - - - bezeichnet den Übergang in einen "fremden" Kontext.

49 Das verbale Satzglied - Verbal-Nomina

49.o.1 Verbal-Nomina sind: die Partizipien und die Infinitive (absolutus und constructus). Da diese Formen nicht die Person-Morpheme der Präformativ-Konjugation oder der Afformativ-Konjugation annehmen können, werden sie als "nicht finite", nicht nach Person und Tempus festgelegte Verbformen bezeichnet.

49.o.2 Verbal-Nomina heißen diese Verbformen, da sie die Funktionen nominaler Satzglieder übernehmen und mit den Person-Morphemen besetzt sein können, die bei Nomina üblich sind (Suffixe).

49.o.3 Verbal-Nomina sind tempus-indifferent. Sie kommen in Texten aller Gattungen ziemlich gleichmäßig vor und enthalten keinen Hinweis auf die (erzählende oder besprechende) Sprechhaltung des Textes. Insofern wäre ihnen eigentlich auch das Perfekt (s.o. 48.3.3, Anm.9) als tempus-indifferente "finite" Verbform zuzuordnen.

49.1 Partizipien

וְהָאָרֶץ הָיְתָה תֹהוּ וָבֹהוּ וְחֹשֶׁךְ עַל־פְּנֵי תְהוֹם וְרוּחַ אֱלֹהִים מְרַחֶפֶת עַל־פְּנֵי הַמָּיִם׃ (Gen 1,2)	(a)	Die Erde aber: Sie war wüst und leer, und Finsternis (war) über der Tiefe, und der Geist Gottes (war ein Schwebender) schwebte über dem Wasser.
אִם־יְהוָה לֹא־יִשְׁמָר־עִיר שָׁוְא שָׁקַד שׁוֹמֵר׃ (Ps 127,1b)	(b)	Wenn Jahwe nicht die Stadt bewacht, vergeblich wacht der (Wachende) Wächter.
וָאֶשְׁמַע אֶת־קוֹל אֲדֹנָי אֹמֵר אֶת־מִי אֶשְׁלַח ... (Jes 6,8)	(c)	Dann hörte ich die Stimme des Herrn (eine Sagende) sagen / die sagte: Wen sende ich....?
וּמֵת כָּל־בְּכוֹר בְּאֶרֶץ מִצְרַיִם מִבְּכוֹר פַּרְעֹה הַיֹּשֵׁב עַל־כִּסְאוֹ עַד בְּכוֹר הַשִּׁפְחָה אֲשֶׁר אַחַר הָרֵחָיִם (Ex 11,5)	(d)	So stirbt alle Erstgeburt in Ägypten, vom Erstgeborenen des Pharao (des Sitzenden auf seinem Thron), der auf seinem Thron sitzt, bis zum Erstgeborenen der Magd, die hinter der Handmühle (steht).

וַיֵּדַע קַיִן אֶת־אִשְׁתּוֹ וַתַּהַר וַתֵּלֶד (e) Da erkannte Kain seine Frau,
und sie wurde schwanger und ge-
אֶת־חֲנוֹךְ וַיְהִי בֹּנֶה עִיר bar den Henoch. (Dann war er
erbauend eine Stadt) Als er
וַיִּקְרָא שֵׁם הָעִיר כְּשֵׁם בְּנוֹ חֲנוֹךְ: dann eine Stadt baute, nannte
er die Stadt nach seinem Sohn
(Gen 4,17) Henoch.

49.1.1   Partizipien können die Funktionen aller nominalen
          Satzglieder übernehmen.

49.1.1.1 Besonders häufig treten Partizipien als Prädikate in No-
          minalsätzen auf (a), begegnen aber auch als Subjekte in
          Nominal- oder Verbalsätzen (b).

49.1.1.2 Als Apposition (c) oder Attribut (d) gebrauchte Partizi-
          pien können im Deutschen durch einen Relativsatz wie-
          dergegeben werden.

49.1.1.3 Als eine Art Prädikatsnomen stehen Partizipien in Sätzen
          mit dem Verb היה (e).

דִּבֶּר הָאִישׁ אֲדֹנֵי הָאָרֶץ אִתָּנוּ   Der Mann, der Herr des Landes,
                                                        hat hart mit uns geredet,
קָשׁוֹת וַיִּתֵּן אֹתָנוּ כִּמְרַגְּלִים   und er behandelte uns wie (er-
                                                        kundend das Land) solche, die
(Gen 42,3o)   אֶת־הָאָרֶץ: das Land erkunden wollten.

49.1.2   Als Verb-Formen können Partizipien Objekte und Umstands-
          bestimmungen bei sich haben (s. auch oben die Beispiele
          a, d und e zu 49.1.1).

וְיַעְלְצוּ בְךָ אֹהֲבֵי שְׁמֶךָ: (a)   ... und es jauchzen in dir (die
                                          Liebenden deines Namens), die
(Ps 5,12b)   deinen Namen lieben.

וַאֲבָרֲכָה מְבָרְכֶיךָ (b)   und ich will segnen (deine Seg-
                                nenden), die dich segnen,
(Gen 12,3)   וּמְקַלֶּלְךָ אָאֹר   aber (deinen Verfluchenden)
                                den, der dir flucht, verfluche
                                ich.

49.1.3.1 Als Nominal-Formen können Partizipien mit dem Objekt der
          Handlung eine Constructus-Verbindung eingehen (a).

49.1.3.2 Das pronominale Objekt wird als Suffix angefügt (b).

49.2 Absoluter Infinitiv (infinitivus absolutus)

49.2.1 Der absolute Infinitiv kann eine finite Verbform erset-
zen, wenn der Kontext eindeutige Hinweise über seine
Funktion gibt.

כֹּה אָמַר יְהוָה אֶל־יִרְמְיָהוּ	(a) So hat Jahwe zu Jeremia gespro-chen: (Gehen - dann kaufst du) Geh und kaufe einen Töpferkrug!
הָלוֹךְ וְקָנִיתָ	
(Jer 19,1) בַּקְבֻּק יוֹצֵר חָרֶשׂ	
כִּי אֵין־אֱמֶת וְאֵין־חֶסֶד וְאֵין־	(b) Es gibt keine Treue, keine Lie-be, keine Gotteserkenntnis im Lande.
דַּעַת אֱלֹהִים בָּאָרֶץ׃	
אָלֹה וְכַחֵשׁ וְרָצֹחַ וְגָנֹב וְנָאֹף	(Sie) schwören falsch und lü-gen und morden und stehlen und huren im Land, und Blutschuld reihen sie an Blutschuld.
פָּרָצוּ וְדָמִים בְּדָמִים נָגָעוּ׃	
(Hos 4,1b-2)	

49.2.2 In eindeutiger Sprechsituation steht der absolute Infinitiv unter gleichen Kontext-Bedingungen wie der Imperativ (vgl. § 48.5) am Anfang eines Aufforderungs-Sat-
zes (a).

49.2.3 In Reihen (b) treten die absoluten Infinitive mehrerer
Verben zur Schilderung eines komplexen Vorgangs zusammen. Person- und Tempus-Kennzeichnung sind unwichtig
bzw. ergeben sich aus dem Zusammenhang.

49.2.4 Zum absoluten Infinitiv als Erweiterung einer finiten
Verbform vgl. § 5o.4).

49.3 Infinitiv (infinitivus constructus)

וַיֹּאמְרוּ אִישׁ אֶל־אָחִיו הִנֵּה שָׂכַר־	(a) Da sagten sie zueinander: Der König Israels hat gegen uns aufgeboten die Könige der He-thiter und die Könige von Ägypten (zum Kommen über uns), daß sie über uns kommen.
עָלֵינוּ מֶלֶךְ יִשְׂרָאֵל אֶת־מַלְכֵי	
הַחִתִּים וְאֶת־מַלְכֵי מִצְרַיִם לָבוֹא	
(2 Kö 7,6b) עָלֵינוּ׃	
וַיְהִי כְּבוֹא אַבְרָם מִצְרָיְמָה וַיִּרְאוּ	(b) (und es geschah beim Kommen Abrams nach Ägypten) Als Abram

הַמִּצְרִים אֶת־הָאִשָּׁה כִּי־יָפָה הִיא   nach Ägypten kam, da sahen die
                             Ägypter, daß seine Frau sehr
(Gen 12,14)   מְאֹד: schön war.

אִישׁ מִמֶּנּוּ אֶת־קִבְרוֹ לֹא־יִכְלֶה   (c) Keiner von uns versagt dir
                              seine Grabstätte
           מִמְּךָ מִקְּבֹר מֵתֶךָ:   (weg vom Begraben), daß du
(Gen 23,6b)   deine Tote nicht begraben
                                     könntest.

49.3.1   Der Infinitiv (infinitivus constructus) steht, meist
durch andere Satzglieder erweitert, häufig nach Präpositionen. Im Deutschen entspricht solchen Infinitiv-Konstruktionen meist ein adverbialer Nebensatz.

49.3.1.1   Die Präposition לְ vor dem Imfinitiv kennzeichnet eine
Zweck- oder Zielbestimmung (a). (deutsch: "daß/damit"
oder - bei gleichen Subjekt - "um zu")

49.3.1.2   Mit den Präpositionen בְּ und כְּ wird der Infinitiv vor
allem zur Zeitbestimmung verwendet (deutsch: Temporalsatz), besonders nach einleitendem וְהָיָה oder וַיְהִי (b) -
vgl. § 53.2.

49.3.1.3   Die Präposition מִן hat vor dem Infinitiv oft den Wert
einer Negation (c).

49.3.1.4   Viele andere Präpositionen können vor dem Infinitiv auftreten (s.auch unten, S.213, Textbeispiel a). Im Deutschen muß für die Präposition die sinn-entsprechende
Konjunktion gewählt werden.

וַיֹּאמֶר יְהוָה אֱלֹהִים לֹא־טוֹב   (a) Da sprach Jahwe Gott: Nicht gut
                               (ist das Sein des Menschen al-
           הֱיוֹת הָאָדָם לְבַדּוֹ:   lein) = Es ist nicht, gut, daß
(Gen 2,18)   der Mensch allein ist.

יְהִי־אַחֲרִיתוֹ לְהַכְרִית   (b) Seine Nachkommenschaft (werde
                              zum Vernichten) verfalle der
           בְּדוֹר אַחֵר יִמַּח שְׁמָם: Vernichtung; in der nächsten
(Ps 109,13)   Generation erlösche ihr Name!

49.3.2.1   Der Infinitiv kann als Subjekt oder als Prädikat in
einem Nominalsatz auftreten (a).

49.3.2.2   Als eine Art Prädikatsnomen steht der Infinitiv, bisweilen mit לְ, in Sätzen mit dem Verb היה (b).

49.3.3   Zum Infinitiv als Ergänzung, vor allem nach relativen
Verben, vgl. § 50.5.

וַיְהִי דְּבַר־יְהוָה אֶל־יִרְמְיָהוּ	(a) Es geschah das Wort Jahwes zu Jeremia (nach dem Verbrennen des Königs die Buchrolle), nachdem der König die Buchrolle verbrannt hatte
אַחֲרֵי שְׂרֹף הַמֶּלֶךְ אֶת־הַמְּגִלָּה ...	
(Jer 36,27)	
וַיִּשְׁלַח שָׁאוּל מַלְאָכִים אֶל־בֵּית	(b) Da sandte Saul Boten zum Haus Davids (zu seinem Bewachen und zu seinem Töten), daß sie ihn bewachten und am Morgen töteten.
דָּוִד לְשָׁמְרוֹ וְלַהֲמִיתוֹ בַּבֹּקֶר	
(1 Sa 19,11)	
גֹּאֵל הַדָּם הוּא יָמִית אֶת־הָרֹצֵחַ	(c) Der Bluträcher, der soll den Mörder töten. (Bei seinem ihn Antreffen) Wenn er ihn antrifft, soll er ihn töten.
בְּפִגְעוֹ־בוֹ הוּא יְמִיתֶנּוּ:	
(Nu 35,19)	
הַלְהָרְגֵנִי אַתָּה אֹמֵר כַּאֲשֶׁר הָרַגְתָּ	(d) Denkst du (ans mich Umbringen) mich umzubringen, wie du den Ägypter umgebracht hast?
אֶת־הַמִּצְרִי	
(Ex 2,14 aß)	
וַיֹּאמֶר לָבָן טוֹב תִּתִּי אֹתָהּ לָךְ	(e) Da sagte Laban: Besser ist mein Geben sie an dich als mein Geben), daß ich sie dir gebe, als daß ich sie einem anderen Mann gebe.
מִתִּתִּי אֹתָהּ לְאִישׁ אַחֵר	
(Gen 29,19)	

49.3.4.1   Subjekt und Objekt der Handlung können dem Infinitiv
            folgen (a).

49.3.4.2   Dieselben Suffixe bezeichnen das pronominale Objekt (b)
            und das pronominale Subjekt (c).

49.3.4.3   Nur bei Suffixen der 1.Person Singular wird zwischen dem
            Objekt-Suffix נִי (d) und dem Subjekt-Suffix יְ (e) un-
            terschieden (vgl. § 33.8).

כִּי בְכָרְתִי אֶת־כְּנַף מְעִילְךָ וְלֹא	(a) Doch (durch mein Schneiden) daran, daß ich den Zipfel deines Mantels abgeschnitten, aber dich nicht ermordet habe, erkenne und sieh, daß weder Bosheit noch Verrat in mir ist und ich mich nicht an dir vergangen habe.
הֲרַגְתִּיךָ דַּע וּרְאֵה כִּי אֵין בְּיָדִי	
רָעָה וָפֶשַׁע וְלֹא חָטָאתִי לָךְ	
(1 Sa 24,12b)	
כִּי הִקְשׁוּ אֶת־עָרְפָּם לְבִלְתִּי שְׁמוֹעַ	(b) Ja, sie haben ihren Nacken versteift (zum nicht Hören), daß sie nicht auf meine Worte hören.
(Jer 19,15 bß) אֶת־דְּבָרָי:	

49.3.5   Bisweilen wird eine Infinitiv-Konstruktion durch finite
          Verbformen fortgeführt (a).

49.3.6   Vor dem Infinitiv steht im allgemeinen die Negation
          בִּלְתִּי, Präpositionen stehen vor der Negation.

---

50 Erweiterungen des verbalen Satzglieds

50.1 Objekte

Das verbale Satzglied kann ein Nomen bei sich haben, das
als direktes Objekt ("Akkusativ-Objekt") das Ziel der
Handlung angibt.

(a) בְּרֵאשִׁית בָּרָא אֱלֹהִים אֵת הַשָּׁמַיִם   (a) Am Anfang schuf Gott den Himmel
                                               und die Erde.
(Gen 1,1)   וְאֵת הָאָרֶץ:

(b) וַיִּשְׁלַח־שָׁמָּה סוּסִים וְרֶכֶב וְחַיִל   (b) Da sandte er Pferde und Wagen
                                               und ein starkes Heer dorthin.
(2 Kö 6,14)   כָּבֵד

(c) בְּיוֹם עֲשׂוֹת יְהוָה אֱלֹהִים אֶרֶץ   (c) Am Tag, da Jahwe Gott Erde und
                                               Himmel machte ...
(Gen 2,4b)   וְשָׁמָיִם:

(d) כִּי־מָלְאָה הָאָרֶץ דֵּעָה אֶת־יְהוָה   (d) Ja, es erfüllt das Land (Jahwe-
                                               Erkennen) Erkenntnis Jahwes.
(Jes 11,9b)

50.1.1 Voraufgehendes אֵת / אֶת־ ("Akkusativ-Zeichen" - vgl.§ 12.4.
macht ein direktes Objekt kenntlich (a).

50.1.1.1 Das Akkusativ-Zeichen steht in Prosa vor determinierten Nomina.

50.1.1.2 Fehlt אֵת - bei indeterminiertem Nomen und meist in poetischen Texten -, muß die Objekt-Funktion eines solchen Nomens aus dem Zusammenhang erschlossen werden (b).

50.1.2 Auch Verbal-Nomina (Partizipien und Infinitive, s.§ 49)
können Objekte bei sich haben (c), ebenso Substantive,
die von Verben abgeleitet sind (d).

וְלֹא־יִקָּרֵא עוֹד אֶת־שִׁמְךָ אַבְרָם   Darum (wird dein Name genannt)
                                           nennt man dich nicht mehr Abram,

וְהָיָה שִׁמְךָ אַבְרָהָם (Gen 17.5)	sondern dein Name soll Abraham sein.

50.1.3.1 Auch in Sätzen mit passivischem Prädikat kann das Ziel
          der Handlung (nach unserem Verständnis das Subjekt)
          durch das "Akkusativ-Zeichen" gekennzeichnet sein.

50.1.3.2 Zum "Akkusativ-Zeichen" beim Subjekt eines zusammenge-
          setzten Nominalsatzes vgl. § 44.4.4.

וַיָּמָת שְׁמוּאֵל וַיִּקָּבְצוּ כָל־יִשְׂרָאֵל וַיִּסְפְּדוּ־לוֹ וַיִּקְבְּרֻהוּ בְּבֵיתוֹ (1 Sa 25,1) בָּרָמָה	(a)	Da starb Samuel, und sie ver- sammelten sich, ganz Israel, und sie hielten für ihn die Toten- klage; dann begruben sie ihn bei seinem Haus in Rama.
וַיָּבֹאוּ יָבֵשָׁה וַיִּשְׂרְפוּ אֹתָם שָׁם: (1 Sa 31,12b)	(b)	Dann kamen sie nach Jabesch und verbrannten sie dort.
וַיִּקְחוּ אֶת־עַצְמֹתֵיהֶם וַיִּקְבְּרוּ תַּחַת הָאֶשֶׁל בְּיָבֵשָׁה (1 Sa 31,13)	(c)	Und sie nahmen ihre Gebeine und begruben (sie) unter der Tama- riske zu Jabesch.

50.1.4.1 Pronominale Objekte werden als Suffixe an die Verbform
          (a) oder an die Partikel אֵת/אֹת (b) angefügt (vgl. §
          33.1).

50.1.4.2 Das pronominale Objekt kann auch fehlen (c), wenn es aus
          dem Zusammenhang leicht zu ergänzen ist.

וְאָנֹכִי וּבֵיתִי נַעֲבֹד אֶת־יְהוָה: (Jos 24,15b)	(a)	Ich aber und mein Haus: wir dienen Jahwe.
וַיִּקַּח אֵלִיָּהוּ שְׁתֵּים עֶשְׂרֵה אֲבָנִים ··· וַיִּבְנֶה אֶת־הָאֲבָנִים מִזְבֵּחַ (1 Kö 18,31 f) בְּשֵׁם יְהוָה	(b)	Da nahm Elia 12 Steine ... und (baute die Steine zu einem) baute daraus einen Altar im Namen Jahwes.

50.1.5.1 Direkte Objekte stehen bei vielen Verben, deren deutsches
          Äquivalent eine andere Konstruktion erfordert (a).

50.1.5.2 Bei einem Verb können auch zwei Objekte stehen ("doppel-
          ter Akkusativ"). Auch hier muß in der deutschen Überset-
          zung meist eine andere Konstruktion gewählt werden (b).

50.2 Adverbiale Nomina

Das verbale Satzglied kann ein Nomen (ohne Präposition)
bei sich haben, das als Umstandsbestimmung nähere Um-
stände der Handlung angibt (sogenannter accusativus ad-
verbialis).

(a) וַיֵּלֶךְ הָאִישׁ אֶרֶץ הַחִתִּים וַיִּבֶן Da ging der Mann (ins) Land der
                                                Hetiter und baute eine Stadt.
(Ri 1,26)   עִיר

(b) וְהַמֶּלֶךְ לָאַט אֶת־פָּנָיו וַיִּזְעַק Der König aber hatte sein Ge-
                                                sicht verhüllt; dann klagte der
(2 Sa 19,5)   הַמֶּלֶךְ קוֹל גָּדוֹל   König (mit) lauter Stimme.

(c) וַיִּשְׁלַח יְהוֹשֻׁעַ מַלְאָכִים וַיָּרֻצוּ Dann schickte Josua Boten, und
                                                sie liefen zum Zelt.
(Jos 7,22)   הָאֹהֱלָה

(d) מַצּוֹת יֵאָכֵל אֵת שִׁבְעַת הַיָּמִים Mazzen ißt man (die sieben Ta-
                                                ge) während der sieben Tage.
(Ex 13,7)

50.2.1 Die adverbiale Funktion eines solchen Nomens ist aus
        dem Zusammenhang zu erschließen, vor allem aus der Be-
        ziehung seiner Bedeutung zur Bedeutung des übergeord-
        neten Verbs ("gehen" : "Land", "klagen" : "Stimme").
        Auch für die Art der Umstandsbestimmung (lokal, tempo-
        ral, modal, kausal) gibt es darüber hinaus keine beson-
        deren Hinweise (a,b).

50.2.2 Bei Orts- und Zeitangaben kann das adverbiale Nomen mit
        dem He locale (§ 16.3.1) versehen sein (c).

50.2.3 Manchmal steht die Partikel אֵת auch vor adverbialem
        Nomen (d).

50.2.4 Adverbiale Nomina können auch nominale Prädikate ergän-
        zen (vgl. § 44.3.3, Textbeispiel f).

50.3 Präpositional-Ausdrücke

Zu den mannigfachen Bedeutungen der einzelnen Präpositionen ist das Lexikon zu vergleichen.
In diesem Paragraphen werden nur die syntaktisch auffäl-
ligsten Verwendungsweisen dargestellt.

> וַיִּקַּח אַבְרָהָם צֹאן וּבָקָר וַיִּתֵּן   Da nahm Abraham Kleinvieh und
> (Gen 21,27)   לַאֲבִימֶלֶךְ   Großvieh und gab (es) Abimelech.

50.3.1   Eine selbständige syntaktische Funktion hat vor allem
         die Präposition לְ.
         Sie wird - entsprechend ihrer Hauptbedeutung "zu/für" -
         vor allem benutzt, um das entferntere Objekt zu bezeich-
         nen, also den Satzteil, für den einige andere Sprachen,
         darunter das Deutsche, den Dativ zur Verfügung haben
         (ähnlich z.B. im Englischen: "He gave it to Abimelech").

> וַיְהִי־לִי שׁוֹר וַחֲמוֹר צֹאן וְעֶבֶד (a)   (Da wurde mir) Ich bekam Rinder
>   und Esel, Kleinvieh, Sklaven
> (Gen 32,6)   וְשִׁפְחָה   und Sklavinnen.
>
> גַּם־לְרֵעֵהוּ יִשָּׂנֵא רָשׁ (b)   Sogar von seinem Freund wird
>   der Arme gehaßt;
> וְאֹהֲבֵי עָשִׁיר רַבִּים: aber die den Reichen lieben,
>   sind zahlreich.
> (Spr.14,20)
>
> וַיֹּאמֶר יְהוָה אֶל־אַבְרָם לֶךְ־לְךָ (c)   Da sprach Jahwe zu Abram:
>   Geh (du/in deinem Interesse)
> (Gen 12,1)   מֵאַרְצְךָ ...   aus deinem Land!

50.3.1.1   לְ kann den bezeichnen, dem etwas zukommt oder gehört:
           den Besitzer (a).

50.3.1.2   Auch die handelnde Person im passiven Satz (b) kann
           durch לְ bezeichnet sein.

50.3.1.3   Auffallend ist die Verwendung von לְ mit einem Suffix der
           2.Person nach Imperativen (c).
           Dieser sogenannte Dativus ethicus drückt die besondere
           innere Beziehung des Angesprochenen zur Handlung aus und
           kann im Deutschen, wenn überhaupt, nur durch ziemlich
           schwerfällige Umschreibungen wiedergegeben werden.

> וּבְעוֹד שִׁשִּׁים וְחָמֵשׁ שָׁנָה יֵחַת (a)   Doch innerhalb von 65 Jahren
>   wird Ephraim zerstört (weg von
> אֶפְרַיִם מֵעָם: seiner Existenz als Volk),
> (Jes 7,8b)   daß es kein Volk mehr ist.
>
> וַיַּבְדֵּל אֱלֹהִים בֵּין הָאוֹר וּבֵין (b)   Da schied Gott zwischen dem
>   Licht und (zwischen) der Fin-
> (Gen 1,4b)   הַחֹשֶׁךְ:   sternis.

50.3.2 Die Präposition מִן hat - entsprechend ihrer Hauptbedeu-
        tung "weg von" - in einigen prägnanten Ausdrücken den
        Wert einer Negation (a).

50.3.2.1 Zu מִן als Negation beim Infinitiv vgl. § 49.3.1.3.

50.3.2.2 Zum Gebrauch von מִן in der Bedeutung "mehr als" bei Ver-
          gleichen s. § 47.2.3.

50.3.3 Die Präposition בֵּין "zwischen" wird meist vor dem zwei-
        ten Nomen wiederholt (b) Anstelle des zweiten בֵּין kann
        auch לְ oder לְבֵין stehen.

50.3.4 Zu Präpositional-Ausdrücken als Erweiterung eines nomi-
        nalen Prädikats vgl. § 44.3.

50.3.5 Zu präpositionalen Attributen vgl. § 47.2.

50.3.6 Zu Präpositionen beim Infinitiv vgl. § 49.3.1.

50.3.7 Zur Verbindung von Präpositionen mit der Partikel אֲשֶׁר
        vgl. § 53.4.3.

50.4 Absoluter Infinitiv (infinitivus absolutus)

Das verbale Satzglied kann durch den absoluten Infinitiv
desselben oder eines anderen Verbs erweitert sein.

לִמְדוּ הֵיטֵב דִּרְשׁוּ מִשְׁפָּט (a) Lernt Gutes-Tun! Sucht Recht!
(Jes 1,17)

כֹּה תְבָרֲכוּ אֶת־בְּנֵי יִשְׂרָאֵל אָמוֹר (b) So segnet ihr die Israeliten:
לָהֶם: יְבָרֶכְךָ יְהוָה וְיִשְׁמְרֶךָ:   (Sagen zu ihnen) indem ihr zu
(Nu 6,23b,24)   ihnen sagt: Jahwe segnet dich
                                           und behütet dich.

בָּעֵת הַהִיא דִּבֶּר יְהוָה בְּיַד־ (c) Zu der Zeit hatte Jahwe durch
יְשַׁעְיָהוּ בֶן־אָמוֹץ לֵאמֹר   Jesaja, den Sohn des Amoz,
                                       folgendes geredet:
לֵךְ וּפִתַּחְתָּ הַשַּׂק מֵעַל מָתְנֶיךָ   Geh und lege
                                       das härene Gewand von deinen
וְנַעַלְךָ תַחֲלֹץ מֵעַל רַגְלֶיךָ וַיַּעַשׂ Hüften ab und binde dir die
                                       Sandalen von deinen Füßen los!
                                       Das tat er,
כֵּן הָלֹךְ עָרוֹם וְיָחֵף: (gehen) indem er nackt und
(Jes 20,2)   barfuß einherging.

50.4.1 Der absolute Infinitiv kann als Objekt bei einem Verb
        stehen (a).

50.4.1.1 Meist bezeichnet er eine Umstandsbestimmung (b, c).

50.4.1.2 Er kann wiederum durch andere nominale Satzglieder er-
          weitert sein (b, c).

וְעַתָּה הִנֵּה יָדַעְתִּי כִּי מָלֹךְ תִּמְלֹךְ (a) Jetzt aber, wahrhaftig, weiß
                                              ich, daß du bestimmt König
(1 Sa 24,21)   wirst.

שִׁמְעוּ שָׁמוֹעַ בְּרֹגֶז קֹלוֹ וְהֶגֶה (b) Hört! Hört! das Donnern seiner
                                            Stimme und das Tosen, das aus
(Hi 37,2)   מִפִּיו יֵצֵא׃ seinem Munde hervorgeht!

טָרֹף טֹרַף יוֹסֵף׃ (c) Zerrissen, zerrissen ist
                                            Joseph!
(Gen 37,33b)

אֹמְרִים אָמוֹר לִמְנַאֲצַי דִּבֶּר יְהוָה (d) Sie (sagen sagend) sagen im-
                                              merfort zu denen, die mich
שָׁלוֹם יִהְיֶה לָכֶם   verachten: Jahwe hat geredet,
                                              es werde euch gut gehen.
(Jer 23,17)

50.4.2   Sehr häufig ist die Verwendung des absoluten Infinitivs
         in einer figura etymologica: Zu einer finiten Verbform
         tritt der absolute Infinitiv desselben Verbs. Durch
         diese Fügung erhält der Verbalausdruck besonderen Nach-
         druck.

50.4.2.1 Der absolute Infinitiv kann vor (a) oder hinter (b) dem
         zugehörigen finiten Verb stehen.

50.4.2.2 Formen der abgeleiteten Stämme kann der absolute Infi-
         nitiv des Grundstammes zugeordnet sein (c).

50.4.2.3 Auch Partizipien können mit dem absoluten Infinitiv
         eine figura etymologica bilden (d).

50.4.3   Doppel-Ausdrücke mit absoluten Infinitiven

וַיֵּצֵא (הָעֹרֵב) יָצוֹא וָשׁוֹב עַד־ (a) Der Rabe (flog fort - fort-
                                            fliegen und zurückkehren) flog
יְבֹשֶׁת הַמַּיִם מֵעַל הָאָרֶץ׃   hin und her, bis das Wasser auf
                                            der Erde vertrocknet war.
(Gen 8,7)

. . . וַיָּשֻׁבוּ הַמַּיִם (b) Da ging das Wasser zurück -
                                            (gehen und zurückgehen)
הָלוֹךְ וָשׁוֹב   = Da ging das Wasser immer mehr
(Gen 8,3)   zurück.

וְהַמַּ֫יִם הָי֣וּ הָל֖וֹךְ וְחָס֑וֹר (c) Das Wasser aber (es geschah:
gehen und abnehmen) nahm dann
עַ֖ד הַחֹ֣דֶשׁ הָעֲשִׂירִ֑י immer weiter ab bis zum zehn-
ten Monat.
(Gen 8,5)

וְהִנֵּֽה־מִשָּׁ֞ם אִ֣ישׁ יוֹצֵ֗א ··· (d) Da kam ein Mann heraus ..., der
hieß Simei Ben Gera; (heraus-
וּשְׁמ֤וֹ שִׁמְעִי֙ בֶן־גֵּרָ֔א יֹצֵ֥א kommend: herauskommen und flu-
chend) während er herauskam,
(2 Sa 16,5b)   יָצ֖וֹא וּמְקַלֵּֽל׃ stieß er immerfort Flüche aus.

50.4.3.1   Eine figura etymologica (s.oben 4.2) kann durch den ab-
soluten Infinitiv eines zweiten Verbs erweitert sein.
Dadurch wird eine besonders enge Verknüpfung der beiden
Vorgänge ausgedrückt (a).

50.4.3.2   Häufig tritt in solchen Fügungen הלך als relatives Verb
auf (s.unten 50.5.2) und bringt Fortdauer, Wiederholung
oder Steigerung zum Ausdruck (b, c).

50.4.3.3   Die Stelle eines der beiden Infinitive kann auch durch
ein Partizip oder eine andere Verbform eingenommen werden (d).

50.4.4   Zur selbständigen Verwendung des absoluten Infinitivs
vgl. § 49.2.

<u>50.5</u>   <u>Infinitiv (infinitivus constructus)</u>

וַתֹּ֣אמֶר שָׂרָ֔ה צְחֹ֕ק עָ֥שָׂה לִ֖י אֱלֹהִ֑ים (a) Da sprach Sara: Ein Lachen hat
mir Gott bereitet.
(Gen 21,6)

הַיּ֣וֹם הַזֶּ֗ה אָחֵל֙ תֵּ֣ת פַּחְדְּךָ֣ (b) (Heute fange ich an zu legen)
Vom heutigen Tag an lege ich
וְיִרְאָ֣תְךָ֔ עַל־פְּנֵי֙ הָֽעַמִּ֔ים Schrecken und Furcht vor dir
auf die Völker.
(Dt 2,25)

וַיָּ֨פֶץ יְהוָ֥ה אֹתָ֛ם מִשָּׁ֖ם עַל־פְּנֵ֣י (c) Da zerstreute sie Jahwe von
dort über die ganze Erde, und
כָל־הָאָ֑רֶץ וַיַּחְדְּל֖וּ לִבְנֹ֥ת sie hörten auf, die Stadt zu
bauen.
(Gen 11,8)   הָעִֽיר׃

וַיָּ֣חֶל ע֔וֹד שִׁבְעַ֥ת יָמִ֖ים אֲחֵרִ֑ים (d) Dann wartete er noch sieben
weitere Tage, dann(fuhr er fort,
וַיֹּ֛סֶף שַׁלַּ֥ח אֶת־הַיּוֹנָ֖ה מִן־הַתֵּבָֽה׃ loszulassen) ließ er noch einmal die Taube losfliegen aus
(Gen 8,1o)   der Arche.

וַיֹּאמֶר יִצְחָק אֶל־בְּנוֹ מַה־זֶּה (e) Da sprach Isaak zu seinem Sohn:
Wie denn (bist du geeilt zu
מִהַרְתָּ לִמְצֹא בְּנִי finden) hast du denn so schnell
(Gen 27,2o)   etwas gefunden, mein Sohn?

5o.5.1   Ein Infinitiv (infinitivus constructus) kann als Objekt
         zu einem verbalen Prädikat treten (a).

5o.5.2   Ein Infinitiv steht als Objekt oft bei den sogenannten
         relativen oder modalen Verben wie z.B.: חלל (Hi) "anfan-
         gen", חדל "aufhören", יסף (Hi) "fortfahren/noch mehr tun",
         שׁוּב "wiederholen", שׁכם (Hi) "früh/eifrig tun", מהר (Pi)
         "eilen/schnell tun" (b).

5o.5.2.1 Oft ist der Infinitiv an relative Verben durch die Prä-
         position לְ angeschlossen (c).

5o.5.2.2 Das relative Verb hat die allgemeinere, der abhängige
         Infinitiv die speziellere Bedeutung. Darum geben wir den
         Sinn solcher Fügungen im Deutschen am besten so wieder,
         daß der hebräische Infinitiv zum Prädikat wird, während
         das relative Verb durch ein Adverb ersetzt wird (d, e).

5o.5.3   Zu erweiterten Infinitiv-Konstruktionen, vor allem zu
         Infinitiven mit Präpositionen, vgl. § 49.3.

   5o.6 Finite Verbformen

רְאֵה נָתַתִּי בְיָדְךָ אֶת־סִיחֹן מֶלֶךְ־ (a) Siehe, ich habe in deine Hand
gegeben Sihon, den König von
חֶשְׁבּוֹן וְאֶת־אַרְצוֹ הָחֵל רָשׁ Hesbon und sein Land. (Fang an!
Nimm in Besitz!) Beginne mit
(Dt 2,24a β)   der Eroberung!

וַיָּשָׁב וַיִּשְׁלַח אֵלָיו שַׂר־חֲמִשִּׁים (b) Da (wiederholte er und sandte)
sandte er noch einmal zu ihm,
אַחֵר   und zwar einen anderen Haupt-
(2 Kö 1,11)   mann über fünfzig.

Die relativen Verben (s.oben 5o.5.2) können statt durch
einen Infinitiv auch durch ein anderes Verb in der gleichen finiten Form erweitert werden.

51 | Kennzeichnung der Aussage-Absicht (Modus)

51.0.1 Außer dem Imperativ (§ 48.5) und einigen restlichen Jussiv-Formen (s.unten 51.4.1) hat das Hebräische keine eigenen Verbformen (Modi), um die Aussage-Absicht zu kennzeichnen.

51.0.2 Wenn Modalitäten überhaupt durch eigene syntaktische Zeichen ausgedrückt werden sollen, stehen Partikeln zur Verfügung.

51.0.3 Darüber hinaus wird die Aufmerksamkeit des Hörers gelenkt durch Hinweise, die in der Bedeutungs-Ebene des Textes liegen (vgl. auch § 52.2). Hierher gehören auch Verben modaler Bedeutung wie z.B. יכל "können" und relative Verben (§ 5o.5 f).

51.0.4 Syntaktische Zeichen für die modalen Kategorien: "wirklich/unwirklich/möglich" (Realis/Irrealis/Potentialis) kennt die hebräische Sprache nicht, auch keinen "Konjunktiv" als syntaktisches Zeichen der inneren Abhängigkeit.

51.1 Bekräftigung

וַיֹּאמֶר יְהֹוָה זַעֲקַת סְדֹם וַעֲמֹרָה כִּי־רָבָּה וְחַטָּאתָם כִּי כָבְדָה מְאֹד: (Gen 18,2o)	Da sprach Jahwe: Das Geschrei über Sodom und Gomorrha - fürwahr, es ist groß; und ihre Sünde, fürwahr, sie ist sehr schwer

51.1.1 Bekräftigende Partikel ist vor allem כִּי "ja/fürwahr/das ist so". (vgl. § 53.3.1)

51.1.2 Zu weiteren bekräftigenden Adverbien und Partikeln wie z.B. אַף "sogar", הֵן "siehe" usw. ist das Lexikon zu vergleichen.

51.1.3 Auch die Verbindung eines finiten Verbs mit einem absoluten Infinitiv (§ 5o.4) hat bekräftigende Funktion.

51.1.4 Zur rhetorischen Frage mit bekräftigendem Klang s.unten 51.3.5.

51.2 Verneinung

וַיֹּאמֶר אֲבִימֶלֶךְ לֹא יָדַעְתִּי מִי עָשָׂה
אֶת־הַדָּבָר הַזֶּה וְגַם־אַתָּה לֹא־הִגַּדְתָּ
לִי וְגַם אָנֹכִי לֹא שָׁמַעְתִּי בִּלְתִּי
הַיּוֹם:
(Gen 21,26)

(a) Da sagte Abimelech: Ich weiß
nicht, wer das getan hat; und
auch du hast es mir nicht be-
richtet, so wie auch ich nicht
(davon) gehört habe (außer)
bis heute.

וְאַתָּה בֶן־אָדָם אַל־תִּירָא מֵהֶם
וּמִדִּבְרֵיהֶם אַל־תִּירָא
(Ez 2,6)

(b) Du aber, Menschenkind, fürchte
dich nicht vor ihnen; auch vor
ihren Worten fürchte dich
nicht!

וַאֲנַחְנוּ יַחְדָּו אֵין־זָר אִתָּנוּ
בַּבַּיִת זוּלָתִי שְׁתַּיִם־אֲנַחְנוּ בַּבָּיִת:
(1 Kö 3,18b)

(c) Wir aber (waren) zusammen;
nicht (war) ein Fremder bei uns
im Haus; nur wir beide (waren)
im Haus.

51.2.1 Mit den Partikeln לֹא und אַל werden verbale Prädikate in
Verbal- und Zusammengesetzten Nominalsätzen verneint
(a und b).

51.2.1.1 Die Negation אַל ist auf abwehrende Sätze beschränkt (b),
ähnlich wie lateinisch "ne".

51.2.1.2 Mit אַל verneinte Sätze stehen anstelle von verneinten
Imperativ-Sätzen, die im Hebräischen nicht vorkommen.

51.2.2 Mit der Partikel אַיִן/אֵין ("Nichtvorhandensein/es gibt
nicht") werden Nominalsätze und einzelne Nomina verneint
(c).

51.2.3.1 Über weitere, seltenere Negations-Partikeln wie בַּל, בְּלִי,
אֶפֶס gibt das Lexikon Auskunft.

51.2.3.2 Zu dem negativen Adverb טֶרֶם "noch nicht" vgl. § 48.4.3.4.

51.2.3.3 Zu בִּלְתִּי vor dem Infinitiv vgl. § 49.3.6.

51.2.3.4 Zu der Präposition מִן in negativer Bedeutung vgl. §§
49.3.1.3, 50.3.2.

51.2.3.5 Zu פֶּן s.unten 51.4.5.

51.2.3.6 Zum negativen Schwursatz mit אִם vgl. § 53.5.3.

וַיֹּאמֶר מֹשֶׁה אֶל־יְהוָה בִּי אֲדֹנָי (a) Da sprach Mose zu Jahwe: Ach,
mein Herr, (ein Nicht-Mensch-
לֹא אִישׁ דְּבָרִים אָנֹכִי von-Worten) ein rede-ungewand-
ter Mensch bin ich.
(Ex 4,1o)

וְזֶה דְּבַר הָרֹצֵחַ אֲשֶׁר יָנוּס שָׁמָּה (b) Dies aber ist die Bestimmung
für den Totschläger, der dort-
נָחַי אֲשֶׁר יַכֶּה אֶת־רֵעֵהוּ בִּבְלִי־ hin flieht, um am Leben zu
bleiben: Wer einen andern
דַעַת וְהוּא לֹא־שֹׂנֵא לוֹ מִתְּמֹל schlägt ohne Vorsatz und nicht
mit ihm verfeindet war von
שִׁלְשֹׁם: ••• הוּא יָנוּס אֶל־אַחַת früher her, ... der soll in
eine dieser Städte fliehen und
הֶעָרִים הָאֵלֶּה וָחָי: so am Leben bleiben.
(Dt 19,4 f)

51.2.4.1   לֹא kann im Nominalsatz auftreten. Es verneint dann nicht
das Vorhandensein einer Person oder Sache, sondern deren
Begriff (a).

51.2.4.2   Vor dem Partizip (b: לֹא שֹׂנֵא) kann לֹא stehen, nicht aber
vor dem Infinitiv (b: בִּבְלִי־דַעַת).

וָאֹמַר עַד־מָתַי אֲדֹנָי וַיֹּאמֶר עַד (a) Da sagte ich: Wie lange, Herr?
Da sagte er: Bis die Städte
אֲשֶׁר אִם־שָׁאוּ עָרִים מֵאֵין יוֹשֵׁב verwüstet sind, ohne (keine)
Bewohner, und die Häuser ohne
וּבָתִּים מֵאֵין אָדָם וְהָאֲדָמָה תִּשָּׁאֶה (keine) Menschen und das Land
als öde Wüste daliegt
(Jes 6,11)   שְׁמָמָה:

הַצִּילֵנִי נָא מִיַּד אָחִי מִיַּד עֵשָׂו (b) Ach, rette mich aus der Hand
meines Bruders, aus der Hand
כִּי־יָרֵא אָנֹכִי אֹתוֹ פֶּן־יָבוֹא Esaus; denn ich fürchte mich
vor ihm, daß er (nicht etwa)
וְהִכַּנִי אֵם עַל־בָּנִים: kommt und uns totschlägt: Mutter samt Kindern.
(Gen 32,12)

51.2.5.1   Mehrere Negationen (a: מָן und אֵין) heben einander nicht
auf, sondern verstärken einander.

51.2.5.2   Darum kann nach einem Verb, das schon einen negativen
Begriff enthält, im abhängigen Satz noch einmal eine
Negation stehen (b: ירא "fürchten" und פֶּן־).

51.3   Frage

וַיֹּאמֶר יְהוָה אֶל־קַיִן אֵי הֶבֶל (a) Da sagte Jahwe zu Kain: Wo
אָחִיךָ וַיֹּאמֶר לֹא יָדַעְתִּי הֲשֹׁמֵר אָחִי   ist Abel, dein Bruder? Da sag-
                                     te der: Ich weiß nicht. Bin
(Gen 4,9)   אָנֹכִי׃   ich (soll ich sein) der Hüter
                                     meines Bruders?[1]

וַיִּשְׁלַח מַלְאָכִים וַיֹּאמֶר אֲלֵהֶם (b) Dann schickte er Boten aus und
לְכוּ דִרְשׁוּ בְּבַעַל זְבוּב אֱלֹהֵי עֶקְרוֹן   sagte zu ihnen: Geht, befragt
                                     Baal-Sebub, den Gott von Ekron,
אִם־אֶחְיֶה מֵחֳלִי זֶה׃   ob ich (wohl) von dieser mei-[1]
(2 Kö 1,2b)   ner Krankheit genese(n kann).

וַיֹּאמֶר אֲלֵהֶם עֲלוּ זֶה בַּנֶּגֶב (c) Und er sagte zu ihnen: Zieht
וַעֲלִיתֶם אֶת־הָהָר׃ וּרְאִיתֶם אֶת־   hier herauf ins Südland und
                                     steigt dann aufs Gebirge und
הָאָרֶץ מַה־הִיא וְאֶת־הָעָם הַיֹּשֵׁב   seht das Land an: wie es ist,
                                     und das Volk, das es bewohnt,
עָלֶיהָ הֶחָזָק הוּא הֲרָפֶה הַמְעַט הוּא   ob es stark oder schwach ist,
                                     ob es spärlich ist oder zahl-
(Nu 13,17b-18)   אִם־רָב׃   reich.

וַיֹּאמֶר אָכִישׁ אֶל־עֲבָדָיו הִנֵּה (d) Da sagte Akisch zu seinen
תִרְאוּ אִישׁ מִשְׁתַּגֵּעַ לָמָּה תָּבִיאוּ אֹתוֹ   Knechte: Ihr seht doch wohl,
                                     daß das ein Verrückter ist!
אֵלָי׃ חֲסַר מְשֻׁגָּעִים אָנִי כִּי־   Warum bringt ihr ihn zu mir
                                     herein? (Ich habe wohl etwa
הֲבֵאתֶם אֶת־זֶה   nach eurer Meinung) Habe ich
                                     zu wenig Verrückte hier, daß
(1 Sa 21,15 f)   ihr mir den hergebracht habt?

51.3.1   Wort-Fragen sind kenntlich an einleitenden Frage-Adver-
          bien wie z.B. אֵי "wo" (a), לָמָה "warum" (d) und Frage-
          Pronomina wie z.B. מַה "was/wie" (c) oder מִי "wer".

51.3.2   Satz-Fragen sind im allgemeinen kenntlich an der ein-
          leitenden Partikel הֲ (a), dem He interrogativum (zur
          Form vgl. § 13.3).

51.3.2.1 Abhängige Fragesätze (b, c) sind in der Form von unab-
          hängigen nicht unterschieden. Als einleitende Partikel

---

(1) Daß im deutschen Fragesatz häufig Modalverben oder Konjunktive
    das Element der Unsicherheit oder der inneren Abhängigkeit her-
    vorheben, ist eine Eigenheit der deutschen Sprache und hat in
    der hebräischen Syntax keine Entsprechung.

tritt neben הֲ (c) häufig אִם auf (b).

51.3.2.2 Doppelfragen werden durch הֲ ... הֲ oder durch הֲ ... אִם
eingeleitet (c).

51.3.2.3 Zu אִם vor einfacher, direkter Frage vgl. § 53.5.2.

51.3.3 Der Frage-Charakter eines Satzes kann auch unbezeichnet
bleiben (d), wo er sich aus dem Zusammenhang ergibt.

וַיֹּאמֶר לָהֶם (יַעֲקֹב) הַיְדַעְתֶּם אֶת־ (a) לָבָן בֶּן־נָחוֹר וַיֹּאמְרוּ יָדָעְנוּ׃ וַיֹּאמֶר לָהֶם הֲשָׁלוֹם לוֹ וַיֹּאמְרוּ (Gen 29,5 f) שָׁלוֹם	Da sagte Jakob zu ihnen: Kennt ihr Laban Ben Nahor? Da sagten sie: (Wir kennen) Ja! Da sagte er zu ihnen: (Hat er Wohlergehen) Geht es ihm gut? Da sagten sie:(Wohlergehen) Ja.
וַיֹּאמְרוּ לוֹ אַנְשֵׁי־גִלְעָד הַאֶפְרָתִי (b) (Ri 12,5 b) אַתָּה וַיֹּאמֶר לֹא׃	Dann sagten die Männer von Gilead zu ihm: Bist du ein Ephraimiter? Dann sagte er: Nein.
וַיֹּאמֶר דָּוִד אֶל־אַבְנֵר הֲלוֹא־אִישׁ (c) אַתָּה וּמִי כָמוֹךָ בְּיִשְׂרָאֵל וְלָמָּה לֹא שָׁמַרְתָּ אֶל־אֲדֹנֶיךָ הַמֶּלֶךְ (1 Sa 26,15)	Da sagte David zu Abner: (Bist du nicht) Du bist doch ein Mann, und (wer ist) niemand ist dir gleich in Israel! Warum nur hast du nicht achtgegeben auf deinen Herrn, den König?

51.3.4.1 Antwortsätze sind elliptisch: Als bejahende Antwort wird
nur das bedeutungstragende Wort der Frage wiederholt und
alles Übrige weggelassen (a).

51.3.4.2 Bei einer verneinenden Antwort kann die Ellipse - wie im
Deutschen - so weit gehen, daß nur die Negation übrig
bleibt (b).

51.3.5 Die Fragepartikel הֲ in Verbindung mit der Negation לֹא :
הֲלֹא leitet rhetorische Fragen ein, die den Charakter einer bekräftigenden Behauptung annehmen können (c).

51.4 Wunsch, Absicht, Aufforderung

וַיֹּאמֶר אֱלֹהִים יְהִי אוֹר (a) (Gen 1,3) וַיְהִי־אוֹר׃	Da sprach Gott: Es werde Licht! Und es wurde Licht.
תָּשֶׁת־חֹשֶׁךְ וִיהִי לָיְלָה בּוֹ־תִרְמֹשׂ (b) (Ps 104,20) כָּל־חַיְתוֹ־יָעַר׃	Du läßt Finsternis entstehen, so wird Nacht: darin regt sich alles Waldgetier.

51.4.1 Neben dem Imperativ (§ 48.5) hat das Hebräische nur noch Restbestände an Verbformen, die den Wunsch- oder Aufforderungs-Charakter eines Satzes bezeichnen können.

51.4.1.1 Die "Jussiv"-Formen sind nur noch im Hif'il (§ 32.2.3), als Kurzformen der Verben Lamed-He (§ 39.3) und bei den sogenannten Hohlen Wurzeln (§ 41.4.4) von anderen Imperfektformen zu unterscheiden.

51.4.1.2 Jussiv-Formen stehen häufig in Aufforderungssätzen (a). Sie können aber auch in einfachen Aussagesätzen vorkommen (b).

(a) וַיַּרְא וַיָּרָץ לִקְרָאתָם מִפֶּתַח הָאֹהֶל וַיִּשְׁתַּחוּ אָרְצָה: וַיֹּאמַר אֲדֹנָי אִם־נָא מָצָאתִי חֵן בְּעֵינֶיךָ אַל־נָא תַעֲבֹר מֵעַל עַבְדֶּךָ: יֻקַּח־נָא מְעַט־מַיִם וְרַחֲצוּ רַגְלֵיכֶם וְהִשָּׁעֲנוּ תַּחַת הָעֵץ: וְאֶקְחָה פַת־לֶחֶם וְסַעֲדוּ לִבְּכֶם אַחַר תַּעֲבֹרוּ כִּי־עַל־כֵּן עֲבַרְתֶּם עַל־עַבְדְּכֶם וַיֹּאמְרוּ כֵּן תַּעֲשֶׂה כַּאֲשֶׁר דִּבַּרְתָּ: (Gen 18,2b-5)	Als er das sah, lief er ihnen entgegen vom Zelteingang aus und warf sich zu Boden. Dann sagte er: Herr! Möchte ich doch Gnade gefunden haben vor deinen Augen! Geh bitte nicht an deinem Knecht vorüber! Man soll ein wenig Wasser bringen, daß ihr eure Füße wascht (ipt) und euch ausruht (ipt) unter dem Baum. Dann will ich einen Bissen Brot holen, daß ihr euch stärkt (ipt). Dann (könnt) ihr weiterziehen, denn dazu seid ihr doch bei eurem Knecht vorbeigekommen. Da sagten sie: Du darfst es so machen (impf), wie du gesagt hast.
(b) וַיִּלֹּנוּ עַל־מֹשֶׁה וְעַל־אַהֲרֹן כֹּל בְּנֵי יִשְׂרָאֵל וַיֹּאמְרוּ אֲלֵיהֶם כָּל־הָעֵדָה לוּ־מַתְנוּ בְּאֶרֶץ מִצְרַיִם אוֹ בַּמִּדְבָּר הַזֶּה לוּ־מָתְנוּ: (Nu 14,2)	Da murrten alle Israeliten gegen Mose und Aaron, und die ganze Gemeinde sagte zu ihnen: Wären wir doch gestorben im Land Ägypten oder hier in der Wüste! Wären wir doch gestorben!
(c) בַּבֹּקֶר תֹּאמַר מִי־יִתֵּן עֶרֶב וּבָעֶרֶב תֹּאמַר מִי־יִתֵּן בֹּקֶר (Dt 28,67)	Am Morgen sagst du: (Wer gibt) Wäre es doch Abend! Und am Abend sagst du: (Wer gibt) Wäre es doch Morgen!
(d) וְעַתָּה אֱסֹף אֶת־יֶתֶר הָעָם וַחֲנֵה עַל־	Und nun nimm den Rest des Heeres und belagere die Stadt und nimm

הָעִיר וְלָכְדָהּ פֶּן־אֶלְכֹּד אֲנִי אֶת־   sie ein, damit nicht ich die
הָעִיר וְנִקְרָא שְׁמִי עָלֶיהָ:   Stadt einnehme und mein Name
über ihr ausgerufen wird.

(2 Sa 12,28)

51.4.2 Der Dialog-Abschnitt aus der Erzählung Gen 18 (a) zeigt
beispielhaft, wie auf vielfältige Weise die Aussage-
Absicht durch Partikeln ausgedrückt sein kann:

51.4.2.1 Die Partikel נָא־ bezeichnet - zusammen mit אִם (Zeile 3)
- einen Wunsch
oder - zusammen mit dem Imperfekt eines Verbs - eine
Bitte (Zeile 3/4) oder Absicht (Zeile 4).

51.4.2.2 Die subjektive Negation אַל (Zeile 3) würde auch ohne
נָא־ den Satz als verneinte Aufforderung charakterisieren.

51.4.2.3 Die Endung הָ (He cohortativum) an der Verbform der 1.
Person (Zeile 6) bezeichnet eine Selbstaufforderung des
Sprechenden: "Ich will ..."

51.4.2.4 Die Aussage-Absicht der unbezeichneten Imperfekt-Formen
תַּעֲבֹרוּ (Zeile 7) und תֵּעָשֶׂה (Zeile 9) ist durch den sprachlichen und situativen Kontext hinreichend gesichert.
Nur in der deutschen Übersetzung brauchen wir eine zusätzliche Charakterisierung durch modale Ausdrücke
("dürfen/mögen")[2].

51.4.3 Neben אִם (a, Zeile 3 - vgl. auch § 53.5.1.3) kann auch
die Partikel לוּ "wenn" einen Wunschsatz einleiten (b).
Ob ein Wunsch real oder irreal gedacht ist, wird nur in
der deutschen Übersetzung sprachlich bezeichnet.

51.4.4 Den Klang eines Wunsches können auch Fragesätze haben.
Der Fragesatz מִי יִתֵּן "wer gibt?" ist an manchen Stellen
zur Formel erstarrt und dient als Einleitung eines
Wunschsatzes (c).

----

(2) Auch hier hat die deutsche Sprache einen Überschuß an Aus-
drucksmitteln, die in der Übersetzung gelegentlich angewendet
werden müssen. Es geht nicht an, deshalb dem Tempus "Imperfekt" als solchem modale Funktionen zuzuschreiben, weil es
diese ja eben gerade nicht spezifiziert (s.auch § 48).

51.4.5 Die Negation פֶּן "daß nicht/damit nicht" dient zur Charakterisierung eines negativen Absicht-Satzes (d).

וְאִם רַע בְּעֵינֵיכֶם לַעֲבֹד אֶת־יְהוָה (a) Wenn ihr es aber ablehnt, Jahwe
בַּחֲרוּ לָכֶם הַיּוֹם אֶת־מִי תַעֲבֹדוּן zu dienen, so entscheidet euch
heute, wem ihr dienen wollt:
אִם אֶת־הָאֱלֹהִים אֲשֶׁר־עָבְדוּ ob den Göttern, denen eure Vä-
ter gedient haben, die jenseits
אֲבוֹתֵיכֶם אֲשֶׁר מֵעֵבֶר הַנָּהָר וְאִם des Euphrats (lebten), oder
den Göttern der Amoriter, in
אֶת־אֱלֹהֵי הָאֱמֹרִי אֲשֶׁר אַתֶּם יֹשְׁבִים deren Land ihr wohnt!
Ich jedenfalls und mein Haus,
בְּאַרְצָם וְאָנֹכִי וּבֵיתִי נַעֲבֹד wir wollen Jahwe dienen.

אֶת־יְהוָה:
(Jos 24,15)

וַיְדַבֵּר יְהוָה אֶל־מֹשֶׁה לֵּאמֹר: דַּבֵּר (b) Jahwe redete mit Mose folgendes:
אֶל־כָּל־עֲדַת בְּנֵי יִשְׂרָאֵל וְאָמַרְתָּ Rede mit der ganzen Gemeinde
der Israeliten und sage ihnen:
אֲלֵיהֶם קְדֹשִׁים תִּהְיוּ כִּי קָדוֹשׁ אֲנִי Heilig seid ihr (sollt ihr
sein), denn heilig
יְהוָה אֱלֹהֵיכֶם: אִישׁ אִמּוֹ וְאָבִיו bin ich, Jahwe, euer Gott.
Ihr sollt jeder seine Mutter
תִּירָאוּ וְאֶת־שַׁבְּתֹתַי תִּשְׁמֹרוּ und seinen Vater fürchten und
meine Sabbate sollt ihr halten!
אֲנִי יְהוָה אֱלֹהֵיכֶם: Ich bin Jahwe, euer Gott.

(Lev 19,1 ff)

לֹא תִרְצָח: לֹא תִנְאָף: לֹא תִגְנֹב: (c) Du sollst nicht töten! Du
sollst nicht ehebrechen! Du
(Ex 2o,13 ff)   sollst nicht stehlen!

הַלְלוּ יָהּ (d) Lobt Jah!

שִׁירוּ לַיהוָה שִׁיר חָדָשׁ Singt Jahwe ein neues Lied –

תְּהִלָּתוֹ בִּקְהַל חֲסִידִים: sein Lob in der Gemeinde der
Frommen!
יִשְׂמַח יִשְׂרָאֵל בְּעֹשָׂיו Es freue sich Israel seines
Schöpfers!
בְּנֵי־צִיּוֹן יָגִילוּ בְמַלְכָּם: Die Söhne Zions sollen jubeln
über ihren König!
יְהַלְלוּ שְׁמוֹ בְמָחוֹל Sie sollen seinen Namen prei-
sen im Reigentanz,
בְּתֹף וְכִנּוֹר יְזַמְּרוּ־לוֹ: mit Pauke und Leier sollen sie
ihm singen!
(Ps 149,1 ff)

51.4.6   In vielen Fällen ist die Aussage-Absicht eines Textes
         oder Satzes durch den sprachlichen und den situativen
         Kontext hinreichend deutlich (s.oben 51.2.5, Anm 1 und
         51.4.2.4 mit Anm 2).

51.4.6.1 Die Entscheidung des Hörers über die Aussage-Absicht ei-
         nes verbalen Prädikats kann durch die Bedeutung vorauf-
         gehender Verben vorbestimmt sein (a): In der Aufforde-
         rung, zu wählen (בַּחֲרִי לָכֶם, Imperativ, Zeile 2) ist das
         modale Element des Wollens für die folgende Frage: אֶת מִי
         תַעֲבֹדוּן ebenso mit gegeben wie für den abschließenden
         Satz (Zeile 6): נַעֲבֹד אֶת יְהוָה.

51.4.6.2 Bestimmte Gattungen, wie z.B. die Forderungen des apo-
         diktischen Rechts, sind so fest mit einer Sprechsitua-
         tion verbunden, daß dadurch über die Aussage-Absicht
         vorentschieden ist (b).

51.4.6.3 In apodiktischen Rechtssätzen können deshalb auch Verbo'
         mit לֹא statt mit אַל eingeleitet sein (c).

51.4.6.4 In der Einleitung eines Hymnus (d), die zum Lob Gottes
         aufruft,werden einfache Imperfekt-Formen ohne weiteres
         als Aufforderung verstanden.

51.4.7   Es lassen sich aber auch formale syntaktische Kontext-
         bedingungen beschreiben, unter denen Imperfekte modale
         Funktionen annehmen[3].

יְשַׁלֵּם יְהוָה פָּעֳלֵךְ	Jahwe belohne deine Tat,
וּתְהִי מַשְׂכֻּרְתֵּךְ שְׁלֵמָה (Rut 2,12)	und voller Lohn werde dir zuteil!

51.4.7.1 Imperfekt am Satzanfang hat in unabhängigen oder durch
         ו verbundenen Sätzen jussivische Funktion (s.auch 51.4.6
         Beispiel d).

51.4.7.2 Weitere Spezifizierungen wären nötig, sind mir aber
         hier noch nicht möglich, bevor Forschung und Diskussion
         über diesen Problembereich weiter gediehen sind.

---

(3) Hinweise zu diesem Abschnitt verdanke ich Herrn Eep Talstra,
    Amsterdam. Seine ausführliche Besprechung dieser Grammatik in
    "Bibliotheca Orientalis" 1978 ("Text Grammar and ·Hebrew Bible,
    I: Elements of a Theory") und 1982 ("Text Grammar and Hebrew
    Bible, II: Syntax and Semantics") führt die Diskussion an vie-
    len Punkten weiter. Ich habe seine Anregungen bisher nur hier
    und in § 48.4 und 48.6 aufnehmen können.

52	Orientierung im Sinngefüge von Texten - Verweisungen im Text

52.1   Der Text als strukturierte Einheit

Texte entstehen nicht durch einfache Addition von Wörtern und Sätzen, sondern sind über die Satzgrenzen hinaus durch ein Geflecht vielfältiger Verweisungen als sinn-einheitliches Ganzes strukturiert[1].

52.1.1   Der Hörer (Leser) wird an jeder Stelle des kontinuierlich verlaufenden Textes darüber orientiert, wie er die einzelnen Zeichen und ihre Bedeutungen miteinander und mit der Sprechsituation zu verknüpfen hat.

52.1.2   Verwiesen wird nach rückwärts (anaphorisch) auf schon Erwähntes und dem Hörer Bekanntes, nach vorwärts (kataphorisch) auf zu erwartendes Neues und (deiktisch) auf die Kommunikationssituation selbst und die an ihr Beteiligten.

52.1.3   Besondere Zeichen mit Verweis-Funktion sind:

52.1.3.1   aneinander anschließbare Wort- und Textbedeutungen, (1a)

52.1.3.2   Pronomina, Suffixe und als Pronomina gebrauchte Nomina,

52.1.3.3   deiktische Partikeln und Konjugations-Morpheme,

52.1.3.4   der Artikel.

----

(1) Eine grammatische Beschreibung der Sprache, die über die Satzgrenzen hinausgeht und die Konstitution und die Abgrenzung von Texten zu erfassen sucht, hat seit ca.1964 immer mehr Beachtung gefunden: "Text-Linguistik". Pronomina und andere Partikeln z.B. lassen sich in ihrer Funktion adaequat nur textlinguistisch beschreiben. Für das Thema dieses Paragraphen ist vor allem hinzuweisen auf: Werner Kallmeyer, Verweisungen im Text, in: Der Deutschunterricht Jg.24,Heft 4,1972 und auf: Roland Harweg, Pronomina und Textkonstitution, München 1968.
(1a) Auch zu diesem Thema meldet E.Talstra (a.a.O.) Kritik an, die ich für berechtigt halte aber hier vorerst nicht aufnehmen kann.

52.2 Die Bedeutungs-Ebene eines Textes

וַיְהִי־אִישׁ מֵהַר־אֶפְרָיִם וּשְׁמוֹ

מִיכָיְהוּ: וַיֹּאמֶר לְאִמּוֹ אֶלֶף וּמֵאָה

הַכֶּסֶף אֲשֶׁר לֻקַּח־לָךְ וְאַתְּ אָלִית

וְגַם אָמַרְתְּ בְּאָזְנַי הִנֵּה־הַכֶּסֶף אִתִּי

אֲנִי לְקַחְתִּיו וְעַתָּה אֲשִׁיבֶנּוּ לָךְ:

וַתֹּאמֶר אִמּוֹ בָּרוּךְ בְּנִי לַיהוָה:

וַיָּשֶׁב אֶת־אֶלֶף־וּמֵאָה הַכֶּסֶף לְאִמּוֹ

וַתֹּאמֶר אִמּוֹ הַקְדֵּשׁ הִקְדַּשְׁתִּי אֶת־

הַכֶּסֶף לַיהוָה מִיָּדִי לִבְנִי לַעֲשׂוֹת

פֶּסֶל וּמַסֵּכָה:

וַיָּשֶׁב אֶת־הַכֶּסֶף לְאִמּוֹ וַתִּקַּח אִמּוֹ

מָאתַיִם כֶּסֶף וַתִּתְּנֵהוּ לַצּוֹרֵף

וַיַּעֲשֵׂהוּ פֶּסֶל וּמַסֵּכָה וַיְהִי בְּבֵית

מִיכָיְהוּ: וְהָאִישׁ מִיכָה לוֹ בֵּית

אֱלֹהִים וַיַּעַשׂ אֵפוֹד וּתְרָפִים וַיְמַלֵּא

אֶת־יַד אַחַד מִבָּנָיו וַיְהִי־לוֹ

לְכֹהֵן:

(Ri 17,1-5)

Da war ein Mann vom Gebirge
Ephraim - sein Name: Micha.
Er sprach zu seiner Mutter:
Die elfhundert
Silberschekel, die man dir
weggenommen hat - du hast ja
deswegen einen Fluch ausgestoßen und es auch in meiner Gegenwart gesagt - Da! Das Geld!
Ich hab's. Ich selbst hatte es
genommen; und jetzt gebe ich
es dir zurück.
Da sagte seine Mutter: Gesegnet (sei), mein Sohn, von
Jahwe! Da gab er die 1100 Silberschekel seiner Mutter zurück
Da sagte seine Mutter: Hiermit
weihe ich das Geld (feierlich)
für Jahwe. Aus meiner Hand
(gebe ich es hin) zugunsten
meines Sohnes, um ein Schnitz-
und Gußbild anfertigen zu lassen.
 Da gab er das Geld seiner
Mutter zurück, und seine Mutter nahm 200 Silberschekel und
gab sie dem Goldschmied.
Der machte daraus ein Schnitz-
und Gußbild, und das blieb im
Hause Michas. Dem Mann Micha,
dem gehörte ein Gotteshaus.
Nun machte er ein Ephod und
Teraphim und füllte die Hand
eines seiner Söhne, daß der
ihm als Priester diente.

52.2.1 Die Gesamtheit der in einem Text vorkommenden Bedeutungen der Nomina und Verben bildet seine Bedeutungs-Ebene
(semantische Ebene).

52.2.2 Der Hörer ist angewiesen, neu auftretende Wörter da-
raufhin zu prüfen, wie ihre Bedeutungen (und welche ihrer Bedeutungen)an die Bedeutungen der anderen Mitglie-
der des Kontextes anschließbar sind. Dabei wird vom Hörer diejenige aus den vielfältigen Bedeutungen eines
einzelnen Wortes aktiviert, die zur semantischen Ebene
des Textes paßt.

52.2.2.1 Zum Beispiel wird in dem oben zitierten Text, dem Anfang einer längeren Erzählung, die semantische Ebene
erstellt durch die Verben: לקח "nehmen", אלה "fluchen",

ברך "segnen",

die Nomina: אֵם "Mutter", בֵּן "Sohn",

כֶּסֶף "Geld/Silber"

und den Gottesnamen: יהוה (Zeilen 1-6).

52.2.2.2 In den darauffolgenden Sätzen wird diese semantische
Ebene bestätigt und ausgeweitet durch:

נתן "geben", הַקְדִּישׁ "heiligen",
פֶּסֶל "Schnitzbild",

מַסֵּכָה "Gußbild" und

צוֹרֵף "Goldschmied".

52.2.2.3 Dadurch ist dem Hörer verwehrt, von den neuen Verben
etwa שׁוּב (Hi) als "wehren/Bescheid geben" oder gar als
eine Form von ישׁב "sich niederlassen" mißzuverstehen
oder von den neuen Nomina z.B. מַסֵּכָה die Bedeutung:
"Decke" zuzuweisen.

יְהוָה אֲדֹנֵינוּ מָה־אַדִּיר שִׁמְךָ בְּכָל־הָאָרֶץ	Jahwe, unser Herrscher, wie herrlich ist dein Name in aller Welt!
אֲשֶׁר תְּנָה הוֹדְךָ עַל־הַשָּׁמָיִם׃	Der du deinen Glanz gelegt hast auf den Himmel!
מִפִּי עוֹלְלִים וְיֹנְקִים יִסַּדְתָּ עֹז לְמַעַן צוֹרְרֶיךָ	Aus dem Mund von Kindern und Säuglingen hast du ein Bollwerk erbaut um deiner Feinde willen,
לְהַשְׁבִּית אוֹיֵב וּמִתְנַקֵּם׃	um ein Ende zu bereiten dem Feind und dem Rächer.
כִּי־אֶרְאֶה שָׁמֶיךָ מַעֲשֵׂי אֶצְבְּעֹתֶיךָ	Wenn ich schaue den Himmel, deiner Finger Werk,
יָרֵחַ וְכוֹכָבִים אֲשֶׁר כּוֹנָנְתָּה׃	Mond und Sterne, die du dahingesetzt ...
(Ps 8,2-4) ...	

52.2.3 Wörter, deren Bedeutungen nicht oder kaum zur semantischen Ebene eines Textes passen, haben für den Hörer
einen hohen Aufmerksamkeitswert. Die Poesie gewinnt
aus solchen Fügungen besondere stilistische Wirkungen.

52.2.3.1 In den oben zitierten Eingangsversen aus Psalm 8 ist
die semantische Ebene charakterisiert
einerseits durch: אָדוֹן "Herrscher", אַדִּיר "herrlich",
כָּל־הָאָרֶץ "alle Welt", נתן "geben",
יסד "gründen",

כֵּן "festmachen" etc.

(Bereich: Schöpfung)

anderseits durch: עֹז "Bollwerk",   צרר "bedrängen",

אֹיֵב "Feind" etc.

(Bereich: Kampf).

Dazwischen steht der Ausdruck: מִפִּי עוֹלָלִים וְיֹנְקִים "aus
dem Mund von Kleinkindern und Säuglingen" unvermittelt.

52.2.3.2 Der Hörer, durch die semantische Diskrepanz aufmerksam
geworden, wird dadurch angewiesen, den Punkt aufzusu-
chen, in dem die Aussage über diese Nominalgruppe an
die semantische(n) Ebene(n) des Kontexts anschließbar
ist.
Die Poesie läßt dem Hörer größere Freiheit, solche An-
knüpfungspunkte zu finden und zu erfinden.

52.3 Rückwärts (anaphorisch) verweisende Elemente

וַיְהִי־אִישׁ מֵהַר־אֶפְרַיִם וּשְׁמוֹ

מִיכָיְהוּ: וַיֹּאמֶר לְאִמּוֹ אֶלֶף וּמֵאָה

הַכֶּסֶף אֲשֶׁר לֻקַּח־לָךְ וְאַתְּ אָלִית

וְגַם אָמַרְתְּ בְּאָזְנַי הִנֵּה־הַכֶּסֶף אִתִּי

אֲנִי לְקַחְתִּיו וְעַתָּה אֲשִׁיבֶנּוּ לָךְ

וַתֹּאמֶר אִמּוֹ בָּרוּךְ בְּנִי לַיהוָה:

וַיָּשֶׁב אֶת־אֶלֶף־וּמֵאָה הַכֶּסֶף לְאִמּוֹ

וַתֹּאמֶר אִמּוֹ הַקְדֵּשׁ הִקְדַּשְׁתִּי אֶת־

הַכֶּסֶף לַיהוָה מִיָּדִי לִבְנִי לַעֲשׂוֹת

פֶּסֶל וּמַסֵּכָה:

וַיָּשֶׁב אֶת־הַכֶּסֶף לְאִמּוֹ וַתִּקַּח אִמּוֹ

מָאתַיִם כֶּסֶף וַתִּתְּנֵהוּ לַצּוֹרֵף

וַיַּעֲשֵׂהוּ פֶּסֶל וּמַסֵּכָה וַיְהִי בְּבֵית

מִיכָיְהוּ: וְהָאִישׁ מִיכָה לוֹ בֵּית

אֱלֹהִים וַיַּעַשׂ אֵפוֹד וּתְרָפִים וַיְמַלֵּא

אֶת־יַד אַחַד מִבָּנָיו וַיְהִי־לוֹ

(Ri 17,1-5)   לְכֹהֵן:

Da war ein Mann vom Gebirge
Ephraim - sein Name: Micha.
Er sprach zu seiner Mutter:
Die elfhundert Silberschekel,
die man dir weggenommen hat -
du hast ja deswegen einen
Fluch ausgestoßen und es auch
in meiner Gegenwart gesagt -
Da! Das Geld: Ich hab's. Ich
selbst hatte es genommen; und
jetzt gebe ich es dir zurück.
Da sagte seine Mutter: Geseg-
net (sei), mein Sohn, von
Jahwe! Da gab er die 1100 Sil-
berschekel seiner Mutter zurück.
Da sagte seine Mutter: Hiermit
weihe ich das Geld (feierlich)
Jahwe. Aus meiner Hand (gebe
ich es hin) zugunsten meines
Sohnes, um ein Schnitz- und
Gußbild anfertigen zu lassen.
Da gab er das Geld seiner Mutter zurück, und seine Mutter
nahm 2oo Silberschekel und gab
sie dem Goldschmied.
Der machte daraus ein Schnitz-
und Gußbild, und das blieb im
Haus Michas. Dem Mann Micha,
dem gehörte ein Gotteshaus.
Nun machte er ein Ephod und
Teraphim und füllte die Hand
eines seiner Söhne, daß er
ihm als Priester diente.

Der oben zitierte Erzählungs-Anfang aus Ri 17 zeigt beispielhaft die hohe Frequenz pronominaler Elemente in
einem Text: Von 82 Wörtern sind 23, also fast 3o %, Pronomina bzw. Wörter mit Pronominal-Suffix. Von diesen
sind wiederum 14, also über die Hälfte, Suffixe der 3.
Person.

52.3.1   Ein Pronomen oder Suffix der 3.Person verweist rückwärts

(anaphorisch) auf eine vorher erwähnte Person oder Sache,

mit der das Pronomen in Genus und Numerus übereinstimmt

(kongruent ist).

52.3.1.1 In unserem Beispiel verweisen alle Suffixe der 3.Person,
soweit sie an Nomina angefügt sind, auf אִישׁ "ein Mann"
(Zeile 1). Alle Suffixe der 3.Person an den Verbformen
(Zeile 5) verweisen zurück auf das Nomen הַכֶּסֶף "das Geld"
in Zeile 4. Die Verben לקח und שׁוּב (Hi) sind nämlich
semantisch (s.oben 52.2.2) vorwiegend an Objekte mit dem
Bedeutungsmerkmal "nicht menschlich" anschließbar.

52.3.1.2 Alle Elemente, die das Nomen אִישׁ (Zeile 1) wieder aufnehmen, bilden die Reihe: מִיכָה-
אִישׁ - שְׁמוֹ - אִמּוֹ(6 mal) - מִיכָיְהוּ - הָאִישׁ/- לוֹ - בָּנָיו - לוֹ.

52.3.1.3 Zur sicheren Identifizierung des Beziehungswortes, das
durch ein pronominales Element wieder aufgenommen wird,
genügt das Merkmal der Kongruenz (s.oben 52.3.1) nicht.
Es würde beim letzten Element (לוֹ) der Reihe auch für
אַחַד מִבָּנָיו "einer seiner Söhne" und für בֵּית אֱלֹהִים "Gotteshaus" zutreffen.

52.3.1.4 Das Beziehungswort, auf das ein Pronomen verweist, ist
durch seine Text-Umgebung determiniert, und zwar durch
die Aussagen, die über es im Text bisher gemacht worden sind. Wenn anaphorisch verweisende Elemente wiederholt auftreten, verweisen sie jeweils auf die Bedeutung,
die das Beziehungswort dadurch gewonnen hat, daß immer
mehr Aussagen im Text über es gemacht worden sind.

Z.B. bedeutet לוֹ in der letzten Zeile unseres Textbei-
spiels "ihm" im Sinne von: "dem Mann vom Gebirge Ephraim namens Micha, der mit seiner Mutter das und das
verhandelt hat, die und die Kultgeräte besorgt und einen
seiner Söhne am ihm gehörigen Gotteshaus angestellt hat."

52.3.1.5 Bei fortschreitender Pronominalisierung werden jeweils

alle inzwischen angesammelten Bedeutungen weiter vermit-

telt. Beim Wiedervorkommen des Pronomens wird die mit

ihm verbundene Aussage (hier: "war Priester für") auf

ihre Anschließbarkeit an die gesamte bisher angewachse-

ne Bedeutung geprüft, und erst dadurch können Mehrdeu-

tigkeiten in der Wahl des Beziehungswortes vermieden

werden.

וַיִּסַּע מִשָּׁם אַבְרָהָם אַרְצָה הַנֶּגֶב

וַיֵּשֶׁב בֵּין־קָדֵשׁ וּבֵין שׁוּר וַיָּגָר

בִּגְרָר: וַיֹּאמֶר אַבְרָהָם אֶל־שָׂרָה

אִשְׁתּוֹ אֲחֹתִי הִוא וַיִּשְׁלַח אֲבִימֶלֶךְ

מֶלֶךְ גְּרָר וַיִּקַּח אֶת־שָׂרָה:

וַיָּבֹא אֱלֹהִים אֶל־אֲבִימֶלֶךְ בַּחֲלוֹם

הַלָּיְלָה וַיֹּאמֶר לוֹ הִנְּךָ מֵת

עַל־הָאִשָּׁה אֲשֶׁר־לָקַחְתָּ וְהִיא בְּעֻלַת

בָּעַל: וַאֲבִימֶלֶךְ לֹא קָרַב אֵלֶיהָ

וַיֹּאמַר אֲדֹנָי הֲגוֹי גַּם־צַדִּיק

תַּהֲרֹג: הֲלֹא הוּא אָמַר־לִי אֲחֹתִי

הִוא וְהִיא־גַם־הִוא אָמְרָה אָחִי

הוּא בְּתָם־לְבָבִי וּבְנִקְיֹן כַּפַּי

עָשִׂיתִי זֹאת: וַיֹּאמֶר אֵלָיו הָאֱלֹהִים

בַּחֲלֹם גַּם אָנֹכִי יָדַעְתִּי כִּי בְתָם־

לְבָבְךָ עָשִׂיתָ זֹּאת וָאֶחְשֹׂךְ גַּם־אָנֹכִי

אוֹתְךָ מֵחֲטוֹ־לִי עַל־כֵּן לֹא־נְתַתִּיךָ

לִנְגֹּעַ אֵלֶיהָ: וְעַתָּה הָשֵׁב אֵשֶׁת־

הָאִישׁ כִּי־נָבִיא הוּא וְיִתְפַּלֵּל

בַּעַדְךָ וֶחְיֵה וְאִם־אֵינְךָ מֵשִׁיב דַּע

כִּי־מוֹת תָּמוּת אַתָּה וְכָל־אֲשֶׁר־לָךְ:

וַיַּשְׁכֵּם אֲבִימֶלֶךְ בַּבֹּקֶר וַיִּקְרָא לְכָל־

עֲבָדָיו וַיְדַבֵּר אֶת־כָּל־הַדְּבָרִים

הָאֵלֶּה בְּאָזְנֵיהֶם וַיִּירְאוּ הָאֲנָשִׁים

מְאֹד:

(Gen 2o,1-8)

Dann zog Abraham von dort weiter ins Südland, ließ sich zwischen Kadesch und Sur nieder und lebte als Schutzbürger in Gerar. Und Abraham sagte von Sara, seiner Frau: Sie ist meine Schwester. Da sandte Abimelech, der König von Gerar, hin und ließ Sara holen. Und Gott kam zu Abimelech im Traum in der Nacht und sprach zu ihm: Jetzt bist du des Todes wegen der Frau, die du genommen hast, denn sie ist verheiratet. Abimelech aber hatte sich ihr noch nicht genähert. Da sprach er: Herr! Willst du auch ein schuldloses Volk umbringen? Hat er nicht zu mir gesagt: Sie ist meine Schwester? Und sie: auch sie hat gesagt: Mein Bruder ist er. In der Unschuld meines Herzens und mit reinen Händen habe ich dies getan. Da sprach Gott zu ihm im Traum: Auch ich weiß, daß du das in der Unschuld deines Herzens getan hast; darum habe auch ich dich abgehalten, gegen mich zu sündigen. Deshalb habe ich nicht zugelassen, daß du sie berührtest. Und nun: Gib die Frau des Mannes zurück, denn er ist ein Prophet, daß er für dich betet, damit du am Leben bleibst. Wenn du sie aber nicht zurückgibst, so wisse: Du bist des Todes, du und alles, was dein ist. Da machte sich Abimelech früh auf am Morgen, rief alle seine Knechte und erzählte alle diese Dinge vor ihren Ohren. Da fürchteten sich die Männer sehr.

52.3.2 Im oben zitierten Abschnitt aus Genesis 2o bilden die anaphorisch auf Abraham verweisenden Elemente die Reihe:

·הוּא - הָאִישׁ - הוּא - הוּא - הוּא - הָאִישׁ - אִשְׁתּוֹ - אַבְרָהָם

Die anaphorisch auf "Sara" verweisenden Elemente sind:

- וְהִיא־גַם־הִיא - הִיא - אֵלֶיהָ - הִיא - הָאִשָּׁה - הִיא - שָׂרָה - הִיא

אֵשֶׁת־הָאִישׁ - אֵלֶיהָ.

Diese Reihen zeigen (wie auch die oben, in Ri 17, beob-
achtete Reihe (52.3.1.1)), daß nach mehreren pronomina-
len Verweisen das Beziehungswort selbst oder ein Nomen
von allgemeinerer Bedeutung (hier: הָאִישׁ"der Mann",
הָאִשָּׁה "die Frau" bzw. אֵשֶׁת־הָאִישׁ"die Frau des Mannes")
wieder auftreten kann: Re-Nominalisierung.

52.3.3   Neben den Verweisformen für "Abraham", "Sara", "Abime-
          lech" und "seine Knechte" finden sich in dem oben zi-
          tierten Text weitere rückwärts verweisende Elemente,
          für die kein einzelnes Wort im Text als Beziehungswort
          auszumachen ist: מִשָּׁם "von dort" (Zeile 1), זֹאת "dies"
          (Zeilen 14 und 16), עַל־כֵּן "deswegen" (Zeile 17), כָּל־
               הַדְּבָרִים הָאֵלֶּה "alle diese Worte/Dinge, all dies"
          (Zeile 23).

          מִשָּׁם "von dort" verweist zurück auf Kapitel 18,Vers 33:
          וְאַבְרָהָם שָׁב לִמְקוֹמוֹ"Abraham aber kehrte nach Hause zu-
          rück", und dies wiederum auf 18,1: בְּאֵלֹנֵי מַמְרֵא "im Hain
          Mamre".

          עַל־כֵּן "deshalb" verweist auf den ganzen voraufgehenden
          Satz von גַם אָנֹכִי (Zeile 15) bis לְךְ? (Zeile 17).

          זֹאת "dies" und כָּל־הַדְּבָרִים הָאֵלֶּה "alle diese Dinge" ver-
          weisen auf umfangreiche Textstücke, die sich kaum exakt
          abgrenzen lassen.

52.3.3.1 Das feminine Pronomen, sowohl in der selbständigen Form
          זֹאת wie auch als Suffix der 3.f.s. kann zurück verweisen
          auf ganze Sätze und Textteile (deutsch: "es/das/dies").

52.3.3.2 Besonders häufig werden in der gleichen Funktion הַדָּבָר
          "es", הַדָּבָר הַזֶּה"dies" oder der Plural: כָּל־הַדְּבָרִים הָאֵלֶּה
          "all dies" gebraucht.

52.3.3.3 Auch Adverbien wie שָׁם"dort", אָז "damals", בַּיּוֹם הַהוּא
          "zu der Zeit", כֵּן"so" kommen in anaphorisch verweisen-
          der Funktion vor.

52.4   Auf die Sprechsituation verweisende (deiktische) Elemente

52.4.1   Zur Orientierung in der Kommunikationssituation dienen
          vor allem die Person- und Tempusmorpheme der Verben.

52.4.1.1 Die Person-Morpheme der 1.Person beziehen das Verb auf
den (die) Sprechenden, die Person-Morpheme der 2.Person
auf den (die) Angesprochenen. Alles, was nicht Sprecher
oder Angesprochener ist, wird durch die 3.Person bezeichnet. Die 3.Person ist also eine Rest-Kategorie.

52.4.1.2 Die Tempus-Morpheme weisen den Hörer an, sich der besprechenden Rede (engagiert) oder der erzählenden Rede
(distanziert) adaequat zu verhalten (ausführlich s.§ 48).

52.4.2 Darüber hinaus stehen zunächst die Pronomina und Suffixe

der 1. und 2.Person zur Verfügung, um auf die an der

Kommunikation Beteiligten hinzuzeigen (deiktisch = "hin-

zeigend") und so die Aussagen auf die Situation zu be-

ziehen[2].

52.4.2.1 Pronomina und Suffixe der 1. und 2.Person stehen in besprechenden Texten (Dialog, Predigt, Gesetz, Psalm usw.)
Wie die oben zitierten Texte (Ri 17 und Gen 2o) zeigen,
sind sie mit ein Indiz dafür, daß erzählender Text zum
Dialog übergeht (vgl. auch § 48.4.2 und 48.3.3).

52.4.2.2 Die selbständigen Pronomina אֲנִי, אָנֹכִי, אַתָּה usw. können zusätzlich zu einem finiten Verb gesetzt sein, das die
Personbestimmung schon enthält (s. dazu § 44.4.3 und
44.5.3).

52.4.3 Sonstige deiktische Partikeln

וַיְהִי בַּיּוֹם הַהוּא וַיָּבֹאוּ עַבְדֵי   (a) An dem Tag kamen die Knechte
Isaaks und berichteten ihm von
יִצְחָק וַיַּגִּדוּ לוֹ עַל־אֹדוֹת הַבְּאֵר   dem Brunnen,

אֲשֶׁר חָפָרוּ וַיֹּאמְרוּ לוֹ מָצָאנוּ   den sie gegraben hatten, und
sagten zu ihm: Wir haben

---

(2) Harald Weinrich hat in einer brieflichen Äußerung mit Recht
darauf hingewiesen, "daß die Situation generell als Äquivalent vom Text angesehen werden kann. Das bedeutet, daß man
auch in einer Situation zwischen vorher bereits bestehenden
Elementen und noch zu erwartenden Elementen (gleich Veränderungen der Situation) unterscheiden kann. Das würde also be-
deuten, daß die Begriffe anaphorisch und kataphorisch auch auf
die Situation anzuwenden sind. Man kommt dann mit dieser bi-
nären Opposition aus und muß nur hinzusagen, ob man sich im
Text oder in der Situation befindet."
Obwohl ich mich dieser Argumentation grundsätzlich nicht ver-
schließen kann, habe ich mich doch nicht entschlossen, auf
die dritte Gruppe der deiktischen Verweis-Elemente zu verzichten. Denn diese sind vor allem für Fragen der Gattung, der
Sprechhaltung (§ 48) und der Groß-Gliederung (§ 54) von Texten
so wichtig, daß es mir praktischer erscheint, eine grammatische Kategorie zur Hand zu haben und nicht immer hinzusagen zu
müssen, "ob man sich im Text oder in der Situation befindet".

מָיִם: וַיִּקְרָא אֹתָהּ שִׁבְעָה עַל־כֵּן	Wasser gefunden. Da nannte er ihn Schib-ah. Deshalb heißt
שֵׁם־הָעִיר בְּאֵר שֶׁבַע עַד הַיּוֹם הַזֶּה:	die Stadt "Beer-Scheba" bis zu diesem Tag (bis heute).

(Gen 26,32 f)

וַיֹּאמֶר יְהוָה אֶל־גִּדְעוֹן עוֹד הָעָם	(b) Da sprach Jahwe zu Gideon: Das Volk ist noch zu zahlreich.
רָב הוֹרֵד אוֹתָם אֶל־הַמַּיִם	Bring sie hinab ans Wasser,
וְאֶצְרְפֶנּוּ לְךָ שָׁם וְהָיָה אֲשֶׁר אֹמַר	daß ich sie dort für dich sichte. Von wem ich dann zu dir
אֵלֶיךָ זֶה יֵלֵךְ אִתָּךְ הוּא יֵלֵךְ אִתָּךְ	sage: Hier der geht mit dir: der geht mit dir.
וְכֹל אֲשֶׁר־אֹמַר אֵלֶיךָ זֶה לֹא־יֵלֵךְ	Und jeder, von dem ich zu dir sage: Hier der geht nicht mit
עִמָּךְ הוּא לֹא יֵלֵךְ:	dir: der geht nicht (mit dir).

(Ri 7,4)

וַיִּמְצָאֵהוּ אִישׁ וְהִנֵּה תֹעֶה בַּשָּׂדֶה	(c) Da traf ihn ein Mann, als er so auf dem Feld unherirrte,
וַיִּשְׁאָלֵהוּ הָאִישׁ לֵאמֹר מַה־תְּבַקֵּשׁ:	und der Mann fragte ihn folgendes: Was suchst du?
וַיֹּאמֶר אֶת־אַחַי אָנֹכִי מְבַקֵּשׁ	Und er sagte: Meine Brüder suche ich.
הַגִּידָה־נָּא לִי אֵיפֹה הֵם רֹעִים:	Sage mir bitte, wo sie weiden!
וַיֹּאמֶר הָאִישׁ נָסְעוּ מִזֶּה כִּי שָׁמַעְתִּי	Da sagte der Mann: Sie sind weitergezogen von hier; denn
אֹמְרִים נֵלְכָה דֹּתָיְנָה	ich habe gehört, wie sie sagten: Wir wollen nach Dothan gehen.

(Gen 37,15-17a)

כֹּה אָמַר יְהוָה הַשָּׁמַיִם כִּסְאִי	(d) So spricht Jahwe: Der Himmel ist mein Thron
וְהָאָרֶץ הֲדֹם רַגְלָי	und die Erde der Schemel meiner Füße.
אֵי־זֶה בַיִת אֲשֶׁר תִּבְנוּ־לִי	Wo ist denn ein Haus, das ihr mir bauen könntet,
וְאֵי־זֶה מָקוֹם מְנוּחָתִי:	und wo ist denn ein Ort für mein Ausruhen?
וְאֶת־כָּל־אֵלֶּה יָדִי עָשָׂתָה	Aber all dies hier: Meine Hand hat (es) gemacht,
וַיִּהְיוּ כָל־אֵלֶּה נְאֻם יְהוָה	und mir gehört all dies hier - Spruch Jahwes.
וְאֶל־זֶה אַבִּיט אֶל־עָנִי וּנְכֵה־רוּחַ	Und auf den blicke ich, auf den Demütigen, den mit geschla-
וְחָרֵד עַל־דְּבָרִי:	genem Geiste, der nach meinem Wort zittert.

(Jes 66,1 f)

Von den Pronomina der 3. Person hat זֶה (זֹאת - אֵלֶּה)
deiktische Funktion.

52.4.3.1 Während הוּא rückwärts (anaphorisch) verweist, zeigt זֶה
auf den in der Rede-Situation unmittelbar Anwesenden
(b: "der hier"), (a: "dieser Tag hier, an dem die Geschichte erzählt wird" gegenüberהַהוּא הַיּוֹם : "der Tag,
von dem die Rede war").

52.4.3.2 זֶה kann ganz allgemein die Situation selbst bezeichnen:
"jetzt/hier" (c).
Diese Funktion hat es gemeinsam mit Adverbien wie עַתָּה
"jetzt"[3], הִנֵּה "sieh da", פֹּה , הֵנָּה "hier".

52.4.3.3 Als deiktische Partikel erscheint זֶה auch nach Fragewör-
tern (d). Es bezieht die Frage direkt auf die Sprechsituation und fordert vom Redepartner Antwort (deutsch:
"Wo nun/ wo denn nur" etc.).

52.4.3.41 In Jes 66,1 f (d) scheint כָּל־אֵלֶּה (Zeilen 5 und 6) rückwärts (anaphorisch) zu verweisen, nämlich auf: הַשָּׁמַיִם
und הָאָרֶץ (Zeilen 1 und 2).
Es liegt aber näher, auch hier eine Geste des Hinzeigens
(Deixis) zu sehen: "hier dies, was Sprecher und Hörer
gleichzeitig vor Augen haben".

52.4.3.42 Ebenso kann man אֶל־זֶה (d, Zeile 7) nicht nur voraus-ver-
weisend (kataphorisch - s.unten 52.6) verstehen, nämlich
"auf den, der demütig ist ..." Auch hier ist die deiktische Funktion nicht ausgeschlossen: "auf den hier, der
hier unter meinen Zuhörern ist und ...".

52.4.3.43 Im Einzelfall sind bei זֶה (זֹאת - אֵלֶּה) zunächst die Möglichkeiten der Deixis zu erwägen. Allerdings muß man
damit rechnen, daß - vor allem in späteren Texten - ein
Unterschied zwischen anderen Pronomina und זֶה nicht mehr
empfunden wurde und זֶה auch in anaphorischer oder kata-
phorischer Funktion gebraucht ist.

52.5 Der Artikel als verweisendes Zeichen

Der Artikel vor einem Nomen weist den Hörer an, die Be-
deutung des Nomens zusammen mit der über es gemachten
Aussage auf Vorinformationen zu beziehen.
Vorinformationen können gegeben sein:

52.5.0.1 durch den sprachlichen Kontext,

52.5.0.2 durch die Sprechsituation (den situativen Kontext),

52.5.0.3 durch allgemeine Sach- und Sprachkenntnisse des Hörers.

---

(3) Zu וְעַתָּה und וְהִנֵּה als makrosyntaktischen Zeichen vgl. § 54.

נַיָּשֻׁבוּ אֵלָיו וְהוּא יֹשֵׁב בִּירִיחוֹ...	(a) Dann kehrten sie zu ihm zurück, als er noch in Jericho war ...
וַיֹּאמְרוּ אַנְשֵׁי הָעִיר אֶל־אֱלִישָׁע	Da sagten die Männer der Stadt zu Elisa:
הִנֵּה־נָא מוֹשַׁב הָעִיר טוֹב כַּאֲשֶׁר	Gewiß doch, die Lage der Stadt ist schön, wie mein Herr sieht.
אֲדֹנִי רֹאֶה וְהַמַּיִם רָעִים וְהָאָרֶץ	Aber das Wasser ist ungesund, und die Gegend verursacht
מְשַׁכָּלֶת: וַיֹּאמֶר קְחוּ־לִי צְלֹחִית	Fehlgeburten. Da sagte er: Bringt mir eine neue Schale
חֲדָשָׁה וְשִׂימוּ שָׁם מֶלַח וַיִּקְחוּ	und tut Salz hinein. Da holten sie (es) ihm.
אֵלָיו: וַיֵּצֵא אֶל־מוֹצָא הַמַּיִם	Dann ging er hinaus an die Quelle des Wassers,
וַיַּשְׁלֶךְ־שָׁם מֶלַח וַיֹּאמֶר כֹּה־אָמַר	warf dort Salz hinein und sagte: So spricht Jahwe:
יְהוָה רִפִּאתִי לַמַּיִם הָאֵלֶּה לֹא־	Ich habe dieses Wasser gesund gemacht;
יִהְיֶה מִשָּׁם עוֹד מָוֶת וּמְשַׁכָּלֶת:	es kommt von dort kein Tod und keine Fehlgeburt mehr.
וַיֵּרָפוּ הַמַּיִם עַד הַיּוֹם הַזֶּה	So wurde das Wasser gesund bis auf den heutigen Tag
כִּדְבַר אֱלִישָׁע אֲשֶׁר דִּבֵּר:	nach dem Wort Elisas, das er geredet hatte.
(2 Kö 2,18a,19-22)	
וַיַּעַל אַבְרָם מִמִּצְרַיִם הוּא וְאִשְׁתּוֹ	(b) Dann zog Abram hinauf aus Ägypten: er und seine Frau
וְכָל־אֲשֶׁר־לוֹ וְלוֹט עִמּוֹ הַנֶּגְבָּה:	und alle seine Habe, auch Lot mit ihm, in das Südland.
וְאַבְרָם כָּבֵד מְאֹד בַּמִּקְנֶה בַּכֶּסֶף	Abraham aber war reich an (dem) Vieh, (dem) Silber und (dem)
וּבַזָּהָב: וַיֵּלֶךְ לְמַסָּעָיו מִנֶּגֶב וְעַד־	Gold. Er zog von Ort zu Ort von Süden bis
בֵּית־אֵל עַד הַמָּקוֹם אֲשֶׁר־הָיָה שָׁם	Bet-El, bis zu dem Ort, wo sein
אָהֳלֹה בַּתְּחִלָּה בֵּין בֵּית־אֵל וּבֵין	Zelt beim ersten Mal gestanden hatte, zwischen Bet-El und
הָעָי: אֶל־מְקוֹם הַמִּזְבֵּחַ אֲשֶׁר־עָשָׂה	Ai, an die Stelle des Altares, den er dort beim ersten Mal
(Gen 13,1-4a) שָׁם בָּרִאשֹׁנָה	erbaut hatte.

52.5.1 Der sprachliche Kontext bietet die Vorinformation z.B.
im Fall von הָעִיר (a, 2.Zeile): עִיר ("Stadt") ist zu beziehen auf die im Kontext der voraufgegangenen Elisa-
Erzählung genannte Stadt "Jericho" (Zeile 1).
Ebenso verweist der Artikel in בַּתְּחִלָּה "beim ersten Mal"
(b, Zeile 6) und in בָּרִאשֹׁנָה "beim ersten Mal" (b, Zeile
8) auf das im Kontext der Abrahams-Erzählungen bereits
erwähnte erste Mal (Kapitel 12).

Die Vorinformation für הַמַּיִם "das Wasser" (a, Zeilen 7,9,
11) findet der Hörer im Kontext derselben Erzählung (Zei
le 4).

52.5.2 Im Dialog (a, Zeilen 3-5, 8-1o) bietet die Sprechsituation selbst die Vorinformationen: הָאָרֶץ, הַמַּיִם, הָעִיר:
das sind Dinge, die den Gesprächspartnern unmittelbar
gegenwärtig sind: die Stadt, in der sie sich befinden,
das Wasser, das sie trinken müssen, die Gegend,in der
sie leben. Auf alles dies könnten sie mit dem Finger
hinweisen.

הַיּוֹם הַזֶּה (a, Zeile 11) bezeichnet den Tag, an dem die
Geschichte erzählt wird.

52.5.3 Auf seine allgemeinen Sach- und Sprachkenntnisse wird
der Hörer verwiesen, wenn eine konkrete Vorinformation
im sprachlichen Kontext oder in der Sprechsituation
nicht auszumachen ist.

52.5.3.1 הַנֶּגֶב "der Süden" (b, Zeile 2) ist das allen Hörern bekannte Land im Süden Palästinas.

52.5.3.2 Mit הַמִּקְנֶה "das Vieh", הַכֶּסֶף "das Silber", הַזָּהָב "das Gold"
(b, Zeile 3 f) wird der Hörer, dem spezielle Vorinfor-
mationen in Text und Situation nicht zur Verfügung stehen, angewiesen, allein die Vorkenntnisse zu aktivieren,
die ihm seine Kenntnis der Sprache bietet, in der die
Wörter die Gattungen[4] "Vieh/Silber/Gold" meinen.

52.5.4 Nicht rückwärts, sondern vorwärts (kataphorisch) ver-
weisend steht der Artikel in der Kombination: Artikel +
Nomen + אֲשֶׁר-Satz (b, Zeile 5).

----

(4) Bei solchen Gattungsbezeichnungen hat die deutsche Sprache,
anders als die hebräische, die Möglichkeit, sowohl den bestimmten Artikel (das Vieh etc.) zu setzen als auch die Wörter ohne Artikel zu gebrauchen (Vieh, Silber, Gold). Ausgeschlossen ist in solchen Fällen im Deutschen immer der unbestimmte Artikel. (Zum Artikel im Deutschen vgl. den oben, S.
231, Anm.1 zitierten Aufsatz von Werner Kallmeyer sowie speziell: Heinz Vater, das System der Artikelformen im gegen-
wärtigen Deutsch, Tübingen 1963 und Harald Weinrich, Textlin-
guistik - Zur Syntax des Artikels in der deutschen Sprache,
Jahrbuch für Internationale Germanistik 1,1969.)

52.5.4.1   Ganz wie im Deutschen, Englischen und anderen Sprachen
           stellt erst die Kombination mit dem Relativsatz die In-
           formation her, die der Hörer braucht, um die Bedeutung
           des betreffenden Nomens festzulegen.

52.5.4.2   Das gleiche ist der Fall in der Kombination: Artikel +
           Nomen + Partizip als Apposition (s.unten, zu § 52.5.7,
           Text d: כֵּלָיו נֹשֵׂא הַנַּעַר "der Bursche, sein Waffenträger"
           = "der Bursche, der seine Waffen trug").

52.5.5   Die verschiedenen Möglichkeiten der Verweisung (auf Kon-
           text, Situation oder Sprache) werden beim hebräischen
           Artikel nicht speziell angezeigt. Darum können zusätz-
           liche, rückwärts (anaphorisch) verweisende oder (deik-
           tisch) auf die Situation verweisende Elemente zu einem
           Nomen mit Artikel hinzutreten (so z.B. oben in 2.Kö 2:
           הָאֵלֶּה לַמַּיִם (Zeile 9), הַיּוֹם הַזֶּה (Zeile 11).

52.5.5.1   Ausgeschlossen ist jedoch die Setzung des Artikels vor
           Nomina mit Suffixen. Das (anaphorisch verweisende) Per-
           sonalsuffix übernimmt die Funktion des Artikels mit:
           אִשְׁתּוֹ "seine Frau" (Gen 13,Zeile 1).

52.5.5.2   Eigennamen, die nur brauchbar sind, wenn der Träger des
           Namens dem Hörer bekannt ist, setzen immer Vorinforma-
           tion voraus. Darum brauchen sie keinen Artikel als zu-
           sätzliches Verweiselement [5].

52.5.5.3   Wegen der engen Verbindung von Nomina, die in einer
           Constructus-Verbindung stehen (vgl. § 45.2), leistet der
           Artikel vor dem letzten Nomen den Rückverweis für die
           voraufgehenden Nomina mit. Dadurch wird ein Rückverweis
           auch für solche Nomina wirksam, die im status construc-
           tus vor Eigennamen und Suffix-Formen stehen. In der
           deutschen Übersetzung erhalten ihre Äquivalente den be-
           stimmten Artikel (s.oben 2 Kö 2, Zeile 12: אֱלִישָׁע כִּדְבַר
           "nach dem Wort Elisas") [6].

52.5.6   Nomina, bei denen ein Verweis auf Vorinformationen fehlt,
           signalisieren dem Hörer eine neue, für den Fortgang des
           Kommunikationsaktes wichtige Information. Im Deutschen
           steht bei ihnen meist der "unbestimmte" Artikel, ein ka-
           taphorisches Element (s.unten § 52.6).

---

(5) Der Gebrauch des Artikels ist im Fall von Eigennamen nicht ein-
    heitlich: Einerseits können die Bezeichnungen von Dingen und
    Wesen, die nur einmal vorkommen, ohne Artikel wie Eigennamen
    behandelt sein (z.B. יָרֵחַ "der Mond", שֶׁמֶשׁ "die Sonne"), ander-
    seits können vor allem geographische Namen durch den Artikel
    als "der bekannte Ort" ausgewiesen sein (z.B. נֶגֶב "Süden" ne-
    ben הַנֶּגֶב "das - bekannte - Südland"). Der Artikel steht auch
    bei einigen Namen, deren Verwendung ohne Artikel nicht belegt
    ist (so z.B. immer הָעַי "Ai", Gen 13,3).
(6) Zur Setzung des Artikels in Nominalgruppen vgl. §§ 45.2, 47.1.

52.5.6.1   In der Erzählung 2 Kö 2,19-22 (s.oben zu 52.5.1,Text a)
           sind die artikellosen Nomina die für die Erzählung wich
           tigen Wörter: טוֹב "gut", רֹאֶה "einer, der sieht"(ptz),
           רָעִים "ungesund", מְשַׁכֶּלֶת "Fehlgeburten verursachend" (ptz
           צְלֹחִית חֲדָשָׁה "eine neue Schale", מֶלַח "Salz", מָוֶת וּמְשַׁכָּלֶת
           "Tod und Fehlgeburt".

52.5.6.2   Vor allem als nominale Prädikate, die jeweils eine neue
           Information enthalten (vgl. § 44.3.1.3) treten solche
           "indeterminierten" Nomina auf[7].

52.5.6.3   In der Poesie, die allgemein eine lockerere semantische
           und syntaktische Struktur hat, ist der Artikel sehr vie
           sparsamer verwendet als in der Prosa, zum Teil wohl auc
           aus metrischen Gründen.

   52.5.7   Besonderheiten

הָלוֹךְ הָלְכוּ הָעֵצִים לִמְשֹׁחַ עֲלֵיהֶם מֶלֶךְ וַיֹּאמְרוּ לַזַּיִת מָלְכָה עָלֵינוּ: (Ri 9,8)	(a) Es gingen die Bäume hin, um einen König über sich zu salben. Und sie sagten zu dem Ölbaum: Sei du König über uns!
וַיְדַבֵּר שְׁמוּאֵל אֶל־הָעָם אֵת מִשְׁפַּט הַמְּלֻכָה וַיִּכְתֹּב בַּסֵּפֶר וַיַּנַּח לִפְנֵי יְהוָה (1 Sa 10,25a)	(b) So legte Samuel dem Volk das Recht des Königtums dar; dann schrieb er es in ein Buch und legte es vor Jahwe nieder.
וַתִּקַּח יָעֵל אֵשֶׁת־חֶבֶר אֶת־יְתַד הָאֹהֶל וַתָּשֶׂם אֶת־הַמַּקֶּבֶת בְּיָדָהּ וַתָּבוֹא אֵלָיו בַּלָּאט וַתִּתְקַע אֶת־הַיָּתֵד בְּרַקָּתוֹ וַתִּצְנַח בָּאָרֶץ (Ri 4,21)	(c) Da ergriff Jael, Hebers Frau, den (einen) Zeltpflock, nahm den (einen) Hammer in ihre Hand, ging hinein zu ihm (in der Heimlichkeit) heimlich und schlug den Pflock durch seine Schläfe, daß er in den Erdboden eindrang.

---

(7) Der Ausdruck "Determination" für den Artikelgebrauch ist des-
    halb mißverständlich, weil er zu der falschen Annahme ver-
    leitet, ein Nomen mit Artikel sei etwas "Bestimmtes", ein No-
    men ohne Artikel etwas "Unbestimmtes". Wenn der Terminus in
    dieser Grammatik aus praktischen Gründen hier und da verwende
    wird, dann nur unter dem stillschweigenden Vorbehalt, daß man
    aus grammatischen Bezeichnungen keine Hinweise auf die Funk-
    tion des grammatischen Phänomens entnehmen darf.

וַיְהִי הַיּוֹם וַיֹּאמֶר יוֹנָתָן בֶּן־ (d) (Und es geschah) eines Tages,
(da) sprach Jonathan, der Sohn
שָׁאוּל אֶל־הַנַּעַר נֹשֵׂא כֵלָיו לְכָה Sauls, zu dem Burschen, seinem
Waffenträger: Auf!
וְנַעְבְּרָה אֶל־מַצַּב פְּלִשְׁתִּים אֲשֶׁר Wir wollen losgehen auf den
philistäischen Vorposten. der
מֵעֵבֶר הַלָּז וּלְאָבִיו לֹא הִגִּיד: da drüben steht! Seinem Vater
aber sagte er nichts.
(1 Sa 14,1)

Zum Verweis auf allgemeine Sach- und Sprachkenntnisse
wird der Artikel im Hebräischen häufiger verwendet als
im Deutschen.

52.5.7.1 Deutschem Sprachgebrauch parallel ist die Verwendung
des Artikels in bestimmten literarischen Gattungen wie
z.B. der Fabel (a), wo die Akteure ("die Bäume", "der
Ölbaum") als Typen auftreten.

52.5.7.2 Der Artikel in: כתב בַּסֵּפֶר "in das Buch schreiben" (b)
ist Rückverweis auf die Vorinformation, die die Sprache
bietet, auf die allgemein bekannte Bedeutung von סֵפֶר
und ihre Anschließbarkeit an כתב, ähnlich wie in der
deutschen Wendung: "sich an den Tisch setzen".

52.5.7.3 Auffällig ist der Artikelgebrauch im Textbeispiel c.
Der Artikel in בָּאָרֶץ "in den Erdboden" und in בַּלָּאט "in
der Heimlichkeit" ist auch nach deutschem Sprachempfin-
den Verweis auf allgemeine Vorkenntnisse.
Der Artikel in הַיָּתֵד "der Pflock" ist bei seinem zweiten
Vorkommen Verweis auf Vorinformation des sprachlichen
Kontextes; beim ersten Vorkommen aber (יְתַד הָאֹהֶל wie
הַמַּטְבֵּחַ) richtet die deutsche Sprache den Blick auf die
- für die Gesamtinformation des Textes wichtigen - Ein-
zeldinge und kann den bestimmten Artikel nicht setzen.

52.5.7.4 Eigenartig ist der Gebrauch des Artikels in der Wendung:
וַיְהִי הַיּוֹם "eines Tages" (d), die als Erzähl-Einleitungs-
Formel gebraucht wird. Offenbar ist hier der Artikel
kataphorisch verwendet: "der Tag, von dem ich im folgenden erzählen werde". Zu Erzählungs-Einleitern als makrosyntaktischen Signalen vgl. § 54.

52.5.7.5 Zu dem Gebrauch des Artikels in der Kombination:
Artikel + Nomen + Partizip als Apposition (d) s.oben
52.5.4.

52.6 Vorwärts (kataphorisch) verweisende Elemente

Weniger häufig als die rückwärts (anaphorisch) verweisenden und die auf die Situation zeigenden (deiktischen)
Elemente sind solche Wörter, die vorausweisen auf im
Text Folgendes (kataphorisch) und so die Aufmerksamkeit
des Hörers auf Neues ausrichten.

וְכִי־יִשְׁאָלְךָ הָעָם הַזֶּה אוֹ־הַנָּבִיא

אוֹ־הַכֹּהֵן לֵאמֹר מַה־מַשָּׂא יְהוָה

וְאָמַרְתָּ אֲלֵיהֶם אֶת־מַה־מַשָּׂא וְנָטַשְׁתִּי

אֶתְכֶם נְאֻם יְהוָה: וְהַנָּבִיא וְהַכֹּהֵן

וְהָעָם אֲשֶׁר יֹאמַר מַשָּׂא יְהוָה

וּפָקַדְתִּי עַל־הָאִישׁ הַהוּא וְעַל־

בֵּיתוֹ: כֹּה תֹאמְרוּ אִישׁ עַל־רֵעֵהוּ

וְאִישׁ אֶל־אָחִיו מֶה־עָנָה יְהוָה

וּמַה־דִּבֶּר יְהוָה:

(Jer 23,33-35)

| Wenn sie dich aber fragen, dieses Volk oder (der) ein Prophet oder Priester, folgendermaßen: Was ist die Last Jahwes? So antworte ihnen: Ihr seid die Last, also will ich euch abwerfen - Spruch Jahwes . Der Prophet aber und der Priester und das Volk: Wer von der Last Jahwes redet, den will ich zur Verantwortung ziehen - ihn und sein Haus. So sollt ihr sagen (jeder zu seinem Freund und jeder zu seinem Bruder) zueinander: Was hat Jahwe geantwortet? und: Was hat Jahwe verkündigt? |

52.6.1 Kataphorisch verweisen Adverbien wie כֹּה "so" und der
        adverbial gebrauchte Infinitiv von אמר mit לְ: לֵאמֹר "fol-
        gendermaßen"/"nämlich".

52.6.2 Auch die Fragewörter, מַה "was", מִי "wer", אֵי "wo",
        אֵי־זֶה "welcher" usw., verweisen auf Folgendes. Sie er-
        klären bestimmte Vorinformationen für unzureichend und
        fordern eine Ergänzung, die Antwort.

וְשַׂמְתִּי אֶת־זַרְעֲךָ כַּעֲפַר הָאָרֶץ אֲשֶׁר

אִם־יוּכַל אִישׁ לִמְנוֹת אֶת־עֲפַר

הָאָרֶץ גַּם־זַרְעֲךָ יִמָּנֶה:

(Gen 13,16)

(a) Dann mache ich deinen Samen wie den Staub der Erde, so daß, wenn jemand den Staub der Erde zählen könnte, auch dein Same gezählt würde.

אִישׁ אִמּוֹ וְאָבִיו תִּירָאוּ וְאֶת־

שַׁבְּתֹתַי תִּשְׁמֹרוּ

(Lev 19,3)

(b) Jeder seinen Vater und seine Mutter ehrt ihr (sollt ihr ehren) und meine Sabbate haltet ihr (sollt ihr...).

וַיִּבְרַח דָּוִד מִנָּוִות בָּרָמָה וַיָּבֹא

וַיֹּאמֶר לִפְנֵי יְהוֹנָתָן מֶה עָשִׂיתִי

מֶה־עֲוֹנִי וּמֶה־חַטָּאתִי לִפְנֵי אָבִיךָ

כִּי מְבַקֵּשׁ אֶת־נַפְשִׁי: וַיֹּאמֶר לוֹ

(c) Und David floh von Nawoth bei Rama, kam und sprach zu Jonathan: Was habe ich verbrochen? Was ist meine Schuld und was mein Vergehen gegen deinen Vater, daß er mir nach dem Leben trachtet? Er antwortete

חָלִילָה לֹא תָמוּת הִנֵּה לֹא־יַעֲשֶׂה	ihm: Behüte! Du stirbst nicht. Sieh! nie tut mein Vater etwas
אָבִי דָּבָר גָּדוֹל אוֹ דָּבָר קָטֹן וְלֹא	Großes oder etwas Kleines (tut nichts Großes oder Kleines),
יִגְלֶה אֶת־אָזְנִי וּמַדּוּעַ יַסְתִּיר	ohne mir die Ohren zu öffnen; und warum sollte mein Vater
אָבִי מִמֶּנִּי אֶת־הַדָּבָר הַזֶּה אֵין	dies vor mir verheimlichen?
(1 Sa 2o,1 f)	
זֹאת׃	Hier ist nichts dran!

כִּי־יִתֵּן אִישׁ אֶל־רֵעֵהוּ כֶּסֶף אוֹ־	(d) Gesetzt den Fall, (ein Mann) jemand gibt (seinem Nächsten)
כֵלִים לִשְׁמֹר וְגֻנַּב מִבֵּית הָאִישׁ	einem andern Geld oder Sachen zur Aufbewahrung, und es wird
אִם־יִמָּצֵא הַגַּנָּב יְשַׁלֵּם שְׁנָיִם׃	aus (des Mannes) seinem Haus gestohlen: Wenn der Dieb ge-
(Ex 22,6)	funden wird, soll er doppelt Ersatz leisten.

וַיַּעַל נָחָשׁ הָעַמּוֹנִי וַיִּחַן עַל־	(e) Da zog Nachasch, der Ammoniter, herauf und belagerte
יָבֵשׁ גִּלְעָד וַיֹּאמְרוּ כָּל־אַנְשֵׁי	Jabesch in Gilead. Und es spra- chen alle Männer von Jabesch zu
יָבֵישׁ אֶל־נָחָשׁ כְּרָת־לָנוּ בְרִית	Nachasch: Schließe einen Ver- trag mit uns, dann wollen wir
וְנַעַבְדֶךָּ׃ וַיֹּאמֶר אֲלֵיהֶם נָחָשׁ	dir dienen. Aber der Ammoniter Nchasch sprach zu ihnen: Unter
הָעַמּוֹנִי בְּזֹאת אֶכְרֹת לָכֶם בִּנְקוֹר	der Bedingung schließe ich mit euch ab, daß ich euch allen das
לָכֶם כָּל־עֵין יָמִין וְשַׂמְתִּיהָ חֶרְפָּה	rechte Auge aussteche und das als Schande über ganz Israel
עַל־כָּל־יִשְׂרָאֵל׃ (1 Sa 11,1 f)	bringe.

52.6.3   Unbestimmte Artikel und unbestimmte Pronomina als Mittel
         zum Voraus-Verweis hat das Hebräische nicht. Es können
         aber in dieser Funktion Nomina von sehr weitem Bedeu-
         tungsumfang verwendet werden (דָּבָר "Sache", אֶחָד "einer",
         נֶפֶשׁ "Lebendiges", אִישׁ "Mann" u.a.).

52.6.3.1 Wie Wörter allgemeiner Bedeutung mit Artikel wie z.B.
         הָאִישׁ "der Mann - er", הַדָּבָר "die Sache - das" ein spezi-
         elles Nomen wieder aufnehmen können (s.oben 52.3.2), so
         können dieselben Wörter ohne den Artikel nach vorwärts
         verweisen: Sie geben als artikellose Nomina keine neue,
         wichtige Information (s.oben 52.5.6), sondern eröffnen
         nur einen Informationsrahmen. Der Hörer ist darauf vor-
         bereitet, daß dieser Rahmen im Fortgang des Textes mit
         neuer, konkreterer Information gefüllt werden wird.

52.6.3.2 Im Deutschen stehen die unbestimmten Pronomina (besser:
         kataphorischen Pronomina) zur Verfügung. So kann אִישׁ
         mit "jemand" (a) oder "jeder" (b), דָּבָר mit "etwas" (c),

in negativen Sätzen entsprechend mit "niemand/nichts"
wiedergegeben werden.

52.6.3.3 Die Kombination אִישׁ - רֵעֵהוּ bzw. אָחִיר - אִישׁ "einer - ein
anderer"wird vorausverweisend (d), im Anschluß an den
Plural eines Verbs aber auch zurückverweisend gebraucht
(s.oben zu 52.6.1: Jer 23,35, Zeile 7: "einander").

52.6.3.4 Auch זֶה (אֵלֶּה, זֹאת) kann als vorwärts (kataphorisch)ver-
weisendes Element auftreten (e). Bedingung für die richtige Auffassung der Verweisungsrichtung ist einmal das
Fehlen von kongruenten Beziehungselementen im rückwär-
tigen Kontext oder in der Sprechsituation, anderseits
Satzbetonung und Stimmführung, die die Schrift nicht
wiedergeben kann.

52.6.3.5 Zur kataphorischen Funktion des Artikels in bestimmten
Positionen s.oben 52.5.4 und 52.5.7.4.

52.7 Analyse eines Textes

Dem Text Ri 17,1-5 (s.oben zu 52.3) sind hier Zeichen
beigegeben, die die verweisenden Elemente und ihre Verweisungsrichtung bezeichnen. Es bezeichnen: → anapho-
rische, ↓ deiktische, ← kataphorische Elemente, ═══
indeterminierte Nomina.

וַיְהִי־אִישׁ מֵהַר־אֶפְרַיִם וּשְׁמוֹ מִיכָיְהוּ: וַיֹּאמֶר לְאִמּוֹ אֶלֶף וּמֵאָה

הַכֶּסֶף אֲשֶׁר לֻקַּח־לָךְ וְאַתְּ אָלִית וְגַם אָמַרְתְּ בְּאָזְנַי הִנֵּה־הַכֶּסֶף

אִתִּי אֲנִי לְקַחְתִּיו וְעַתָּה אֲשִׁיבֶנּוּ לָךְ וַתֹּאמֶר אִמּוֹ בָּרוּךְ בְּנִי

לַיהוָה: וַיָּשֶׁב אֶת־אֶלֶף־וּמֵאָה הַכֶּסֶף לְאִמּוֹ וַתֹּאמֶר אִמּוֹ הַקְדֵּשׁ

הִקְדַּשְׁתִּי אֶת־הַכֶּסֶף לַיהוָה מִיָּדִי לִבְנִי לַעֲשׂוֹת פֶּסֶל וּמַסֵּכָה:

וַיָּשֶׁב אֶת־הַכֶּסֶף לְאִמּוֹ וַתִּקַּח אִמּוֹ מָאתַיִם כֶּסֶף וַתִּתְּנֵהוּ לַצּוֹרֵף

וַיַּעֲשֵׂהוּ פֶּסֶל וּמַסֵּכָה וַיְהִי בְּבֵית מִיכָיְהוּ: וְהָאִישׁ מִיכָה לוֹ בֵּית

אֱלֹהִים וַיַּעַשׂ אֵפוֹד וּתְרָפִים וַיְמַלֵּא אֶת־יַד אַחַד מִבָּנָיו וַיְהִי לוֹ

לְכֹהֵן:

53	Orientierung im Sinngefüge von Texten – Gliedernde Partikeln

53.1   Die Konjunktion וְ (Waw copulativum)

Die Konjunktion וְ ist in ihrer Bedeutung am wenigsten
spezifiziert. Sie hat einen wesentlich weiteren Bedeutungsumfang als deutsches "und".

וַיִּקַּח אַבְרָם וְנָחוֹר לָהֶם נָשִׁים (a)   Da nahmen sich Abram und Nahor
                                             Frauen.
שֵׁם אֵשֶׁת־אַבְרָם שָׂרָי וְשֵׁם אֵשֶׁת־   Die Frau Abrams hieß Sarai,
                                             und die Frau Nahors hieß Milka.
(Gen 11,29)   נָחוֹר מִלְכָּה

וְדָוִד הוּא הַקָּטָן (b)   (und) David: er war der Jüngste
                          (und) die drei Ältesten: sie
וּשְׁלֹשָׁה הַגְּדֹלִים הָלְכוּ אַחֲרֵי   folgten Saul.
                                         = David aber war der Jüngste,
            שָׁאוּל: während die drei Ältesten Saul
(1 Sa 17,14)   folgten.

53.1.1.1   וְ kann, wie deutsches "und", gleichartige Aussagen (Wörter, Wortgruppen, Sätze) einfach reihend verknüpfen (a).

53.1.1.2   Meist ist der weitere Bedeutungsumfang von וְ in Rechnung
zu stellen, vor allem, wenn die durch וְ verbundenen Aussagen nicht gleichartig sind (b) oder gar zueinander im
Gegensatz stehen.

53.1.2   Waw copulativum vor Nominalsätzen

Die unspezifische Verbindung mit וְ ist vor allem dann
gebräuchlich, wenn Nominalsätze in ein Gefüge von Verbalsätzen eingebettet sind.
Unter Berücksichtigung der syntaktischen Funktion der
Satztypen (vgl. § 44.2), vor allem in erzählenden Texten, ist jeweils das inhaltliche Verhältnis der koordi-
nierten Sätze zueinander zu beachten.

וַיִּבְרַח הֲדַד הוּא וַאֲנָשִׁים	(a) Da floh Hadad (VS), er und edo-
אֲדֹמִיִּים מֵעַבְדֵי אָבִיו	mitische Männer vom Gefolge
	seines Vaters. (und) Hadad: ein
	kleiner Junge (NS).
וַהֲדַד נַעַר קָטֹן:	
	= ... als Hadad noch ein klei-
(1 Kö 11,17)	ner Junge war.
וַיָּבֹאוּ בֵּית אִשָּׁה זוֹנָה	(b) Da kamen sie ins Haus einer
	Hure (VS), (und) ihr Name (war)
וּשְׁמָהּ רָחָב	Rahab (NS).
(Jos 2,1)	
	= ... deren Name Rahab war.
הָבָה־לָּנוּ עֶזְרָה מִצָּר	(c) Schaffe uns Hilfe gegen den
	Feind!
וְשָׁוְא תְּשׁוּעַת אָדָם:	(und) Denn vergeblich ist Men-
	schenhilfe.
	(oder: ... weil Menschenhilfe
(Ps 60,13)	vergeblich ist)
כֵּן דְּעֶה חָכְמָה לְנַפְשֶׁךָ אִם מָצָאתָ	(d) So ist Wissen, ist Weisheit
	für dein Leben: Hast du sie
וְיֵשׁ אַחֲרִית	gefunden, (und es gibt) so gibt
	es Zukunft, und deine Hoffnung
וְתִקְוָתְךָ לֹא תִכָּרֵת:	wird nicht zuschanden.
(Spr 24,14)	

53.1.2.1   Der Nominalsatz kann einen Zustand beschreiben, der
           vor oder während der Handlung besteht: zeitlicher Hin-
           tergrund (a); deutsch: "während/als/nachdem".

53.1.2.2   Der Nominalsatz kann eine erläuternde Angabe über eine
           Person oder Sache des Vordersatzes machen (b); deutsch:
           "wie/als" oder Relativsatz.

53.1.2.3   Der Nominalsatz kann eine Begründung enthalten (c);
           deutsch: "denn/weil".

53.1.2.4   Der Nominalsatz kann auch eine Folge angeben, vor allem
           nach einem Bedingungssatz (d); deutsch: "so/dann/daß".

  53.1.3   Waw copulativum vor Verbalsätzen

53.1.3.1   Die folgernde Funktion der Partikel וְ bzw. וַ als Tem-
           puszeichen im Perfekt consecutivum bzw. Narrativ ist bei
           der Darstellung der Tempora (§ 48) besprochen worden.

לֶךְ־לְךָ מֵאַרְצְךָ ... (a) Geh aus deinem Land, ...
so (dann/daß) will ich dich

וְאֶעֶשְׂךָ לְגוֹי גָּדוֹל zum großen Volk machen und
dich segnen und deinen Namen

וַאֲבָרֶכְךָ וַאֲגַדְּלָה שְׁמֶךָ groß machen,
damit du ein Segen wirst (impt).

וֶהְיֵה בְּרָכָה:

(Gen 12,1 f)

לֹא אִישׁ אֵל וִיכַזֵּב (b) Nicht ein Mensch ist Gott, daß
er löge,

וּבֶן־אָדָם וְיִתְנֶחָם oder ein Menschenkind, daß er
(etwas) bereute;

הַהוּא אָמַר וְלֹא יַעֲשֶׂה hat er gesprochen, ohne daß er
handelt?

וְדִבֶּר וְלֹא יְקִימֶנָּה: oder hat er geredet, ohne daß
er es wahr macht?

(Nu 23,19)

53.1.3.2   Die folgernde Funktion der Partikel וְ zeigt sich auch
vor Verbalsätzen mit Imperfekt oder Imperativ, vor allem nach subjektiv bestimmten Vordersätzen mit Auffor-
derungs- (a) oder Frage-Charakter (b), auch nach verneinten Sätzen (b). In diesen Fällen hat der mit Waw
copulativum angeschlossene Nachsatz meist konsekutiven
oder finalen Sinn (deutsch: "daß/so daß/damit").

53.2   Die Einleitungsformeln וַיְהִי und וֶהָיָה

Als Einleitungsformeln stehen וַיְהִי "und es geschah" und
וֶהָיָה "so geschieht es", wenn eine (meist temporale) Umstandsbestimmung oder ein Adverbialsatz vorangestellt
ist. Der "Hauptsatz" ist meist mit dem gleichen Tempus
(Narrativ oder Perfekt consecutivum) oder mit einem co-
pulativen Waw angeschlossen.

וַיְהִי כַּאֲשֶׁר הִקְרִיב לָבוֹא מִצְרָיְמָה (a) (Und es geschah) Als er näher
an Ägypten herankam,

וַיֹּאמֶר אֶל־שָׂרַי אִשְׁתּוֹ הִנֵּה־נָא sprach er zu seiner Frau Sarai:
Gib nur acht!

יָדַעְתִּי כִּי אִשָּׁה יְפַת־מַרְאֶה אָתְּ: Ich weiß, daß du eine Frau von
großer Schönheit bist.

וְהָיָה כִּי־יִרְאוּ אֹתָךְ הַמִּצְרִי (So wird es geschehen:)
Wenn dich die Ägypter sehen,

וְאָמְרוּ אִשְׁתּוֹ זֹאת וְהָרְגוּ אֹתִי: so werden sie sagen: Das ist
seine Frau! Dann bringen sie

וְאֹתְךָ יַחֲיוּ׃ אִמְרִי־נָא אֲחֹתִי אָתְּ mich um, dich aber lassen sie
...   leben. Sage doch, du seist
                                             meine Schwester!
וַיְהִי כְּבוֹא אַבְרָם מִצְרָיְמָה   (Und es geschah beim Kommen)
                                             Als nun Abram in Ägypten ankam,
וַיִּרְאוּ הַמִּצְרִים אֶת־הָאִשָּׁה כִּי־יָפָה da sahen die Ägypter, daß die
                                             Frau sehr schön war.
הִיא מְאֹד׃

(Gen 12,11 ff)

וַיְהִי אַחַר הַדְּבָרִים הָאֵלֶּה   (b) (Und es geschah)
                                             Nach diesen Begebenheiten:(und)
וְהָאֱלֹהִים נִסָּה אֶת־אַבְרָהָם וַיֹּאמֶר   Gott hat den Abraham versucht.
                                             Da sprach er ...
(Gen 22,1)

וַיְהִי הֵם יֹשְׁבִים אֶל־הַשֻּׁלְחָן   (c) (Und es geschah: sie sitzend
                                             bei Tisch) Als sie eben bei
וַיְהִי דְּבַר־יְהוָה אֶל־הַנָּבִיא   Tische saßen, da geschah das
                                             Wort Jahwes an den Propheten.
(1 Kö 13,2o)

וְהָיָה בַּיּוֹם הַהוּא׃   (d) (So wird es sein an dem Tag)
                                             An dem Tag
שֹׁרֶשׁ יִשַׁי אֲשֶׁר עֹמֵד לְנֵס עַמִּים   werden zur Wurzel Isais, die
                                             dasteht als Panier der Völker,
אֵלָיו גּוֹיִם יִדְרֹשׁוּ   die Heiden fragend kommen;

וְהָיְתָה מְנֻחָתוֹ כָּבוֹד׃   dann wird seine Wohnstätte
                                             Herrlichkeit sein.
(Jes 11,1o)

53.2.1   In erzählendem Kontext steht fast immer nach einleiten-
         dem וַיְהִי eine Zeitbestimmung.

         Eine solche Zeitbestimmung kann formuliert sein:

53.2.1.1 als Nebensatz (a, Zeile 1),

53.2.1.2 als Infinitiv mit Präposition (a, Zeile 7) - meist mit
         בְּ oder כְּ,

53.2.1.3 als Nominalgruppe mit Präposition (b)

53.2.1.4 oder als Nominalsatz (c).

53.2.1.5 Gelegentlich hat der "Hauptsatz" die Form eines Nominal-
         satzes mit Waw copulativum (b).

53.2.2   Erheblich seltener ist in den Dialog-Partien der Erzäh-
         lungen die וְהָיָה-Einleitung vor einem vorangestellten Be-
         dingungssatz mit אִם oder כִּי (a, Zeile 4)[1].

----

(1) Stiltypisch ist die וְהָיָה-Einleitung in der Gesetzespredigt des
    Deuteronomiums.

53.2.2.1 Nach einem Vordersatz mit וְהָיָה kann der Nachsatz auch ohne Waw angeschlossen sein. Es kommen Verbalsätze mit Imperfekt und Nominalsätze als Nachsatz vor (d).

53.2.2.2 In Propheten-Texten, besonders in Jesaja 1 - 39, bei Jeremia und Sacharja, ist die Einleitungsformel: וְהָיָה בַּיּוֹם הַהוּא "So geschieht es an jenem Tag" häufig. Auch hier fehlt meist vor dem Nachsatz das fortführende Waw (d).

53.2.3 In der deutschen Übersetzung sollte man diesen Satzbau nicht imitieren, sondern das einleitende וְהָיָה/וַיְהִי sowie das fortführende Waw unberücksichtigt lassen.

53.2.4 Zur gliedernden Funktion dieser Einleitungsformeln als makrosyntaktische Zeichen s.unten § 54.

53.3 Die Partikel כִּי

53.3.1 Grundfunktion

וַיִּקְרָא אֲבִימֶלֶךְ לְיִצְחָק וַיֹּאמֶר אַךְ (a) Da ließ Abimelech Isaak rufen
הִנֵּה אִשְׁתְּךָ הִיא וְאֵיךְ אָמַרְתָּ אֲחֹתִי und sagte: Das ist doch
deine Frau! Warum hast du denn
הִיא וַיֹּאמֶר אֵלָיו יִצְחָק gesagt: Meine Schwester ist
כִּי אָמַרְתִּי פֶּן־אָמוּת עָלֶיהָ: sie? Da sagte Isaak zu ihm:
Ja, ich habe es gesagt,
(Gen 26,9) damit ich nicht ihretwegen
sterben muß.

וַתְּכַחֵשׁ שָׂרָה לֵאמֹר לֹא צָחַקְתִּי (b) Da leugnete Sara und sagte:
Ich habe nicht gelacht.
כִּי יָרֵאָה Denn sie fürchtete sich.

וַיֹּאמֶר לֹא כִּי צָחָקְתְּ: Da sagte er: Nein;
du hast doch gelacht.
(Gen 18.15)

וַיֹּאמֶר הִנֶּה נָּא־אֲדֹנַי סוּרוּ נָא (c) Da sagte er: Ach, bitte, meine Herren, kehrt doch ein
אֶל־בֵּית עַבְדְּכֶם וְלִינוּ ... ins Haus eures Knechtes, daß
ihr (hier) übernachtet ... !
וַיֹּאמְרוּ לֹא כִּי בָרְחוֹב נָלִין: Da sagten Sie: Nein!
(in der Tat -) sondern wir
(Gen 19,2) schlafen im Freien.

וַתֹּאמַרְנָה־לָּהּ כִּי־אִתָּךְ (d) Da sagten sie zu ihr: (Für-
wahr) mit dir wollen wir zu
(Ruth 1,10) נָשׁוּב לְעַמֵּךְ: deinem Volk zurückkehren.

וַיֹּאמֶר (דָּוִד) אֶל־נָתָן חַי־יְהוָה (e)   Da sprach (David) zu Nathan:
                                            Beim Leben Jahwes (fürwahr):
כִּי בֶן־מָוֶת הָאִישׁ הָעֹשֶׂה זֹאת: Des Todes ist der Mann,
                                            der das getan hat.
(2 Sa 12,5b)

כִּי weist bekräftigend auf eine Tatsache hin (a);
deutsch: "ja/fürwahr/das ist so".

53.3.1.1   Steht כִּי nach einem negativen Satz (b, c) entspricht
           ihm in der deutschen Übersetzung eine adversative Par-
           tikel: "doch/sondern". (Zum ersten כִּי in Beispiel b s.
           unten 53.3.3).

53.3.1.2   Als bekräftigende Partikel kann כִּי eine wörtliche Rede
           einleiten und bleibt dann meist unübersetzt (d).

53.3.1.3   Auch im Schwursatz (e) hat כִּי die Funktion einer Be-
           kräftigung.

53.3.2   Subjekt- und Objektsätze

וַיֹּאמֶר יְהוּדָה אֶל־אֶחָיו (a)   Da sagte Juda zu seinen Brü-
                                  dern:
מַה־בֶּצַע כִּי נַהֲרֹג אֶת־אָחִינוּ   Was für ein Gewinn?
                                  Ja: wir töten unsern Bruder!
                                  = Was haben wir davon, daß
(Gen 37,26)   wir unsern Bruder töten?

וַיַּרְא אֱלֹהִים כִּי־טוֹב: (b)   Da sah Gott: Ja, es war gut.
                                  = Da sah Gott, daß es gut war.
(Gen 1,10b)

Ist der mit כִּי eingeleitete Nachsatz als Subjekt (a)
oder Objekt (b) zum Vordersatz zu verstehen, kann כִּי
als Konjunktion aufgefaßt und im Deutschen ein abhängi-
der "daß"-Satz gebildet werden.

53.3.3   Adverbialsätze

וַיֹּאמֶר אֱלֹהִים אֶל־הַנָּחָשׁ (a)   Da sprach Gott zu der Schlange:
                                  (Ja, du hast das getan)
כִּי עָשִׂיתָ זֹּאת אָרוּר אַתָּה   Weil du das getan hast, bist
                                  du verflucht.
(Gen 3,14)

חָנֵּנִי יְהוָה כִּי אֻמְלַל אָנִי (b) Erbarme dich mein, Jahwe,
(ja, betrübt bin ich)
(Ps 6,3)   denn ich bin betrübt!

כִּי נַעַר יִשְׂרָאֵל וָאֹהֲבֵהוּ (c) (Ja, ein Junge war Israel)
Als Israel jung war, da gewann
(Hos 11,1)   ich es lieb.

כִּי תִקְנֶה עֶבֶד עִבְרִי (c) (Das ist so: ...)
(Gesetzt die Tatsache, du
kaufst)
שֵׁשׁ שָׁנִים יַעֲבֹד   Wenn du einen hebräischen Sklaven kaufst, (so) soll er sechs
(Ex 21,2)   Jahre Sklave bleiben.

Die Tatsache, auf die כִּי hinweist, kann als adverbiale
Erläuterung dienen, und zwar kann der Satz mit כִּי

53.3.3.1   eine Begründung enthalten (a, b) und so auch in erster
Position stehen (a), deutsch: Kausalsatz mit "da/weil"
oder "denn",

53.3.3.2   eine Zeitangabe darstellen (c), deutsch: Temporalsatz mit
"wenn/als/nachdem",

53.3.3.3   eine Bedingung einführen (d), deutsch: Bedingungssatz
mit "falls/wenn".

53.3.4   Allen Funktionen gemeinsam und für das erste Verständnis des Zusammenhangs immer anwendbar ist die bekräftigende Funktion ("ja/fürwahr/das ist so").

53.4   Die Partikel אֲשֶׁר

53.4.1   Grundfunktion

וְדִבַּרְתִּי מִשְׁפָּטַי אוֹתָם עַל־כָּל־   Und ich werde über sie meine
רָעָתָם   Urteile sprechen wegen all ih-
rer Bosheit,
אֲשֶׁר עֲזָבוּנִי וַיְקַטְּרוּ לֵאלֹהִים   nämlich, daß sie mich verlassen
und anderen Göttern geräuchert
(Jer 1,16)   אֲחֵרִים   haben.

אֲשֶׁר weist auf eine Tatsache hin, die mit dem Vorhergehenden in enger Verbindung steht (deutsch: "nämlich,daß/
die Tatsache,daß/wie").

53.4.1.1   אֲשֶׁר steht fast ausschließlich im Nachsatz. Geht der אֲשֶׁר-
Satz dem "Hauptsatz" voraus (s.unten, 53.4.5, Text a),
so ist das vermutlich zu erklären als eine Ausweitung
des konjunktionalen Gebrauchs auf Fälle, die sonst von
anderen Konjunktionen (כִּי oder אִם) wahrgenommen werden.

53.4.2   Relativischer Gebrauch

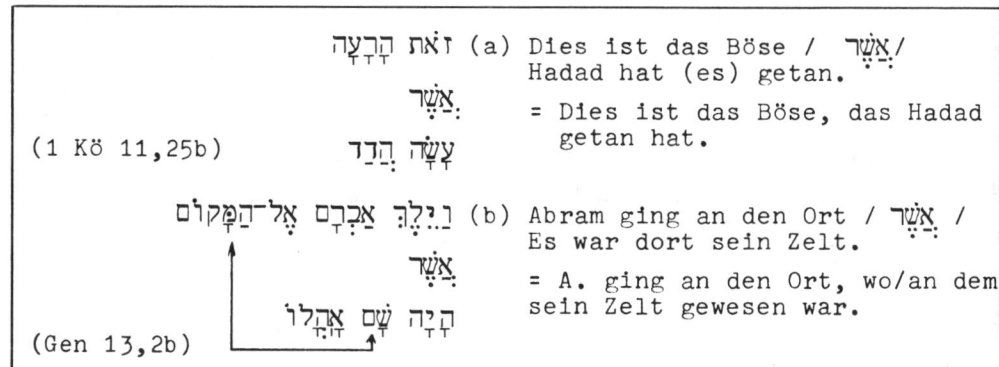

(1 Kö 11,25b)   זֹאת הָרָעָה (a) Dies ist das Böse / אֲשֶׁר /
Hadad hat (es) getan.

אֲשֶׁר   = Dies ist das Böse, das Hadad
getan hat.

עָשָׂה הֲדַד

(Gen 13,2b)   וַיֵּלֶךְ אַבְרָם אֶל־הַמָּקוֹם (b) Abram ging an den Ort / אֲשֶׁר /
Es war dort sein Zelt.

אֲשֶׁר   = A. ging an den Ort, wo/an dem
sein Zelt gewesen war.

הָיָה שָׁם אָהֳלֹו

53.4.2.1   אֲשֶׁר ist kein Relativpronomen. Es zeigt die Verbindung
zweier Sätze an, aber stellt sie nicht dar. Der auf אֲשֶׁר
folgende Satz ist grundsätzlich als selbständiger Satz
aufzufassen.

53.4.2.2   Ein אֲשֶׁר-Satz als Erläuterung (Attribut) zu einem Nomen
des voraufgehenden Satzes wird durch einen deutschen Re-
lativsatz wiedergegeben. Im Normalfall tritt das deutsch
Relativpronomen an die Stelle des אֲשֶׁר (a).

53.4.2.3   Im Attributsatz kann durch ein Adverb oder ein pronominales Element (Pronomen oder Suffix) auf das Beziehungswort zurückverwiesen werden (b). Dann muß dieser Rückverweis in der deutschen Übersetzung ins Relativum aufgenommen werden.

53.4.2.4   In der gleichen relativischen Funktion wie אֲשֶׁר kann auch
das proklitische Relativum שְׁ auftreten (vgl. § 13.2).

53.4.3   אֲשֶׁר mit Präpositionen

אֵינֶנּוּ גָדוֹל בַּבַּיִת הַזֶּה מִמֶּנִּי (a) Er ist nicht mächtiger in diesem Haus als ich,
וְלֹא־חָשַׂךְ מִמֶּנִּי מְאוּמָה כִּי אִם־   und er hat mir nichts vorent-
אוֹתָךְ   halten außer dir,

בַּאֲשֶׁר אַתְּ־אִשְׁתּוֹ   (wegen der Tatsache, daß)
weil du seine Frau bist.
(Gen 39,9)

וַיְהִי כַּאֲשֶׁר הִקְרִיב לָבוֹא מִצְרָיְמָה (b) (Und es geschah gemäß der Tatsache, daß)
וַיֹּאמֶר אֶל־שָׂרַי אִשְׁתּוֹ ···   Als er näher an Ägypten herankam, sprach er zu Sarai, sei-
(Gen 12,11)   ner Frau ...

וַיֹּאמְרוּ כֵּן תַּעֲשֶׂה (c) Da sprachen sie: So magst du
tun,
כַּאֲשֶׁר דִּבַּרְתָּ:   (wie die Tatsache, daß du)
(Gen 18,5b)   wie du gesagt hast.

מֵאֲשֶׁר יָקַרְתָּ בְעֵינַי נִכְבַּדְתָּ וַאֲנִי (d) (Von der Tatsache her, daß)
Weil du teuer bist in meinen
אֲהַבְתִּיךָ וְאֶתֵּן אֲדָמוֹת תַּחְתֶּיךָ   Augen, wert geachtet, auch ich
dich lieb habe, gebe ich
(Jes 43,4)   Länder für dich hin.

53.4.3.1 In erläuternd-rückverweisender Funktion verbindet sich
אֲשֶׁר mit Präpositionen.

53.4.3.2 Der so eingeleitete Satz ist als Konjunktionalsatz
aufzufassen. Die Funktion der Konjunktion ergibt sich
aus der Bedeutung der Präposition.

53.4.4 אֲשֶׁר ohne Präposition in konjunktionaler Funktion

וַיָּמָת בֶּן־הָאִשָּׁה הַזֹּאת לָיְלָה (a) Da starb der Sohn dieser Frau
in der Nacht,
אֲשֶׁר שָׁכְבָה עָלָיו: weil sie sich auf ihn gelegt
(1 Kö 3,19)   hatte.

הִנֵּה נָתַתִּי לְךָ לֵב חָכָם וְנָבוֹן (b) Siehe, ich habe dir ein (so)
weises und verständiges Herz
אֲשֶׁר כָּמוֹךָ לֹא הָיָה לְפָנֶיךָ   gegeben,
daß es wie dich keinen vor dir
וְאַחֲרֶיךָ לֹא יָקוּם כָּמוֹךָ:   gegeben hat und nach dir keiner wie du aufkommen wird.

(1 Kö 3,12b)

וְשָׁמַרְתָּ אֶת־חֻקָּיו ··· (c) ... und sollst seine Satzun-
gen halten, ···
אֲשֶׁר יִיטַב לְךָ וּלְבָנֶיךָ אַחֲרֶיךָ   damit es dir und deinen Söhnen nach dir gut gehe.
(Dt 4,4o)

53.4.4.1   Das Faktum, auf das אֲשֶׁר hinweist kann zur Begründung
           dienen (a), deutsch: "weil/denn".

53.4.4.2   Es kann als Folge (b) oder als Absicht (c) gemeint sein,
           deutsch: "daß/so daß/damit".

53.4.5   Erweiterung des konjunktionalen Gebrauchs

אֲשֶׁר יִשְׁאָלוּן בְּנֵיכֶם מָחָר אֶת־ אֲבוֹתָם לֵאמֹר מַה הָאֲבָנִים הָאֵלֶּה: וְהוֹדַעְתֶּם אֶת־בְּנֵיכֶם לֵאמֹר (Jos 4,21b+22a)	(a) Wenn in Zukunft eure Söhne ihre Väter fragen: Was bedeuten diese Steine? so sollt ihr sie folgendermaßen belehren: ...
וַיַּרְא שָׁאוּל אֲשֶׁר הוּא מַשְׂכִּיל מְאֹד (1 Sa 18,15)	(b) Da sah Saul, daß jener viel Glück hatte.
וַיֹּאמֶר שָׁאוּל אֶל־שְׁמוּאֵל אֲשֶׁר שָׁמַעְתִּי בְּקוֹל יְהוָה (1 Sa 15,2o)	(c) Da sprach Saul zu Samuel: ( ) Ich habe auf die Stimme Jahwes gehört.

Seltener (neben כִּי) kann אֲשֶׁר (a) konditional (deutsch:
"wenn"), (b) zur Einführung von Objektsätzen (deutsch:
"daß"), (c) vor direkter Rede gebraucht werden.

53.4.6   Faustregeln für das Verständnis von אֲשֶׁר-Sätzen

53.4.6.1   Bei relativischem Gebrauch ist die Hilfsübersetzung:
           "... wovon gilt, daß ..." brauchbar.

53.4.6.2   Bei konjunktionalem Gebrauch kann die Hilfsübersetzung:
           "... wobei das Faktum besteht, daß ..." zum ersten Ver-
           ständnis des Zusammenhangs führen. Aus dem inhaltlichen
           Verhältnis der Sätze ergibt sich, welche deutsche Kon-
           junktion zu wählen ist.

   53.5   Die Partikel אִם

53.5.1   Grundfunktion

אִם חָכַמְתָּ חָכַמְתָּ לָּךְ וְלַצְתָּ לְבַדְּךָ תִשָּׂא: (Spr 9,12)	(a) (Sieh doch/angenommen, du bist weise) Wenn du weise bist, bist du weise für dich selbst; aber als Spötter trägst du's allein.

אִם־יוּכַל אִישׁ לִמְנוֹת אֶת־עֲפַר (b) Angenommen, jemand kann den
הָאָרֶץ   Staub der Erde zählen - auch
                                                            dein Same wird gezählt.

גַּם־זַרְעֲךָ יִמָּנֶה: = Wenn jemand den Staub der
                                                            Erde zählen könnte - auch dei-
(Gen 13,16b)   nen Samen könnte man dann zäh-
                                                            len.

אִם־צָדַקְתִּי (c) (angenommen, ich bin im Recht)
                                                            Wenn ich auch im Recht bin
לֹא אֶעֱנֶה   (wäre), ich kann (könnte) nicht
                                                            antworten; zu meinem Richter
(Hi 9,15)   לִמְשֹׁפְטִי אֶתְחַנָּן: muß (müßte) ich flehen.

יִשְׂרָאֵל אִם־תִּשְׁמַע־לִי: (d) Israel! Wenn du doch auf mich
                                                            hörtest!
(Ps 81,9b)

Mit אִם wird auf eine Voraussetzung hingewiesen.

53.5.1.1 Die Voraussetzung kann als Bedingung gelten (a, b),
          deutsch "wenn".
          Ob die Bedingung real (a) oder irreal (b) gemeint ist,
          kann nur aus dem Zusammenhang erschlossen werden (vgl.
          § 51.o.4).

53.5.1.2 Die Voraussetzung kann im Gegensatz stehen (c) zum In-
          halt des folgenden Satzes (konzessiv): deutsch: "ob-
          wohl/wenn auch".

53.5.1.3 Die Voraussetzung kann allein stehen und als Wunsch ge-
          meint sein (d), deutsch: "wenn doch/wenn nur".

53.5.2 Fragesätze

וַיִּשְׁלַח מַלְאָכִים וַיֹּאמֶר אֲלֵיהֶם (a) Da schickte er Boten aus und
                                                            sprach zu ihnen:
לְכוּ דִרְשׁוּ בְּבַעַל זְבוּב אֱלֹהֵי   Geht, befragt den Baal-Sebub,
                                                            den Gott von Ekron,
עֶקְרוֹן   (könnte man annehmen, ich wer-
                                                            de ...)
אִם־אֶחְיֶה מֵחָלְיִי זֶה: ob ich gesund werde von diesem
                                                            meinem Leiden.
(2 Kö 1,2b)

וַיֵּלֶךְ יְהוֹשֻׁעַ אֵלָיו וַיֹּאמֶר לוֹ (b) Da ging Josua auf ihn zu und
                                                            sprach zu ihm:

הֲלָנוּ אַתָּה   Gehörst du zu uns?
                                (einmal angenommen: zu unseren
אִם־לְצָרֵינוּ:   Feinden-)
(Jos 5,13b)   oder zu unseren Feinden?

וַיֹּאמֶר אָנֹכִי אֲשַׁלַּח לְךָ גְדִי־עִזִּים (c) Er sprach: Ich schicke dir ein
                                    Ziegenböckchen von der Herde.
מִן־הַצֹּאן וַתֹּאמֶר   Sie antwortete:
                                    (Angenommen, du gibst ein
אִם־תִּתֵּן עֵרָבוֹן עַד שָׁלְחֶךָ: Pfand ...)
                                    (Wie wäre es, wenn du ...)
                                    Gibst du mir ein Pfand, bis du
(Gen 38,17)   es schickst?

Eine hypothetische Voraussetzung im Satz mit אִם kann als
Frage gemeint sein

53.5.2.1   in indirekten Fragesätzen (a), deutsch: "ob",

53.5.2.2   als zweites Glied einer Doppelfrage (b), deutsch: "oder"

53.5.2.3   in elliptischen Sätzen (das erste Glied einer Doppelfra-
           ge ist nicht artikuliert) vor einem einfachen direkten
           Fragesatz (c).

53.5.2.4   Vgl. im übrigen zum Fragesatz § 51.3.

53.5.3   Schwursätze

כֹּה יַעֲשֶׂה לְךָ אֱלֹהִים וְכֹה יוֹסִיף (a) Gott tut dir dies und das,
                                        wenn du mir irgendetwas ver-
אִם־תְּכַחֵד מִמֶּנִּי דָּבָר   hehlen solltest!

                                        Gott tue dir dies und das -
(1 Sa 3,17b)   Verhehle mir nichts!

חֵי פַרְעֹה (b) Beim Leben Pharaos:
                                        (ich will verflucht sein, wenn
אִם־תֵּצְאוּ מִזֶּה   ihr hier herauskommt.)
                                        Ihr kommt nicht hier heraus!
(Gen 42,15b)

53.5.3.1   Eine hypothetische Voraussetzung wird auch im Schwur ge-
           macht (a).

53.5.3.2   Wenn eine Selbstverfluchung verschwiegen ist, weil sie
           sich aus der Redeform des Schwurs von selbst versteht
           (b) - elliptischer Schwursatz -, muß der Satz mit אִם als
           negativer Satz aufgefaßt werden. Im positiven Schwursatz
           steht entsprechend אִם לֹא.

53.5.4   Zur Übersetzung

53.5.4.1   In Fällen wie 1 (a - d) entspricht der Gebrauch von אם
           dem des deutschen "wenn".

53.5.4.2   In Fällen wie 2 (Frage) und 3 (Schwur) ist jeweils an
           anderen sprachlichen Zeichen im Kontext erkennbar, ob es
           sich um Frage- oder Schwursätze handelt.

54	Orientierung im Sinngefüge von Texten - Makrosyntaktische Zeichen

54.o.1   Makrosyntaktische Zeichen sind Wörter, Partikeln und
          Wendungen, die in der gesprochenen Sprache dazu dienen,
          die Großgliederung von Texten zu markieren. Die im Lexi-
          kon notierte Bedeutung solcher Wörter und Wendungen
          tritt hinter dieser Funktion zurück[1].
          Der Sprecher setzt solche makrosyntaktischen Zeichen ein,
          um den Hörer auf Anfang, Übergänge, Höhepunkte und
          Schluß seiner Rede aufmerksam zu machen[2].

54.o.2   Da es sich um häufig auftretende (rekurrente) Zeichen
          mit syntaktischer (= Teilzeichen verknüpfender) Funktion
          handelt, gehört ihre Darstellung nicht ins Lexikon, son-
          dern in die Syntax.
          Da die syntaktische Leistung dieser Zeichen über die
          Satzgrenzen hinaus ganze Texte und deren Gliederung be-
          trifft, sprechen wir von makrosyntaktischen Gliederungs-
          signalen.

54.o.3   Wenn auch die gesprochene Sprache (Umgangssprache) der
          eigentliche Bereich solcher makrosyntaktischen Zeichen
          ist, läßt sich doch auch noch in der literarisch ge-
          formten und fixierten Sprachform, wie sie uns im bibli-
          schen Hebräisch vorliegt, ihre Wirkungsweise beobachten,
          vor allem in besprechenden Kontexten (vgl. § 48.3.4,Anm.).

---

(1) Solche Zeichen sind in der deutschen Umgangssprache z.B.: "al-
    so", "also wie gesagt", "also wissen sie", "nicht wahr?" "nein
    wirklich!", "paß mal auf!" sowie Pausen und Elemente der Satz-
    betonung und Stimmführung.
(2) Für die französische Sprache wurde diese Funktion solcher makro-
    syntaktischer Zeichen umfassend dargestellt von Elisabeth Gülich
    (Makrosyntax der Gliederungssignale im gesprochenen Französisch,
    München, 1970). Sie unterscheidet Eröffnungssignale (alors, puis,
    eh bien, tu sais), Unterbrechungssignale (alors donc, non - mais,
    écoutez) und Schlußsignale (enfin, quoi, vous comprenez etc.).

54.0.4 Der Bestand der makrosyntaktischen Signale und ihre Funk
        tion im biblischen Hebräisch ist bisher nicht grundlege:
        untersucht worden. Es können deshalb in dieser Grammati
        nur erste Versuche einer Systematisierung angeboten
        werden[3].

54.1 <u>Eröffnungs- und Übergangssignale im Dialog</u>

54.1.1 וְעַתָּה - וְהִנֵּה - הִנֵּה - הֵן

וַיֹּאמֶר אַבְרָם הֵן לִי לֹא נָתַתָּה (a) Da sagte Abram: (Siehe) Ja:
                                             mir hast du keine Nachkommen
זָרַע וְהִנֵּה בֶן־בֵּיתִי יוֹרֵשׁ אֹתִי: gegeben. (und siehe) Also nun
                                             beerbt mich einer vom Gesinde.
(Gen 15,3)

וַיֹּאמֶר יְהוָה אֱלֹהִים הֵן הָאָדָם (b) Da sagte Jahwe Gott: (Siehe)
                                             Jetzt ist ja der Mensch gewor-
הָיָה כְּאַחַד מִמֶּנּוּ לָדַעַת טוֹב וָרָע   den wie unsereiner, daß er
                                             weiß, was gut und böse ist!
וְעַתָּה פֶּן־יִשְׁלַח יָדוֹ וְלָקַח גַּם   (Und jetzt) Also soll er nicht
                                             (auch noch) seine Hand aus-
מֵעֵץ הַחַיִּים וְאָכַל וָחַי לְעֹלָם: strecken und auch vom Baum des
                                             Lebens nehmen und essen und
(Gen 3,22)   unsterblich werden.

וַיֹּאמֶר (יִצְחָק) הִנֵּה־נָא זָקַנְתִּי (c) Da sagte Isaak: (Siehe doch)
                                             Also weißt du / Hör mal zu –
לֹא יָדַעְתִּי יוֹם מוֹתִי: Ich bin alt und weiß nicht,
                                             wann ich sterben muß – (Und
וְעַתָּה שָׂא־נָא כֵלֶיךָ תֶּלְיְךָ וְקַשְׁתֶּךָ   jetzt) Nun gib acht! Nimm dei-
                                             ne Jagdgeräte, deinen Köcher
וְצֵא הַשָּׂדֶה וְצוּדָה לִּי צָיִד: und Bogen, geh hinaus aufs
                                             Feld und jage mir ein Wild!
(Gen 27,2 f)

54.1.1.1 Als Eröffnungssignal markiert הֵן bzw. הִנֵּה den Auftakt[4];
          danach leitet bald וְהִנֵּה (a) oder וְעַתָּה (b, c) zum Haupt-
          punkt der Rede über. Der semantische Charakter eines
          "Zeitadverbs" (jetzt/nun) ist bei עַתָּה in diesen Fällen
          kaum noch deutlich.

----

(3) Hier wäre vor allem der Grenzbereich von Grammatik und Form-
    geschichte zu klären.
(4) Im Lexikon von Köhler/Baumgartner wird in der 2.Auflage הִנֵּה
    zutreffend als "meist unterbrechender Aufmerksamkeitserreger"
    beschrieben. Das trifft die Funktion besser als "hinweisende
    und unterbrechende Interjektion" in der 3.Auflage.

(a) וַיִּשְׁלַח מֹשֶׁה מַלְאָכִים מִקָּדֵשׁ אֶל־	Da schickte Mose Boten aus Kadesch zum König von Edom:
מֶלֶךְ אֱדוֹם כֹּה אָמַר אָחִיךָ יִשְׂרָאֵל	So spricht dein Bruder Israel:
אַתָּה יָדַעְתָּ אֵת כָּל־הַתְּלָאָה אֲשֶׁר	Du kennst selbst alle Leiden, die uns betroffen haben:
מְצָאָתְנוּ: וַיֵּרְדוּ אֲבֹתֵינוּ מִצְרַיְמָה	Es zogen unsere Väter hinab nach Ägypten,
וַנֵּשֶׁב בְּמִצְרַיִם ...	und wir wohnten in Ägypten ...
וַיֹּצִאֵנוּ (יְהוָה) מִמִּצְרַיִם	und Jahwe führte uns aus Ägypten hinaus.
וְהִנֵּה אֲנַחְנוּ בְקָדֵשׁ עִיר קְצֵה	(und siehe) Also: Wir sind jetzt in Kadesch, einem Ort am Rand deines Gebietes. Nun möchten wir gerne durch dein Land ziehen ...
גְּבוּלֶךָ: נַעְבְּרָה־נָּא בְאַרְצֶךָ ...	
(Nu 20,14 ff)	

(b) וַיֵּצֵא הָרוּחַ וַיַּעֲמֹד לִפְנֵי יְהוָה	Da trat der Geist hervor, stellte sich vor Jahwe und sagte: Ich will ihn betören.
וַיֹּאמֶר אֲנִי אֲפַתֶּנּוּ וַיֹּאמֶר יְהוָה	Da sagte Jahwe zu ihm:
אֵלָיו בַּמָּה: וַיֹּאמֶר אֵצֵא וְהָיִיתִי	Auf welche Weise? Da sagte er: Ich gehe hin und werde
רוּחַ שֶׁקֶר בְּפִי כָּל־נְבִיאָיו וַיֹּאמֶר	zum Lügengeist im Mund aller seiner Propheten. Da sagte er:
תְּפַתֶּה וְגַם־תּוּכָל צֵא וַעֲשֵׂה־כֵן:	Du darfst ihn betören und es soll dir auch gelingen. Geh und tu's!
וְעַתָּה הִנֵּה נָתַן יְהוָה רוּחַ שֶׁקֶר	(Und jetzt, siehe) Also, damit ihr es wißt: Jahwe hat allen deinen Propheten hier einen Lügengeist in den Mund gelegt. Denn (kein anderer als) Jahwe hat Unheil über dich geredet.
בְּפִי כָּל־נְבִיאֶיךָ אֵלֶּה וַיהוָה דִּבֶּר	
עָלֶיךָ רָעָה:	
(1 Kö 22,21-23)	

(c) וַיֹּאמֶר אֲלֵהֶם יוֹסֵף אַל־תִּירָאוּ	Da sagte Joseph zu ihnen: Fürchtet euch nicht!
כִּי הֲתַחַת אֱלֹהִים אָנִי: וְאַתֶּם	Nein! Bin ich denn etwa an Gottes Stelle? Zwar: Ihr habt
חֲשַׁבְתֶּם עָלַי רָעָה אֱלֹהִים חֲשָׁבָהּ	Böses mit mir vorgehabt; Gott hatte vor,
לְטֹבָה לְמַעַן עֲשֹׂה כַּיּוֹם הַזֶּה	es gut zu machen, um das zu tun, was jetzt zutage liegt,
לְהַחֲיֹת עַם־רָב:	nämlich ein großes Volk am Leben zu erhalten.
וְעַתָּה אַל־תִּירָאוּ אָנֹכִי אֲכַלְכֵּל	Also bitte: Fürchtet euch nicht!
אֶתְכֶם וְאֶת־טַפְּכֶם	Ich bin es, der euch und eure Kinder versorgt.
וַיְנַחֵם אוֹתָם וַיְדַבֵּר עַל־לִבָּם:	So tröstete er sie und redete ihnen zu Herzen.
(Gen 50, 19-21)	

54.1.1.2   Als Übergangssignal erscheint וְעַתָּה, wenn die Rede nach
           einer Unterbrechung auf ihr eigentliches Ziel zusteuert
           (a).

54.1.1.3   וְעַתָּה und הִנֵּה können auch zusammen auftreten, um mit be-
           sonderem Nachdruck (b) eine eben abgeschlossene Erzäh-
           lung auf die Situation anzuwenden und zu deuten.

54.1.1.4   Auf וְעַתָּה als Eröffnungs- und Übergangssignal folgt in d
           großen Mehrzahl aller Fälle eine Aufforderung (c)(s.auc
           oben zu 54.1.1.1, Texte b und c).

54.1.2   Die Einleitungs-Formel וְהָיָה (vgl. § 53.2.2) hat nur sel
           ten makrosyntaktische Funktion. Meist dient sie zur
           Gliederung kleiner Einheiten (z.B. zweier Sätze).

שִׁמְעוּ דְבַר־יְהֹוָה קְצִינֵי סְדֹם	Hört Jahwes Wort, Sodom-Fürsten
הַאֲזִינוּ תּוֹרַת אֱלֹהֵינוּ עַם עֲמֹרָה:	Horcht auf die Weisung Gottes, Gomorrha-Volk!
(Jes 1,10)	

54.1.3   Der Imperativ von שׁמע (Singular und Plural) steht als
           Appell zur Aufmerksamkeit und Gattungsmerkmal vor dem
           prophetischen Scheltwort (Ein Beispiel für prosaische
           Verwendung s.oben § 48.6).

אָז תָּבֹאנָה שְׁתַּיִם נָשִׁים זֹנוֹת אֶל־ הַמֶּלֶךְ וַתַּעֲמֹדְנָה לְפָנָיו:	(a) Einmal kamen zwei Huren zum König und stellten sich vor ihn hin.
וַתֹּאמֶר הָאִשָּׁה הָאַחַת בִּי אֲדֹנִי	Und die eine Frau sprach: (Ach, mein Herr) Mit Verlaub, Majestät!
אֲנִי וְהָאִשָּׁה הַזֹּאת יֹשְׁבֹת בַּבַּיִת	Ich und diese Frau hier, wir leben in einem Haus,
אֵחָד וָאֵלֵד עִמָּהּ בַּבָּיִת: · · ·	und ich bekam ein Kind bei ihr im Haus ...
(1 Kö 3,16 f)	

וַיִּשְׁלַח שְׁלֹמֹה אֶל־חִירָם לֵאמֹר:	(b) Da schickte Salomo an Hiram folgende Botschaft:
אַתָּה יָדַעְתָּ אֶת־דָּוִד אָבִי כִּי לֹא	Du weißt (ja wohl), daß mein Vater David
יָכֹל לִבְנוֹת בַּיִת לְשֵׁם יְהֹוָה	dem Namen seines Gottes Jahwe kein Haus hat bauen können
אֱלֹהָיו מִפְּנֵי הַמִּלְחָמָה אֲשֶׁר סְבָבֻהוּ	wegen des (ständigen) Kampfes, in den sie ihn von allen Sei-

עַד תֵּת־יְהוָה אֹתָם תַּחַת כַּפּוֹת   ten verwickelt haben, bis Jahwe
רַגְלָיו: sie ihm unter die Füße legte.

וְעַתָּה הֵנִיחַ יְהוָה אֱלֹהַי לִי   Nun aber hat mir Jahwe, mein
מִסָּבִיב אֵין שָׂטָן וְאֵין פֶּגַע רָע: Gott, ringsum Ruhe verschafft.
                                    Es gibt keinen Widersacher mehr
                                    und keine Schwierigkeit.
וְהִנְנִי אֹמֵר לִבְנוֹת בַּיִת לְשֵׁם   (Und siehe, ich) Wisse also,
                                    daß ich mich mit dem Gedanken
                                    trage, dem Namen Jahwes, meines
יְהוָה אֱלֹהָי ...   Gottes, ein Haus zu bauen ...
                                    (Und nun) Also bitte: Gib Be-
וְעַתָּה צַוֵּה וְיִכְרְתוּ־לִי אֲרָזִים   fehl, daß man mir Zedern
מִן־הַלְּבָנוֹן   vom Libanon schlägt!
(1 Kö 5,16-2o)

54.1.4   In die Kategorie der Eröffnungssignale gehört auch die
Floskel בִּי אֲדֹנִי, die zur Einleitung der Rede an einen
Höhergestellten verwendet wird und Ergebenheit und Un-
terwerfung des Sprechers anzeigt (a).

54.1.5   Der Zusammengesetzte Nominalsatz אַתָּה יָדַעְתָּ kann als Eröffnungssignal verwendet werden (b), wenn der Sprecher
zu einer Orientierung über den Informationsstand des
Partners ausholt (vgl. auch § 44.2.2.1).

Im übrigen zeigt der Abschnitt (b) noch einmal die Verwendung von וְעַתָּה und וְהִנֵּה als Übergangssignale. In Zeile
7 scheint dagegen וְעַתָּה noch mehr die Bedeutung eines
Zeitadverbs zu haben.

54.2   Gliederungssignale in der Erzählung

54.2.1   Die gleichen Gliederungssignale, die im Dialog verwendet

werden, sind naturgemäß häufig in Erzählungen, die einem

der Sprecher in einem Dialog in den Mund gelegt sind

(Vgl. dazu § 48.6.1.2).

54.2.2   וַיְהִי als Eröffnungs- und Übergangssignal[5]

54.2.2.1   Als Tempuszeichen steht וַיְהִי am Anfang von Erzählungen

oder Erzähl-Abschnitten. Es verknüpft nicht nach rück-

wärts, sondern signalisiert den folgenden Text als Er-

zählung (vgl. Gen 22,1 zu § 48.2.3, 2.Chr 25,14 zu

§ 48.4.3.3).

54.2.2.2   Als Übergangssignal steht וַיְהִי an Gelenkstellen der Er-

zählung:beim Übergang von der Einleitung zum Hauptteil

-----
(5) Auf Textbeispiele wird in diesem Abschnitt verzichtet. Das
Beispielmaterial findet sich in den §§ 48 und 53.2.

(vgl. § 48.2.3, Text b) oder vor Hauptereignissen, die
dadurch als solche besonders herausgehoben werden (vgl.
§ 53.2.1, Text a).

54.2.2.3 Neben וַיְהִי֫ treten am Erzählungs-Anfang weitere Erzähl-
signale auf: Nominalsätze (§ 44.2.1) mit Perfekt (§
48.2.3), unbestimmte Zeitangaben (§§ 52.5.7.4; 53.2.1),
indeterminierte Nomina, die zuerst identifiziert und
dann pronominalisiert werden (§ 52.3).

54.2.2.4 Es lassen sich verschiedene Typen der Erzähl-Eröffnung
beobachten. Die uns geläufige vom Typ: "Es war einmal
ein Mann, der hieß NN, der tat das und das..." ist im
Alten Testament selten, weil hier meist größere Erzäh-
lungs-Komplexe mit derselben Hauptperson zusammengefügt
sind (vgl.z.B. Ri 17,1ff § 52.2   mit Gen 18,1 ff
§ 48.2).
Daneben gibt es den mit וַיְהִי֫ eröffneten Typ, in dem entweder nach einer kurzen Nominalsatz-Einschaltung bzw.
einem Satz mit perfektischem Prädikat rasch in Narrativen weitererzählt wird (z.B. Gen 22,1 - § 48.2.3) oder
nach einer längeren Einschaltung mit erneutem וַיְהִי֫ zum
Vordergrund der Erzählung zurückgelenkt wird (z.B.
2 Sa 19,25 f   § 48.2.3).
Beliebt ist, vor allem in den großen Erzähl-Zusammenhän-
gen der Genesis, auch ein unvermittelter Einsatz mit
Narrativ, ohne וַיְהִי֫ und ohne einleitende Situationsbe-
schreibung, bei dem höchstens ein Ortsname oder eine
kurze unbestimmte Zeitangabe den Anfang einer neuen Erzählung markiert (Gen 18,1 ff § 48.2).

54.2.2.5 Gelegentlich erscheinen ganz andere Eröffnungssignale wie
z.B. אָז (s.oben, 54.1.4, Text a) oder eine figura etymologica mit dem absoluten Infinitiv (Ri 9,8 zu § 52.5.
7.1).

54.2.3 וְהָיָה als Übergangssignal in der Erzählung
Obwohl הָיָה eine Partikel deiktischen Charakters ist (§
52.4), tritt וְהָיָה überraschend oft in erzählendem Kontext auf (in Gen und Ex z.B. in 75 % aller Fälle).

וַיָּסֻ֫רוּ שָׁ֫ם לָבוֹא לָל֫וּן בַּגִּבְעָ֫ה	Da wandten sie (ein Levit mit Frau und Diener) sich dorthin, um ein Nachtquartier in Gibea zu bekommen, kamen herein und hielten auf dem Platz der Stadt: Aber niemand nahm sie in sein Haus auf für die Nacht.
וַיָּבֹ֫א וַיֵּ֫שֶׁב בִּרְח֫וֹב הָעִ֫יר וְאֵ֫ין	
אִ֫ישׁ מְאַסֵּף־אֹתָ֫ם הַבַּ֫יְתָה לָל֫וּן:	

וְהִנֵּה אִישׁ זָקֵן בָּא מִן־מַעֲשֵׂהוּ | Schließlich (seht da! schaut ihn
מִן־הַשָּׂדֶה בָּעֶרֶב וְהָאִישׁ מֵהַר | euch an!) kam ein alter Mann
אֶפְרַיִם וְהוּא־גָר בַּגִּבְעָה וְאַנְשֵׁי | abends vom Feld von seiner Ar-
הַמָּקוֹם בְּנֵי יְמִינִי : וַיִּשָּׂא עֵינָיו | beit. Der Mann stammte vom Ge-
birge Ephraim, und er war ein
Schutzbürger in Gibea, wäh-
וַיַּרְא אֶת־הָאִישׁ הָאֹרֵחַ בִּרְחֹב הָעִיר | rend die Bewohner des Ortes Ben-
jaminiten waren. Der (erhob sei-
(Ri 19,15 ff) | ne Augen) sah sich um und er-
blickte den Mann, den Wanderer,
auf dem Platz der Stadt.

54.2.3.1   Als Übergangssignal steht וְהִנֵּה vor Höhepunkten und Wen-
depunkten der Erzählung. Es kann hier geradezu die Funktion von וַיְהִי übernehmen und einen neuen Erzählungs-Ab-
schnitt einleiten.

וַיְהִי בָעֶרֶב וַיִּקַּח (לָבָן) אֶת־לֵאָה | (a) Am Abend nahm (Laban) seine
Tochter Lea
בִתּוֹ וַיָּבֵא אֹתָהּ אֵלָיו וַיָּבֹא אֵלֶיהָ: | und führte sie ihm zu. Und er
... | wohnte ihr bei.
...
וַיְהִי בַבֹּקֶר | Am andern Morgen aber   -
(was meint ihr wohl, was er da
וְהִנֵּה־הִיא לֵאָה | sehen mußte) da war es Lea!

(Gen 29,23 und 25)

וַיִּשָּׂא אַבְרָהָם אֶת־עֵינָיו וַיַּרְא | (b) Da(erhob A. seine Augen) blick-
te sich Abraham um und sah:
וְהִנֵּה־אַיִל אַחַר נֶאֱחַז בַּסְּבַךְ | (stellt euch vor!) ein Widder
hatte sich mit seinen Hörnern
(Gen 22,13)   בְּקַרְנָיו | im Dickicht verfangen.

וַיְהִי מִקֵּץ שְׁנָתַיִם יָמִים וּפַרְעֹה | (c) Nach Ablauf von zwei vollen
Jahren hatte Pharao
חֹלֵם וְהִנֵּה עֹמֵד עַל־הַיְאֹר | einen Traum (Und siehe) Ihm
war, als stehe er am Nil.
וְהִנֵּה מִן־הַיְאֹר עֹלֹת שֶׁבַע פָּרוֹת | (Und siehe) Er sah, wie aus dem
Nil sieben Kühe heraufstiegen:
יְפוֹת מַרְאֶה וּבְרִיאֹת בָּשָׂר | schön anzusehen und wohlge-
nährt. Die weideten im Ried-
וַתִּרְעֶינָה בָּאָחוּ: | gras.

וְהִנֵּה שֶׁבַע פָּרוֹת אֲחֵרוֹת עֹלוֹת | (Und siehe) Er sah weiter, wie
sieben andere Kühe hinter ih-
אַחֲרֵיהֶן מִן־הַיְאֹר רָעוֹת מַרְאֶה | nen aus dem Nil heraufstiegen:
häßlich anzusehen und mageren
וְדַקּוֹת בָּשָׂר ... | Fleisches ...

וַיִּישָׁן וַיַּחֲלֹם שֵׁנִית | Dann schlief er (wieder) ein
und träumte noch einmal.

וְהִנֵּה שֶׁבַע שִׁבֳּלִים עֹלוֹת ...	(Und siehe) Und zwar sah er sieben Ähren aufwachsen ...
וַיִּיקַץ פַּרְעֹה	Dann erwachte Pharao (und siehe: ein Traum) und merkte, daß es ein Traum gewesen war.
(Gen 41,1 ff) וְהִנֵּה חֲלוֹם׃	

54.2.3.2   Seinen ursprünglichen deiktischen Charakter zeigt וְהִנֵּה noch, wo es Sätze einleitet, die Wahrnehmungen der Figuren aus der Erzählung enthalten. Der Hörer wird durch וְהִנֵּה angewiesen, sich das Folgende so vorzustellen, als ob er es mit den Augen der Figuren der Erzählung sähe (a

54.2.3.3   Entsprechend steht וְהִנֵּה häufig in der Kombination: וַיַּרְא וְהִנֵּה (b).

54.2.3.4   Die gehäufte Verwendung von וְהִנֵּה innerhalb einer Erzählung bringt besprechende Züge ins Erzählen hinein und findet sich deshalb häufig in Traum-Erzählungen (c - vgl auch § 48.6.1).

54.2.4   Besondere Schluß-Signale sind weder im Dialog noch in der Erzählung auszumachen , wenn man nicht Formelemente bestimmter Gattungen (z.B. נְאֻם יְהוָה am Ende von Prophetenworten) oder die Verwendung von Zusammengesetzten Nominalsätzen am Ende von Erzähl-Abschnitten (s.§ 48.2.3.3 hierher rechnen will.

REGISTER

Abkürzungen und Zeichen

Abkürzungen für grammatische Termini werden nur in Tabellen und Anmerkungen verwendet und sind dort aus dem fortlaufenden Text leicht zu verstehen.

Abkürzungen für die Bücher des Alten Testaments:

Gen	Genesis	= 1.-5. Buch Mose	Hos	Hosea
Ex	Exodus		Joel	Joel
Lev	Leviticus		Nah	Nahum
Nu	Numeri		Sach	Sacharja
Dt	Deuteronomium		Ps	Psalmen
Jos	Josua		Hi	Hiob
Ri	Richter		Spr	Sprüche (Proverbia)
1 Sa	1. Samuel		Pred	Prediger (Ecclesiastes)
2 Sa	2. Samuel		Ruth	Ruth
1 Kö	1. Könige		Est	Esther
2 Kö	2. Könige		Neh	Nehemia
Jes	Jesaja		1 Chr	1. Chronik
Jer	Jeremia		2 Chr	2. Chronik
Ez	Ezechiel (Hesekiel)			

Zeichen:

+ (z.B.: +huktab) = von der historischen Sprachwissenschaft erschlossene Form

> (z.B.: ā > ō)

< (z.B.: כָּתַב < +kataba) = "wird zu" bzw. "entstanden aus"

Beide Zeichen können von rechts und von links gelesen werden.

˂ (z.B.: יִרְמְיָ֫הוּ) bezeichnet die Tonsilbe eines hebräischen Wortes

Umschrift der Vokalzeichen:

◌ָ ā (Qames ḥatuf å), ◌ַ a, ◌ֶ ä, ◌ִ i, ◌ֹ o, ◌ֻ/וּ u, ◌ָיו āw,

◌ֳ å, ◌ֲ a, ◌ֱ ä, Schwa mobile e, Pataḥ furtivum a.

pronominales Objekt	33.1.1
Pu'al	
- Bedeutung	29.3.4
- Form	29.2.3, 31.3
Puncta extraordinaria	7.3.1
Punkt, diakritischer	1.3.17, 5.1, 5.2
Punktation, tiberische	3.2
Qames	3.2.2.2, 4.3.6, 6.1.2
Qames ḥatuf	3.2.2.2, 8.4
Qerē	7.1
- perpetuum	7.2
Qibbus	3.2.2.2
Quadratschrift	1
quieszierende Konsonanten (s. Vokalbuchstaben)	
Radikal	24.1.2
Raschi	1.1.3
Rebia	6.3.3.1
reflexiv	29.3.2, 29.3.5, 33.1.3
Reibelaute	1.3.2, 1.4.3
Relativ-Partikel	13.2
Satz-Einleiter	13
Schärfung (s.auch Verdoppelung)	5.2.2
Schin praefixum	13.2
Schureq	3.2.3.2 5.2.2.1 (Anm)
Schwa	4
- compositum	4.1.2
- mobile	4.1.1, 12.3.1.1, 13.1.2.2
- quiescens	4.2, 6.1.3.1, Anm.2
- simplex	4.1.1
Seder	7.3.3
Segol	3.2.2.2
Segolata	16.3.1.1, 18
Segolta	6.3.3.1
Serē	3.2.2.2

(Verben)

- schwache	24.3.2, 35 bis 43
- starke	24.3.1, 24 bis 34
- tertiae gutturalis	34.4
Verdoppelung	5.2.2, 9.2, 2o, 23.2.3, 29.2.2, 31.1, 36.1, 41.7.2, 42.7.2, 43.1.1
- des ersten sichtbaren Radikals	43.1.1
- virtuelle	9.2.2, 12.1.2, 34.3
(s. auch aramaisierende Formen)	
Verdünnung	1o.4.2
Verflüchtigung	2.1.7, 9.1, 1o
Verschlußlaute	1.3.2, 1.4.3
Vokal	2 bis 4
- homogener	3.1.2.5
- bestand	2.1
- Buchstaben	3.1, 3.2.4
- losigkeit	4.2
- Zeichen, tiberische	3.2
Vorschlagsilben	2.2.1
Vorton-Silbe	1o.1
Vorton-Vokale	1o.1.2
Waw consecutivum	25.4.2, 27.4, 31.2.2.2 (Anm)
Waw copulativum	13.1, 31.2.2.2 (Anm)
Wurzel	24.1.1, 24.4
Wurzeln, Hohle	41
Zahlen	16.1.1, 22
Zaqef	6.3.3.1
Ziffern	1.1.5
Zischlaute	31.4.2.2
Zweiradikalige Verben	41, 42, 43

רעע	42.9
רֵשׁ רֵשֶׁת	38.6.3, 43.2.1.2
שׂ	1.3.17, 3.2.3.4, 31.4.2.1
שָׂא שָׂאת	36.5.1.2
שָׂדֶה	2.1.5.1, 19
שָׂה	21.3.2
שָׂפָה	16, 17
שָׂר	20.2
שׁ	1.3.17, 3.2.3.4, 31.4.2.1
שְׁ·	13.2
שָׁב שָׁבַת	38.2, 43.2.1.2
שְׁאֵרִית	16.2.1.5
שְׁבַע	22.1
שׁחה	39.5.2
שׁלח	34.4
שׁלך	29.3.7
שָׁלֹשׁ	22.1
שֵׁם	1o, 16, 17
שָׁמַיִם	21.4.2
שָׁמֹנֶה	22.1
שׁמר	29.3.2, 31.4.2.2
שָׁמַר	16, 17
שְׁנַיִם	22.1
שׁפט	33.8
שָׁרָשִׁים	8.4.2(Anm), 18.2.2.4
שֵׁשׁ	22.1
שְׁתַּיִם	4.3.1 (Anm), 8.1.2 (Anm), 22.1

ת	1.3.18, 5.2.1, 31.4.2
תֹּהוּ	18.4
תַּחַת	12.2
תמם	42.7.2
תֵּן	36.3.3, 43.2.1.2
תֵּשַׁע	22.1
תֵּת	36.3.4.1, 43.2.1.2

זֶה	47.1.4, 47.1.6, 48.3.3.1, 48.4.5.2, 52.4.3, 52.6.3.4	מִן	47.2.3, 49.3.1.3, 50.3.2
(זֹאת אֵלֶּה)			
חדל	50.5.2	־נָא	51.4.2.1
חלל	50.5.2	נֶפֶשׁ	52.6.3
טֶרֶם	48.4.3.5	עַתָּה	52.4.3.2, 54.1
		(וְעַתָּה)	
(אַתָּה)יָדַעְתָּ	44.2.2 (Anm), 54.1.5	פֹּה	52.4.3.2
יוֹם	47.3.5, 52.3.3.3, 53.2.2.2	פֶּן	51.4.4
וַיְהִי הַיּוֹם	52.5.7.4	קוּם	48.5.4
יכל	51.0.3	(ראה)	54.2.3.3
יסף	50.5.2	וַיַּרְא וְהִנֵּה	
ירא	51.2.5.2		
כְּ	49.3.1.2, 53.2.1.2	(רָאָה)	52.6.3.3
כֹּה	52.6.1	אִישׁ – רָעֵהוּ	
כִּי	48.2.2.1, 51.1.1, 53.2.2, 53.3, 53.4.5	שֶׁ־	53.4.2.4
		שׁוּב	50.5.2
כֵּן	52.3.3.3	שָׁכַם	50.5.2
לְ	45.3.3, 47.2.2, 47.3.5.3, 49.3.1.1, 49.3.2.2, 50.3.1, 50.5.2.1	שָׁם	52.3.3.3
		שָׁמַע – שָׁמְעוּ	54.1.3
		שָׁנָה	47.3.5
לֹא	48.2.2.1, 51.2, 51.4.6.3, 53.5.3.2		
לֵאמֹר	48.4.2.2, 52.6.1		
לוּ	51.4.3		
לַיְלָה	47.3.5		
לְךָ	48.5.4		
לָמָּה	51.3.1		
מְאָה	47.3.4		
מַה – מִי	51.3.1, 52.6.2		
מהר	50.5.2		
מִי יִתֵּן	51.4.4		

Vers-Teile sind nur angegeben,
wenn das Zitat nicht mit dem
ersten Wort des Verses beginnt.

Textkritische Eingriffe in den
masoretischen Text sind still-
schweigend vollzogen und weder
nachgewiesen noch begründet,
um die Lesbarkeit der Grammatik nicht zu beeinträchtigen.

Genesis